cómo hablar
con tus hijos
de
Sexualidad

por **David L. Scherrer**
y **Linda M. Klepacki**

CASA
CREACIÓN
A STRANG COMPANY

Cómo hablar con tus hijos de sexualidad
por David L. Scherrer y Linda M. Klepacki
Publicado por Casa Creación
Una compañía de Strang Communications
600 Rinehart Road
Lake Mary, Florida 32746
www.casacreacion.com

A menos que se indique lo contrario, todos los textos bíblicos han sido tomados de la versión Reina-
Valera, de la *Santa Biblia,* revisión 1960. Usado con permiso.

Este libro fue publicado originalmente en inglés con el título *How to Talk to Your Kids About
Sexuality* por NexGen® (Cook Communications Ministries).

Traducido y editado por Pica y 6 Puntos
con la colaboración de Salvador Eguiarte D.G.

Diseño de portada: Rachel Campbell
Diseño interior: DWD Asesores
con la colaboración de Simón Johnson

Library of Congress Control Number: 2005925363

ISBN: 1-59185-509-8

Impreso en los Estados Unidos de América

05 06 07 08 09 ◆ 06 05 04 03 02 01

Dedicatoria

Les dedico este libro a Norris y Lila Scherrer, mis papás.
Gracias por ser un ejemplo del amor de Dios, de fidelidad en el
matrimonio y de una ética sólida de trabajo duro, valentía en las
pruebas y sentido del humor. Los amo.

David

Con amor y honor a mis papás, Cecelia y Bob Larson.
Gracias por criarme en una familia amorosa y en el conocimiento
de Dios, nuestro Padre.

Linda

Contenido

Introducción

El sexo tiene que ver con más que con el contacto piel a piel. El sexo es un misterio espiritual así como un hecho físico. Como está escrito: "Los dos serán hechos uno [...]". No debemos buscar el tipo de sexo que evita el compromiso y la intimidad, y que nos deja todavía más solos que antes; el tipo de sexo que nunca puede hacernos uno con la otra persona. En cierto sentido los pecados sexuales son distintos de los demás. En el pecado sexual violamos lo sagrado de nuestros cuerpos; los mismos cuerpos que fueron creados para el amor dado por Dios, del cual Él ha sido ejemplo, para hacernos uno con otra persona.
1 Corintios 6:16-18, The Message [traducción de la versión en inglés]

¡Qué momento tan impresionante en la historia para vivir y criar una familia! La tecnología ha hecho nuestra vida más sencilla y flexible que nunca. Tener acceso a la información desde casi cualquier parte del mundo, nos permite vivir y trabajar donde queramos. La información sobre casi cualquier tema está sólo a un clic de distancia. Sin embargo, nuestro viaje sin fin por la carretera de la información está cambiando nuestra cultura en una sola generación. Es impresionante y atemorizante al mismo tiempo.

Los valores y los estándares morales que los padres solían pasar con cuidado a la generación siguiente están siendo reemplazados por los valores de la cultura popular a la cual los niños tienen acceso en un instante. Incluso los niños bien intencionados están siendo bombardeados constantemente por las mentiras de nuestra sociedad posmoderna. Lo que esto implica para los padres, no nos cabe en la cabeza. ¿Qué vamos a decir y a hacer cuando nuestros hijos se acerquen a la adolescencia y nos demos cuenta de que tendremos que lidiar con el hecho de que son seres sexuales?

Sino que siguiendo la verdad en amor, crezcamos en todo en aquel que es la cabeza, esto es, Cristo. Efesios 4:15

¡Estas son palabras de acción! La Escritura nos insta a hablar la verdad en amor para que todos crezcamos a la semejanza de Cristo. Tenemos que estar más activos que nunca en la vida de nuestros hijos. Debemos escucharlos, hablar con ellos y darles seguimiento cada día, en cada oportunidad que tengamos.

El proceso de hablar la verdad comienza cuando nuestros hijos apenas están empezando a hablar y a comprender. Les comunicamos la verdad acerca de lo bueno y lo malo desde pequeños. Es bastante claro para nuestros hijos que tratar de cruzar corriendo una avenida de cuatro carriles es peligroso. ¿Por qué? Porque en el momento en que los vemos comenzar a correr nos ponemos color rojo rábano, gritamos, y los tomamos del brazo y los traemos de vuelta a nuestro lado. Para ellos es claro lo que queremos decir: ¡Bajo ninguna circunstancia debes hacerlo! Pero cuando el asunto se trata de que nuestros hijos crezcan en su sexualidad, ¿qué hacemos? ¡No es momento de quedarnos sin palabras! Pero en la mayoría de los padres cuyos hijos se acercan a la pubertad se desencadena un proceso de tres pasos:

Paso 1: Haz como que nada de esto está sucediendo, todas las veces que sea necesario.
Paso 2: Busca la información disponible acerca de cada tema conocido de la sexualidad humana.
Paso 3: Regresa al "paso 1" una y otra vez.

Comencemos juntos una travesía para cambiar ese proceso de tres pasos. En este viaje, vamos a explorar algunos de los puntos más importantes de la vida de nuestros hijos. Y vamos a considerar las influencias sexuales del mundo de hoy y sus consecuencias.

> *No mirando nosotros las cosas que se ven, sino las que no se ven; pues las cosas que se ven son temporales, pero las que no se ven son eternas.* 2 Corintios 4:18.

La mayoría de nosotros queremos con desesperación que nuestros hijos tengan en su corazón el amor de Cristo, así como el poder y el carácter para vivir en ese amor. Son cosas escondidas de la vista. ¿Podemos ayudarles a nuestros hijos a que reciban esos dones? ¡Claro que sí! ¿Cómo? Con amor. Y "amor" en el idioma de la juventud se deletrea T-I-E-M-P-O. Debemos pasar tiempo con nuestros hijos en su mundo. Y eso significa hacer lo que ellos quieren hacer en el momento que lo quieren hacer. No hay otra forma de conocerlos verdaderamente. Se están transformando en adultos. No importa lo extraño que nos parezca su mundo, necesitamos zambullirnos en él y aprender a relacionarnos con su nueva identidad.

Para muchos de nosotros, eso va a significar pasar una gran cantidad de noches sin dormir, ya que el momento en que los jóvenes prefieren hablar de sexo y de sus amistades es después de medianoche. ¿Por qué?

Nadie sabe. Es una de esas cosas extrañas de la vida. Puede ser que hablar con ellos nos cueste varias desveladas, pero estar disponibles en la madrugada significa que tenemos acceso a su corazón y que ellos realmente tienen deseos de aprender. Esta puede ser la inversión de tiempo más importante que hagamos en toda nuestra vida.

Una parte clave de desarrollar relaciones firmes con nuestros adolescentes, quienes se están convirtiendo en adultos, es comunicarles el hermoso diseño de Dios para la sexualidad. Este libro no va a evitar los temas difíciles, ya que nuestros muchachos necesitan la verdad de Dios sin diluir porque viven en medio de un mundo de corrientes de mentiras mortales. Ellos se merecen respuestas directas a sus preguntas difíciles. Y se merecen padres, maestros, entrenadores y pastores que sean los defensores más apasionados de la verdad. Eso significa comunicar con claridad los puntos de la Palabra de Dios que no son negociables. Y de eso se trata este libro.

Dios diseñó el sexo para disfrutarse en el matrimonio

La Escritura le llama fornicación al sexo fuera del matrimonio. Para los casados, tener sexo con alguien que no sea su cónyuge es cometer adulterio. Estas conductas se condenan como impuras, inmorales, impías e inmundas. Ver Éxodo 20:14; Mateo 15:19; 1 Corintios 6:9-20.

Dios condena la conducta sexual desviada

La conducta sexual desviada, como la homosexualidad, la bestialidad, el incesto y la pedofilia, está prohibida en la Escritura. En nuestra sociedad, algunas de estas conductas son aceptadas, por lo que algunas veces se piensa que los cristianos son discriminatorios o intolerantes por creer lo contrario; pero las definiciones de lo bueno y lo malo para Dios son tan claras como el cristal. Es difícil tanto para los jóvenes como para los adultos estar firmes en la verdad de Dios en medio de una cultura basada en el relativismo. Ver 1 Corintios 6:9-10; Levítico 18:21-23; 1 Corintios 5:1-2.

Dios diseñó el sexo para ser una expresión hermosa de amor entre esposo y esposa

El Cantar de los Cantares es una alegoría apasionada y tierna que no es ni sucia ni algo que le avergüence al autor. Esta alegoría continúa en el Nuevo Testamento cuando Cristo se describe a sí mismo como el esposo y a la Iglesia como su novia. De la misma manera en que nosotros, la Iglesia, debemos estar dedicados sólo a Dios, de la misma manera los esposos deben estar consagrados a sus esposas. Cuando nos involucramos en actos sexuales fuera del plan de Dios, opacamos la imagen y el carácter de Dios tanto para nuestra pareja como para nosotros mismos. Ver Cantar de los Cantares y Juan 3:29.

Dios es misericordioso y lleno de gracia

Cada cosa buena diseñada por Dios puede ser destruida y pervertida. Esto es resultado del pecado, y su paga es la muerte; pero Dios ha mostrado su gran amor por nosotros al dar a su Hijo como rescate por nuestros pecados, incluso por el pecado de la inmoralidad sexual. En su Hijo, somos considerados santos y justos a pesar de nuestro pasado. ¡Esas sí son buenas noticias! Ver Mateo 6:14-15; Marcos 11:25; 1 Juan 1:8-9 y 4:10.

¿No sería increíble que pudiéramos hacerlo todo de una manera perfecta desde el comienzo? Lamentablemente, eso no está a nuestro alcance. Vivimos en un mundo influenciado por el pecado. Nuestros errores, sean voluntarios o por ignorancia, nos dañan a nosotros y a los demás. El pecado entró al mundo cuando Adán y Eva escogieron desobedecer a Dios en el huerto de Edén (Génesis 3). Desde entonces, cada error representa una mina; y cada paso que damos es una aventura peligrosa.

Pero la verdad de la Palabra de Dios cambia nuestras vidas. ¡Nos libera! La Palabra de Dios nos da un mapa que nos muestra como evitar las minas. Este libro está diseñado para ayudarte a explicarle el mapa de Dios para a la sexualidad a tu joven adulto. Este conocimiento precioso le dará a los muchachos la confianza para manejar las presiones de esta sociedad torcida, y la valentía para invitar a otros a que los acompañen. ¡Tus hijos necesitan este conocimiento para sobrevivir!

Qué esperar

Algunos libros son calmantes y reflexivos. Te instan a acurrucarte con una taza de chocolate caliente y a estar tranquilo. Este no es uno de esos libros. Este libro te toma de las solapas y te hace confrontarte con situaciones de vida o muerte con temor y temblor.

Si estás estudiando este libro con un grupo de padres, van a aprovechar más las actividades de grupo si leen los capítulos por adelantado. Así, van a estar listos para ayudar a otros y ser ayudados. Los demás integrantes del grupo seguramente se encuentran en distintas etapas de esta travesía. Algunos están desesperados por encontrar respuestas; otros pueden están buscando apoyo emocional. Algunos tienen un hijo que está por entrar a la pubertad y están asustados; ¡otros quizá ya tengan hijos adolescentes y están aterrorizados! Te vas a sentir mucho más a gusto al hablar de estos temas y al escuchar a los demás si los abordas con el corazón abierto. Ten en mente que están buscando juntos la sabiduría de

Dios; sabiduría que Dios ha prometido darnos. Dios te puede hablar a través de las reflexiones de alguien en el grupo. La "guía del líder" al final del libro puede ayudarles a dirigir sus discusiones.

¡Si estás leyendo este libro solo, habla contigo mismo! Quizá te sientas tentado a leer las preguntas deprisa y seguir adelante. Si vas a leer algo deprisa, que sea la sección de deportes del diario o la tabla de programación de la televisión, ¡pero no este libro! Reflexiona en oración en cada pregunta. Permanece abierto a la dirección del Espíritu Santo. Él quiere conversar contigo. Tómate el tiempo para escribir tus sentimientos y pensamientos en los espacios en blanco. Lee la "guía del líder" al final del libro y lleva a cabo los desafíos semanales de cada capítulo. Como dice el dicho:

¡Si seguimos haciendo lo que siempre hemos hecho, vamos a obtener los mismos resultados de siempre!

No queremos conformarnos con algo de segunda o tercera para nuestros hijos. Queremos lo mejor que tiene Dios para ellos. De eso se trata este estudio: de la máxima expresión del amor y la vida bajo la bendición y la protección de Dios.

es momento
de
Hablar

Quizá hayas escuchado una conversación así:

—*Bueno, hijo, cuando crezcas y te enamores… y entonces, eh, tú sabes… este… si te enamoras lo suficiente… bueno, entonces, este… sucede que… este… ¡Primero te casas! …este… eso es realmente importante… y… esto… si llevas casado bastante tiempo y sigues enamorado… no que tu mamá y yo no sigamos enamorados, ¿verdad?… este… tú sabes, bueno, entonces… ¿ves?… este… ¡nacen los bebés!… ¿Entiendes lo que te estoy tratando de decir, hijo?*

—*Papá, ¿estás tratando de hablar acerca del embarazo y de tener hijos? Eso ya lo vimos en la escuela… en quinto.*

—*Eso es, hijo. Ya lo sabía, sólo quería asegurarme que lo entiendes bien. Estoy orgulloso de ti, hijo. Ahora vamos por el helado que te prometí. Estoy contento de que hayamos tenido esta pequeña conversación… tú sabes… todavía puedo recordar cuando era joven, cuando tu abuelo y yo estábamos en la granja y…*

Esta es la impresión general de la educación sexual que proviene de los padres. No es muy halagadora que digamos, ¿o sí? Pero la plática acerca de "las flores y las abejas" no ha mejorado mucho a través de los años. Y es tan fácil dejar que la televisión o las películas se encarguen del tema… ¡pero ese es un gran error! Los padres deben ser los principales maestros de la educación sexual de sus hijos. No hay un Plan B para los que estamos en la familia de Dios.

Los valores y el carácter piadoso no se enseñan a través de un sólo evento. "La conversación" no es la respuesta. La solución es un estilo de vida que dé ejemplo e instruya a nuestros hijos. Comienza desde el nacimiento, cuando sostienes a tu hijo por primera vez y comienzas a establecer un ambiente de amor y confianza.

En la medida en que nuestros hijos crecen, nos esforzamos arduamente para comprenderlos y suplir sus necesidades. Los tratamos como individuos, ya que, después de todo, nadie conoce a nuestros hijos como nosotros mismos. Así que, cuando surja el tema del sexo, tenemos que ir más allá de explicárselos de acuerdo con su edad: necesitamos explicárselos de acuerdo con su manera de ser.

Los niños de quinto grado son diferentes de los adolescentes, y un muchacho de trece está a años luz de distancia de uno de diecinueve, por lo que necesitamos obtener toda la gracia y la sabiduría que Dios nos ha prometido para mantenernos al día y ayudarnos a moldear a nuestros hijos en adultos jóvenes responsables y con dominio propio.

"Instruir" se escribe con "c" de "C-O-N"

Para dar ejemplo e instruir a tus hijos se requiere que estés con ellos. Veamos qué significa esto y qué resultados podemos esperar. Vamos a tomar como ejemplo a un par de hombres de Jerusalén cerca del año 34 d.C.

Pedro y Juan causaron un revuelo importante cuando sanaron a un hombre en el templo. Los líderes del templo los arrestaron cuando comenzaron a predicarle a la multitud que se había reunido. Después de pasar la noche en la cárcel, llevaron a Pedro y Juan ante el sanedrín, donde dejaron perplejos a los eruditos judíos con su conocimiento, valentía y autoridad. Veámoslo directamente en la Escritura:

Aconteció al día siguiente, que se reunieron en Jerusalén los gobernantes, los ancianos y los escribas, y el sumo sacerdote Anás, y Caifás y Juan y Alejandro, y todos los que eran de la familia de los sumos sacerdotes; y poniéndoles en medio, les preguntaron: ¿Con qué potestad, o en qué nombre, habéis hecho vosotros esto? Entonces Pedro, lleno del Espíritu Santo, les dijo: Gobernantes del pueblo, y ancianos de Israel: Puesto que hoy se nos interroga acerca del beneficio hecho a un hombre enfermo, de qué manera éste haya sido sanado, sea notorio a todos vosotros, y a todo el pueblo de Israel, que en el nombre de Jesucristo de Nazaret, a quien vosotros crucificasteis y a quien Dios resucitó de los muertos, por él este hombre está en vuestra presencia sano. Este Jesús es la piedra reprobada por vosotros los edificadores, la cual ha venido a ser cabeza del ángulo. Y en ningún otro hay salvación; porque no hay otro nombre bajo el cielo, dado a los hombres, en que podamos ser salvos.

Entonces viendo el denuedo de Pedro y de Juan, y sabiendo que eran hombres sin letras y del vulgo, se maravillaban; y les reconocían que habían estado con Jesús. Y viendo al hombre que había sido sanado, que estaba en pie con ellos, no podían decir nada en contra. Entonces les ordenaron que saliesen del concilio; y conferenciaban entre sí. Hechos 4:5-15

¡"La instrucción personal" es lo nuevo! ¿En serio?

¡Hace dos mil años, Jesús ya sabía que la valentía, la fe, la disciplina, la diligencia, el buscar a Dios en oración y la obediencia no son cosas que se *enseñan*, sino cosas que se *aprenden*! Él sabía que los discípulos se iban a enfrentar con fuertes desafíos, así que no se iba a conformar con cualquier entrenamiento, sino con el mejor. Su plan era directo y sencillo. Sígueme. Ven conmigo. ¡Pon atención! Sin seminarios, juntas especiales ni ambientes de aprendizaje a distancia o videoconferencias. ¡Su ministerio consistía en estar *con* ellos! Lucas 8:1 señala: "Aconteció después que Jesús iba por todas las ciudades y aldeas, predicando y anunciando el evangelio del reino de Dios, y los doce con él". En Marcos 3:7 dice: "Mas Jesús se retiró al mar con sus discípulos, y le siguió gran multitud de Galilea. Y de Judea". Una y otra vez a los que querían escucharle, les dijo "sígueme". Algunos escucharon y obedecieron, otros presentaron excusas.

Los discípulos se sentaron, estudiaron y viajaron con Jesús. Las multitudes se reunieron *con Jesús*. Los fariseos tenían miedo de ser vistos *con Jesús*. La madre de Juan y Jacobo quería que sus hijos estuvieran *con Jesús*. Los demonios se aterrorizaban de encontrarse *con Jesús*. Las mujeres pecadoras y los hombres desesperados encontraron su refugio *con Jesús*. No te equivoques; ¡de lo que se trataba era de estar *con Jesús*! Porque si estás el suficiente tiempo cerca de un líder, comienzas a pensar y a actuar como ese líder.

En la historia de Hechos 4, podemos ver que algo en Pedro había cambiado en verdad. No hacía mucho tiempo que había negado al Señor tres veces en el momento de mayor necesidad de Jesús. En este relato, casi podemos oír a Pedro decirse: *¡Hoy no voy a decepcionar a mi Señor!* Jesús es la única causa por la cual Pedro encontró esta nueva pasión. Asimiló el carácter de Cristo. Se le pegó la fuerza espiritual, la valentía y la determinación de Jesús. El Pedro que declaró la verdad de Dios ante el sanedrín es definitivamente semejante a Cristo.

Esta vez ni Pedro ni Juan huyeron. Al estar ante el tribunal de los eruditos judíos no se sentían avergonzados de ser pescadores comunes de Galilea. Eran valientes. Y seguros de sí mismos, fue tanto así que los líderes del concilio lo mencionaron. De seguro, los miembros del concilio pensaban: Nosotros somos los eruditos. Somos los que fuimos al templo y estudiamos con los maestros. Sin embargo, ellos son quienes citaron las Escrituras y las interpretaron de una manera más razonable que nosotros lo hayamos hecho jamás. ¿Por qué no tienen miedo de hablar de las cosas de Dios en nuestra presencia? ¿De dónde sacaron su poder... su confianza?

Si nuestra meta es enseñarles la verdad a nuestros hijos, es más probable que nuestro ejemplo, y no nuestras palabras, sea lo que comunique lo que queremos decir.

La respuesta corta: "Sino que lo necio del mundo escogió Dios, para avergonzar a los sabios; y lo débil del mundo escogió Dios, para avergonzar a lo fuerte" (1 Corintios 1:27).

¿Cuál fue la conclusión de los fariseos? "Les reconocían que habían estado con Jesús".

Ese fue el cumplido más grande que nadie les pudo haber hecho. Si nuestra meta es enseñarles la verdad a nuestros hijos, la verdad acerca del diseño de Dios para el amor, la intimidad y la salud sexual, es más probable que nuestro ejemplo, y no nuestras palabras, sea lo que comunique lo que queremos decir. Jesús supo esto desde el principio; la instrucción no consiste en un programa o en un temario. La instrucción se escribe con "C" de ¡C-o-n!

Al comienzo de nuestro ministerio, mi familia se mudó de Oregon al norte de Nueva Jersey, a sólo 50 kilómetros de la ciudad de Nueva York. Fue un viaje misionero tan real como habernos ido al otro lado del mundo. ¡Fue un verdadero choque cultural! La gente de Nueva Jersey tenía otro tipo de comida, hablaba más rápido, interrumpía más, se reía con más discreción, se vestía con mayor formalidad y conducía... bueno... con más intensidad.

Anécdota de David

¿Entonces qué sucedió? Lamento decir que ellos no asimilaron mis costumbres. Aprendí a comer lo mismo que ellos, hablar más rápido, interrumpir más, reírme con más prudencia, usar corbatas y ¡conducir como un loco! Adopté la personalidad de los que me rodeaban. Adquirí los valores de mi comunidad. Algunas personas me dicen que incluso hablo con el acento de Nueva Jersey. ¡Qué les parece!

Ajústate a su manera de ser

La mayoría de nuestros padres nos hablaron muy poco acerca del sexo, el amor y las relaciones con el sexo opuesto. Era muy raro que una mamá o un papá de la década del cincuenta o sesenta tuviera el valor de conversar de este tema con sus hijos. Nuestra cultura todavía era muy cerrada al tema de la sexualidad.

La cultura de la sexualidad tuvo su auge durante los últimos años de la Guerra de Vietnam, con lo cual nació la Revolución Sexual. Pero esa revolución parece ligera al compararla con la cultura de hoy saturada de sexualidad.

Un niño o un adolescente difícilmente puede levantarse por la mañana sin ser bombardeado con mensajes sexuales. Estos mensajes comienzan desde el momento en que suena la alarma del reloj despertador con la música de moda. De camino a la escuela, los anuncios panorámicos comunican los mismos mensajes. Las conversaciones en los pasillos de la escuela tratan sobre temas que ni siquiera podemos sondear. Los recesos se convierten en una competencia para obtener novio o novia aún entre los niños de tercero y cuarto grado de primaria. Luego, en casa, incluso los programas familiares están saturados de sexo. El encender la computadora y abrir el correo electrónico es casi siempre un grito de batalla contra la pornografía que le llega a nuestros hijos sin que ellos siquiera hagan el esfuerzo de encontrarla. El enemigo nos ha traído la guerra justo al centro mismo de nuestro hogar. Tratamos de proteger a nuestros hijos de las mentiras dañinas acerca de la sexualidad, pero es una lucha sin fin.

Por esta misma razón, la sexualidad humana es uno de los temas más importantes que debemos discutir en la familia cristiana. Nuestros hijos deben conocer la verdad que Dios nos ha dado en la Biblia, y deben conocer la verdad acerca del sexo, el amor y las relaciones con el sexo opuesto. El sexo es uno de los temas principales en la mente de los muchachos de hoy.

Describe con una sola palabra lo que tus padres hablaron contigo acerca del sexo, el amor y las relaciones con el sexo opuesto.

¿Y qué otra palabra describe cómo te sentiste durante esa conversación?

Queremos enseñarles a nuestros hijos acerca del precioso regalo de Dios que es la sexualidad, pero ¿cómo y cuándo comenzamos?

Ya comenzaste, aunque no te hayas dado cuenta. Los niños son grandes observadores. Han estado observando tu persona y tus características sexuales desde hace mucho tiempo. ¿Alguna vez tus hijos te preguntaron por qué mamá es diferente a papá? Los niños no tienen miedo de hacer preguntas. De hecho, ¡algunos días parece que lo único que hicieran fuera hacer preguntas! También les has estado enseñando acerca de las relaciones amorosas por la forma en que amas a tu cónyuge, los otros miembros de la familia y los vecinos. Así que tus hijos ya saben bastante acerca del amor, las relaciones y las diferencias físicas antes de que siquiera se aventuren a ir a la escuela.

Pero ¿qué hacemos cuando los niños preguntan cosas vergonzosas? La mayoría de nosotros hemos escuchado la historia del pequeño de cuatro años que le preguntó a su papá de dónde venía. El papá piensa: *No puedo creer que me esté preguntando eso si apenas tiene cuatro años.* Así que se aclara la garganta y comienza a darle una explicación detallada de la anatomía y fisiología del sistema reproductor. Continúa con una descripción excelente de la relación sexual y del proceso de fertilización. Pero después de que termina la mejor explicación del trabajo de parto y alumbramiento que ningún otro padre le haya dado jamás a su hijo de cuatro años, el pequeño, con timidez, vuelve a preguntar. "Papi, no te entiendo. ¿En qué hospital nací?".

Una de las mejores maneras de comenzar a hablar acerca de lo especial que es ser hombre o mujer es hacerlo con naturalidad conforme el día avanza. Cada niño es distinto en aquello que le causa curiosidad y la edad en que se interesa en ello. Algunos niños son conversadores naturales casi desde el momento de su nacimiento. Preguntan cualquier cosa que les viene a la mente, y se sienten perfectamente a gusto de hablar con mamá o papá acerca de la respuesta. Otros niños nunca hacen preguntas, y se incomodan de una forma notoria cuando se toca algún tema personal. Por lo tanto, como en todas las áreas de la educación de los hijos, necesitamos desarrollar estrategias diferentes con cada niño. ¡Las únicas personas que piensan que la misma fórmula funciona con todos los hijos son las personas que no tienen hijos! No trates de pensar en qué es lo adecuado para su edad. Más bien, piensa en lo que es adecuado de acuerdo con su forma de ser. Piensa: *¿Cómo puedo responder de la mejor forma a la pregunta de este niño en particular?*

El mejor momento para hablar con nuestros hijos de sexualidad es cuando están en el momento de transición a la adolescencia; cuando son lo suficientemente jóvenes para hacer preguntas honestas y vergonzosas, pero, al mismo tiempo, lo suficientemente maduros para comenzar a entender cómo funcionan las relaciones con el sexo opuesto.

La regla general es que conforme el niño vaya creciendo, lo sofisticado de tus respuestas también necesita crecer. Cuando tu hija de tres años te pregunte: "Papi, ¿por qué los niños tienen un pene y las niñas no?". Una explicación simple sería: "Porque esa es la manera en que Dios los hizo", y suele ser suficiente para hacer que la niña sonría, se vaya corriendo y siga jugando. Esa es toda la información que necesita. Si una niña de trece años hace la misma pregunta, quizá esté buscando información específica acerca del sistema reproductor. Quizá necesite que le enseñes las funciones precisas del pene, ya que es probable que haya escuchado mucha información en la escuela y sienta que es la única que no sabe realmente lo que está pasando. Esa falta de conocimiento hace que una joven adolescente se sienta vulnerable y sumamente incómoda.

El mejor momento para hablar con nuestros hijos de sexualidad es cuando están en el momento de transición a la adolescencia; cuando son lo suficientemente jóvenes para hacer preguntas honestas y vergonzosas, pero, al mismo tiempo, lo suficientemente maduros para comenzar a entender cómo funcionan las relaciones con el sexo opuesto. El quinto año de primaria es el año de transición para muchos niños. Suele ser bastante sencillo trabajar con los niños de quinto y criarlos. Esta es la edad en que los padres pueden aprovechar esta nueva madurez, ya que en uno o dos años estos niños honestos y abiertos estarán en la escuela intermedia, y eso suele significar que no van a sentirse tan abiertos como para hacerles las preguntas difíciles a sus padres, sino que tratarán de buscar la información en otro lado. Así que padres, ¡adelántense! En el quinto año escolar, el sexo es un tema de conversación frecuente. Ese es el momento en que la mayoría de los niños necesita conocer el verdadero significado de la palabra "sexo".

Una advertencia: deben ser conscientes de que la palabra "sexo" tiene muchos significados en la cultura de la preadolescencia y adolescencia hoy día. Cuando la mayoría de los padres de hoy crecían, la palabra "sexo" significaba "coito vaginal". El sexo tiene muchos significados, para los niños de hoy, dependiendo de su edad. No es difícil escuchar a los niños muy chicos utilizar el térmi- no "sexo" para tomarse de la mano. Con frecuencia, los adolescentes creen que el sexo oral no es "sexo", sino que usan palabras específicas para referirse a esta actividad. Incluso pueden hablar abiertamente de masturbarse unos a otros llamándolo de alguna otra manera sin siquiera pensar en la palabra "sexo". Algunos adolescentes consideran que el sexo anal es una manera de tener sexo sin el temor de embarazarse. Por lo tanto, cuando hables con tu adolescente o tu preadolescente de la palabra "sexo ", asegúrate de que estés hablando y entendiendo el mismo idioma.

Los adolescentes y preadolescentes de hoy necesitan conocer y discernir los aspectos físicos y emocionales del contacto sexual; pero también necesitan entender que para honrar a Dios con su cuerpo no sólo deben evitar el coito vaginal, sino que deben abrazar la pureza en contra de toda una gama de conductas sexuales.

Con el fin de equiparte para que hables acerca de sexualidad con tus hijos, hemos incluido una guía práctica al final de este capítulo; la cual sugiere los temas que podrías cubrir con jóvenes de diferentes edades. La guía viene con diagramas y una explicación básica del sistema reproductor femenino y masculino.

> **¿Cómo te ha ido hasta ahora al darles información a tus hijos acerca de la sexualidad?**
>
> **¿Cuál debería ser tu siguiente paso con cada uno de tus hijos?**

¿Y los adolescentes?

Sólo un padre puede determinar cuánta información darle a un hijo y a qué edad. No obstante, es importante que seamos realistas acerca de lo mucho que nuestros hijos han sido expuestos a los mensajes sexuales. A los padres de adolescentes, les recomendamos que se vayan de excursión.

Todos los papás deberían visitar la escuela de sus hijos adolescentes al principio del primer año de la escuela superior hasta pasar dos períodos y hacer que la visita dure por lo menos cinco horas. Esta experiencia te va a abrir los ojos para ver la distancia tan grande que existe entre tu generación y la de tus hijos con respecto a la conducta sexual. Quizá te preguntes: "¿Qué tan relevante podría ser una visita, después de todo, la escuela es un lugar público, por lo tanto, cómo podría decirme algo acerca de la conducta sexual privada de los jóvenes?". A menos que visites una escuela cristiana privada, lo que verás en tu pequeña excursión te va a impresionar. La conducta que antes era reservada a los lugares privados, y a las relaciones serias cuando éramos adolescentes, ahora es casual y pública. Y hablamos tanto del comportamiento heterosexual como del homosexual.

Cuando los padres presencian de primera mano estos comportamientos en su excursión a la escuela de sus hijos, asumen que los muchachos ya no están escuchando a sus padres. ¡Incluso el gobierno federal de los Estados Unidos pensó eso! Y entonces comenzaron a recibir los resultados del estudio más exhaustivo y caro que se haya llevado a cabo con estudiantes de escuela intermedia y superior en los Estados Unidos. El ADD Health Study por fin salió a la luz pública en 1997. Y muestra que *la razón más importante por la que los adolescentes no tienen relaciones sexuales es porque sus padres no lo aprueban.* ¡Los adolescentes están escuchando! Así que habla con tus adolescentes acerca de tus valores y estándares morales acerca del tema del sexo fuera del matrimonio. ¡Ellos escuchan y lo siguen al pie de la letra!

Vas a encontrar que es mucho más fácil hablar con los adolescentes acerca del sexo si esperas un momento oportuno para enseñarles en lugar de pedirles que se sienten contigo para "la gran conversación". Recuerda, estos jóvenes se están convirtiendo en adultos. Necesitan que los trates con respeto. Ver un programa de televisión o una película juntos puede abrir una oportunidad para señalar las mentiras y hablar la verdad. Las conversaciones a altas velocidades (mientras vas a 80 kilómetros por hora por la vía rápida) te aseguran que tu preadolescente "esté" literalmente en la conversación. Y hablar en pequeños fragmentos en lugar de echar largos sermones ayudará a que ambos se sientan más a gusto. Asegúrate de que tu joven adulto sepa que estás disponible a cualquier hora.

¿Crees que tu adolescente sepa todo acerca de la anatomía y la fisiología del sistema reproductor? Claro, en quinto le dan esa información en clase, además de que en los pasillos hay una gran abundancia de especulación y conversaciones sobre el tema. No obstante, aunque ya le hayas explicado todo tú mismo, es una buena idea revisar qué tanto de eso ha sido asimilado. Muchos de los jóvenes en la escuela superior y la universidad carecen de conocimientos básicos de anatomía y la fisiología del sistema reproductor masculino y femenino. Entender a cabalidad esa información es un buen lugar donde comenzar. He aquí algunos temas que puedes cubrir durante tu serie de conversaciones con tus hijos, las cuales pueden durar meses o años:

- La edad apropiada para salir y para tener novio
- Qué hacer en una cita
- A qué hora estar de regreso a casa
- Las citas y el ingerir bebidas
- Las enfermedades venéreas y el SIDA
- Los valores morales acerca de:
  - El aborto
  - El sexo fuera del matrimonio
  - La contracepción
  - La homosexualidad
  - La masturbación
  - La pornografía
  - El alcohol y las drogas

En los capítulos siguientes, vas a encontrar una ayuda detallada para que puedas decidir cómo abordar estos temas con tu adolescente.

¿Cómo describirías una oportunidad para enseñar?

¿Cuándo se dan esos momentos con tu adolescente?

¿Qué temas crees que predominan en la mente de tu adolescente?

Una queja común de los adolescentes es que sus padres los juzgan. A menudo, dicen que si les preguntan a sus padres acerca del sexo, ellos presumen de manera automática que sus hijos son sexualmente activos. Algunos adolescentes hasta dicen que sus padres, de inmediato, los acusan de tener relaciones sexuales, y comienzan a vigilarlos todo el tiempo o a establecerles restricciones poco realistas en su vida social. Estas barreras de comunicación son sumamente peligrosas. ¡Evítalas! Disciplínate a escuchar sin presumir lo peor ni exagerar. Haz todo lo que puedas para fomentar una comunicación abierta. Las conversaciones honestas te permitirán dirigir a tu adolescente hacia la verdad de Dios. Acepta el hecho de que estas conversaciones serán un poco incómodas. Eso es normal y es lo que se espera.

¿Y si mi adolescente está teniendo relaciones sexuales?

Si te enteras de que tu hijo adolescente ha tenido relaciones sexuales o si está practicando una conducta que no es aceptable por tus valores morales, habla con tu adolescente a frente a tu cónyuge. Haz que esta sea una conversación privada entre ustedes y su adolescente. Nunca enfrenten a su hijo delante de sus demás hermanos o las visitas. Traten al adolescente con dignidad y amor, pero encárenlo de manera directa. Hagan preguntas directas: "¿Estás teniendo relaciones sexuales?". "¿Desde hace cuánto tiempo?". Si tu hija está teniendo relaciones sexuales, pregúntale si se ha hecho una prueba de embarazo. Pregunte si la ha revisado algún médico para ver si tiene enfermedades venéreas. Luego, lleven a cabo cualquier acción que tú y tu cónyuge consideren apropiada para su familia.

Recuerda, estos jóvenes se están convirtiendo en adultos.

Necesitan que los trates con respeto.

Aunque no lo creas muchos adolescentes se sienten aliviados cuando sus padres se enteran de sus actividades sexuales. Muchos adolescentes no quieren estar activos sexualmente, pero han sido manipulados o coaccionados para involucrarse. Después de esto, quizá tu adolescente se muestre enojado, pero, con el tiempo, experimentará gran alivio de haberse zafado del círculo vicioso de culpa, vergüenza y mentira.

¡Es verdad, puedes hablar de sexo con tus adolescentes! Y ellos te van a escuchar. Decide hacerlo.

¿QUÉ NECESITAN SABER Y CUÁNDO?

En edad preescolar
- Responde sólo lo que tu hijo te pregunte.
- Dale a tu hijo una explicación breve, sencilla y con palabras que conozca.
- Explica las palabras difíciles.

- Atiende todas sus preguntas o, si no, podría confundirse y pensar que el sexo es malo.

- Ten en mente siempre que lo que quieres comunicar a través del crecimiento de tu hijo es que el sexo es maravilloso en el contexto del matrimonio.

De los 5 a los 8 años

- Crecemos de muchas formas, tanto física, mental, emocional y espiritualmente.
- ¡Dios te hizo único! Eres completamente maravilloso.
- Podemos controlar nuestro comportamiento. Necesitamos practicar el dominio propio todos los días.
- Todos merecemos respeto.
- Los niños y las niñas son diferentes en muchos aspectos.
- El cuerpo de una niña se desarrolla de tal manera que permite que una mujer se embarace y de a luz hijos.
- El cuerpo de un niño se desarrolla de tal manera que permite que un hombre sea papá.
- Todas las partes de nuestro cuerpo son especiales y han sido creadas por Dios. Necesitamos respetar nuestro cuerpo y cuidarlo todos los días.

De los 9 a los 12 años

- Cuando entramos a la pubertad, nuestro cuerpo cambia. Todos cambiamos a un ritmo diferente. Dios lo planeo así. Consulta las páginas 25-27 para referirte a los diagramas y a las explicaciones que quizás encuentres útiles al hablar con tu hijo.
- Conforme nuestros cuerpos cambian, sentimos nuevos impulsos. Estos son impulsos sexuales.
- El sexo es un regalo maravilloso de parte de Dios para los que están casados. Hace que el esposo y la esposa tengan una relación más cercana. Esto se llama intimidad, y es bueno.
- Dios quiere que nos esperemos hasta estar casados para tener relaciones sexuales. Tenemos dominio propio. Lo usamos todos los días en otros aspectos de nuestra vida.
- Dios quiere que seamos cuidadosos con lo que nos permitimos ver, escuchar y hacer.
- La Biblia nos dice la forma en que Dios quiere que usemos el regalo de la sexualidad.
- Dios nos creó de tal manera que podemos pensar antes de actuar, y decidir lo bueno o lo malo incluso cuando se trata de sexo.

De los 12 a los 15 años

- Repasen la fisiología y la anatomía del sistema reproductor.
- Todos tenemos sentimientos sexuales. Pero los sentimientos son distintos de las conductas. Podemos controlar nuestra conducta a través de las decisiones que tomemos.
- Cualquier tipo de manifestación sexual entra dentro de la definición de sexo. Dios nos ha llamado a reservar el sexo para el matrimonio.
- El matrimonio entre un hombre y una mujer produce una relación estable que ayuda a los niños a crecer en adultos saludables.
- Dios nos llama a seguir las reglas que ha establecido en la Biblia con el fin de protegernos física, emocional, mental y espiritualmente.
- Tener parejas sexuales fuera del matrimonio tiene consecuencias físicas y psicológicas que quizá nunca desaparezcan.

De los 16 a los 18 años

- El gozo de casarse con una persona que ha esperado para darte el regalo de su sexualidad es uno de los mayores regalos que Dios te puede dar.
- El tener relaciones sexuales nunca es producto de una obligación o una deuda.
- El sexo no es amor. El amor no es sexo.
- El amor es incondicional no te lo tienes que ganar.
- La confianza siempre se gana no es incondicional.
- El ser puro en el aspecto sexual (no tener actividad sexual) antes del matrimonio reduce la oportunidad de que tu sistema reproductor se dañe por las enfermedades venéreas.
- Los condones no sirven de mucho para protegerte de las enfermedades venéreas más comunes.
- El SIDA está destruyendo culturas enteras en algunas partes del mundo.
- El abuso sexual está muy difundido en nuestra sociedad. Si tú sabes o sospechas de haber sido abusado sexualmente, busca ayuda de tus padres, tus pastores o un consejero de inmediato.

"LA GRAN CONVERSACIÓN"

La mayoría de los niños hace preguntas acerca del sexo mucho antes de que cualquier padre siquiera piense en sentarse a hablar con ellos acerca de los cambios fisiológicos que suceden en la pubertad y la concepción de los bebés. Cuando hablamos de sexo con nuestros hijos suele ser a causa de sus preguntas, lo cual continúa en diferentes etapas a lo largo de su vida. No sólo se trata de una ocasión. No obstante, si tu hijo está en quinto grado y no ha comenzado a hacerte preguntas acerca de la pubertad, este es un buen momento para comenzar a hablar.

"Pero ¿qué digo? ¿Cómo comienzo?" Utilizar un folleto o tener un tratado con ilustraciones a la mano siempre es una buena idea, ya que tu hijo se puede quedar con el folleto y leerlo en privado. Además, puede referirse a él como una guía; pero asegúrate de que tu cónyuge y tú estén completamente de acuerdo con el contenido del folleto. Algunas veces los trípticos tienen información sumamente útil, pero también incluyen información que puede estar en conflicto con los valores de tu familia.

Escoge un escenario privado para esta conversación. No es apropiado incluir a hermanos o amigos en este tiempo tan privado. Si fuera posible, que el padre del mismo sexo sea el que hable. Esto va a ser mucho más cómodo para el muchacho; el lugar debe ser también cómodo para ayudar a que la ocasión se lleve a cabo lo más relajado posible para ti y para tu hijo.

Lo que sigue es un bosquejo muestra de lo que puedes decir. De ninguna forma quiere decir que esto deba sustituir tus propias palabras o tu manera de hablar. Sólo es una guía para comprender lo que un muchacho típico de quinto año necesita saber con respecto a la pubertad y la reproducción humana y lo que generalmente pueden comprender. Muéstrale los diagramas a tu hijo y explícaselos de tal forma que ambos se sientan cómodos con la conversación. Entra al tema del sexo y la fertilización también en un nivel de comodidad para ti y para tu hijo.

En algún momento entre los diez y los dieciocho años para las niñas y entre los doce y los dieciséis años para los niños comienzan a suceder de prisa algunos cambios en su cuerpo. Estos cambios llevan a una niña a trasformarse en una mujer y a un niño a transformarse en un hombre. A este tiempo se le llama *pubertad o adolescencia*. Es un tiempo lleno de cambios físicos (cambios en el cuerpo), cambios emocionales (sentimientos), cambios mentales (pensamientos) y cambios espirituales (lo que pensamos acerca de Dios). Y mientras que puede ser emocionante ver y experimentar estos cambios, también pueden ser un poco perturbadores, ¡Son demasiados cambios a los cuales acostumbrarse!

Hormonas

Los cambios dentro y fuera del cuerpo tienen que ver con cambios en el cerebro. En lo profundo del cerebro hay una glándula sumamente poderosa llamada la *glándula pituitaria*. Esta glándula es pequeña,

Mensajeros Químicos

como del tamaño de un chícharo, pero es altamente poderosa. Un día, la glándula pituitaria comienza a liberar *hormonas* que circulan en tu *sistema reproductor*. Las hormonas son como pequeños mensajeros químicos que le dicen a tu cuerpo que haga algo. En este caso las hormonas le dicen a tu sistema reproductor que comience a cambiar y a madurar hacia la adultez. Y el sistema reproductor es el sistema del cuerpo que permite que los seres humanos se reproduzcan o tengan bebés.

Para las niñas las hormonas de la glándula pituitaria le dicen a los *ovarios* de su sistema reproductor que comiencen a producir una gran cantidad de otra hormona llamada estrógeno. El incremento de los *estrógenos* provoca que el cuerpo de una niña comience a adquirir las características del cuerpo de una mujer adulta. Estos cambios incluyen el

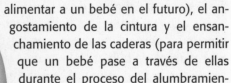

crecimiento de los pechos (que podrán alimentar a un bebé en el futuro), el angostamiento de la cintura y el ensanchamiento de las caderas (para permitir que un bebé pase a través de ellas durante el proceso del alumbramiento). Estas hormonas van a provocar que su voz se vuelva más suave y que comience a crecer vello en sus axilas y en el *área pública.*

Otro cambio que sucede es que las niñas comienzan a tener su *ciclo menstrual* y comienzan a menstruar o a tener su *periodo.* ¿Recuerdas la palabra *ovarios*? Las mujeres tienen dos ovarios en su sistema reproductor. Estos ovarios tienen todos los *huevecillos* o los *óvulos* necesarios para tener hijos algún día. De hecho, los ovarios tienen un poco más de trescientos mil óvulos. Cuando la pubertad comienza, uno de los óvulos madura y es liberado de uno de los ovarios cada mes. Esto sucede cerca de una vez por mes, y aproximadamente a partir de los diez o los dieciséis años hasta los cincuenta o sesenta años. Luego que el óvulo es liberado de uno de los ovarios se traslada por la *trompa de falopio* al útero. El útero también es llamado vientre en la Biblia. El útero es el lugar donde un día crecerá un bebé durante casi nueve meses antes de nacer.

En el momento en que el óvulo es liberado el útero comienza a desarrollar un recubrimiento. Si el óvulo no es *fecundado* (no se produce un bebé) el recubrimiento del útero es desechado. Este recubrimiento sale por la vagina durante varios días, y a esto se le llama menstruación.

Día 1 - 5   **Día 6 - 13**   **Día 14 - 16**   **Día 17 - 28**

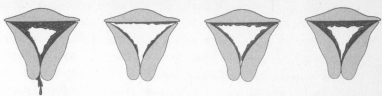

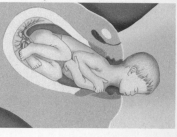

Si el óvulo es fecundado y comienza a crecer un bebé, el útero es el lugar perfecto para que el bebé se desarrolle durante nueve meses. Entonces estará listo para salir a través de la vagina de la mujer.

Para los niños las hormonas de la glándula pituitaria les comunican a sus *testículos* que comiencen a producir y a liberar una gran cantidad de cierta hormona llamada *testosterona*. La testosterona provoca que el cuerpo del varón se transforme de un niño a un hombre. Los hombros comienzan a ensancharse y la cintura y las caderas se angostan. La voz poco a poco se hace más ronca y comienza aparecer el vello facial (sumamente lento para la mayoría de los niños). El vello de las piernas y de los brazos comienza a hacerse más grueso y poco a poco empieza aparecer vello en el pecho. Empieza a crecer vello en las axilas y en el área púbica. Las partes reproductivas del cuerpo, incluyendo el pene y el escroto, crecen y comienzan a producir semen y esperma.

Poco tiempo después de que comienzan a aparecer estos cambios en el exterior del cuerpo el pene comienza a ponerse duro o erecto espontáneamente. Esto es algo que puede suceder sin ninguna razón. Sólo dura un momento y nadie se da cuenta, pero puede causar mucha vergüenza las primeras veces que sucede. También el sistema reproductor puede estar lleno de esperma (la célula reproductiva masculina) y de semen (el fluido en que vive el esperma) y necesita dejar salir un poco del fluido fuera del cuerpo. Esto suele suceder en medio de la noche y se le llama *emisión nocturna* o sueño húmedo. Esto también es perfectamente normal, pero es un cambio al cual uno necesita acostumbrarse.

Por lo tanto, los niños y las niñas pasan por muchos cambios; pero lo bueno de todos estos cambios es que sabemos que son parte del plan de Dios para nuestra vida. Él diseñó que nuestro cuerpo funcione de la manera en que funciona; ¡y pronto estos cambios habrán terminado y tú serás el hombre o la mujer que Él quiso que fueras!

la batalla
está a la
puerta

Usa tu imaginación por unos momentos.

Tú eres el rey, y un ejército cada vez mayor de guerreros malvados ha acampado justo fuera de la frontera de tus tierras. Conoces a estos guerreros; son los mismos que destruyeron un reino al norte del tuyo, mataron a los niños varones menores de catorce años, violaron y torturaron a las niñas y a las mujeres para forzar a los hombres a rendirse. Les pusieron garfios en la boca a los hombres fuertes y se los llevaron prisioneros a su país. Los viejos y los heridos fueron ejecutados lentamente.

Sus fuerzas se han estado incrementando para dominarte; pronto cortaran la provisión de agua hacia tu tierra así como los caminos comerciales por los cuales te llegan víveres. Todo lo que amas está en riesgo; tu familia, tu tierra, tu herencia y tu seguridad están bajo la sombra de este ominoso desastre.

Esta es la parte sorpresiva. Si tú atacas primero, sabes que el enemigo va a huir, ya que los guerreros que te han venido a atacar en realidad no son valientes, sino que su motivación para pelear proviene de su malvado señor que asesina a los soldados desertores y a los débiles para mantener la lealtad de sus tropas. Estos guerreros viven atemorizados de su propio rey malvado. Sus mejores hombres son mercenarios que pelearían por cualquiera que les pagara, por lo que la lealtad es superficial. A la primera señal de la batalla, los mejores guerreros huyen.

Como rey, sabes que tienes la fuerza suficiente para derrotar este ejército. Tu reino es el más próspero del mundo, tienes una gran cantidad de hombres bien entrenados con una verdadera razón para pelear. Tus hombres tienen las mejores armas; no carecen de recursos.

Estamos en una batalla por nuestros hijos y por nuestros adolescentes y debemos hacer todo lo necesario para estar preparados y armados

Lo has visto antes; otros reinos semejantes al tuyo han caído delante de este enemigo menor. Y es posible que tu fin sea semejante. No porque no *puedas*, ganar, sino porque no hay *voluntad* para ganar. Exactamente aquello que te hace fuerte ha entumecido a tu ejército y lo ha hecho adormecerse. Eres rico y te has puesto cómodo. El enemigo se ha estado acercando durante años, pero no te había hecho daño directamente, hasta ahora. Bueno, han matado algunos que vivían a las afueras de tu reino, pero nunca habían atacado tu reino de una forma directa. Han tenido el cuidado de matar y robar sólo a los que no se podía defender. Y tu reino se ha olvidado completamente de que el ejército enemigo está ahí, a la puerta. Pero eso está cambiando. De una forma increíble, te has enterado recientemente que miembros de tu propio ejército han estado haciendo negocios con estos asesinos, y han recibido ganancias inmensas. Se te acabó el tiempo y debes moverte rápido. Te has dado cuenta de que el enemigo tiene el propósito de atacar mientras tu reino está dormido. Es cuestión de horas para que todo esté perdido. Si tu ejército escucha tu voz y sigue tus órdenes tu reino se salvará. Si ellos escuchan, obedecen y toman las armas, la victoria es segura.

Tú eres el rey. ¿Qué vas a hacer? ¿Qué vas a decir? ¿Qué va a hacer tu ejército?

Esta imagen proviene directamente de Dios. Proviene de las Escrituras. En los últimos años de su vida, Pablo fue aprisionado y estaba esperando ser ejecutado. Sirvió a su Señor y Rey, Jesús, durante muchos años pagando un gran precio personal. Él está consciente de que se está llevando a acabo una lucha cósmica entre las fuerzas del bien y del mal, y aunque el resultado final de la batalla no está en duda, el daño colateral de esta guerra no se puede medir en términos de sufrimiento humano. Él sabe que lo único que permanece como protección entre estas fuerzas y nuestra destrucción es la obediencia al Rey Jesús. Pablo sirve al Amo de toda la creación; ningún enemigo puede permanecer delante de Él y Dios nos ha dado su autoridad para usar este poder con el fin de derribar a sus enemigos. Pablo les escribió a sus amigos de Éfeso y de Corinto acerca de este poder, y los exhortó a que tomaran las armas:

Por lo demás, hermanos míos, fortaleceos en el Señor, y en el poder de su fuerza. Vestíos de toda la armadura de Dios, para que podáis estar firmes contra las asechanzas del diablo. Porque no tenemos lucha contra sangre y carne, sino contra principados, contra potestades, contra los gobernadores de las tinieblas de este siglo, contra huestes espirituales de maldad en las regiones celestes. Efesios 6:10-12*

Porque las armas de nuestra milicia no son carnales, sino poderosas en Dios para la destrucción de fortalezas. 2 Corintios 10:4

El temor de Pablo no es que el ejército de Dios *no pueda* ganar contra estos enemigos, sino que simplemente no pelee. Él vio a una Iglesia que estaba empezando a distraerse con las cosas del mundo. Estas distracciones incluían: dinero, placer, poder e influencia. Llamó a la Iglesia a las armas. Esto es lo que le dijo a su general de confianza, Timoteo, cuando vio al enemigo listo para atacar.

Tú, pues, sufre penalidades como buen soldado de Jesucristo. Ninguno que milita se enreda en los negocios de la vida, a fin de agradar a aquel que lo tomó por soldado. Y también el que lucha como atleta, no es coronado si no lucha legítimamente. El labrador, para participar de los frutos, debe trabajar primero. Considera lo que digo, y el Señor te dé entendimiento en todo.

Acuérdate de Jesucristo, del linaje de David, resucitado de los muertos conforme a mi evangelio. 2 Timoteo 2:3-8

¿Te vas a levantar a pelear por todo lo que amas y consideras verdadero? Estamos en una batalla por nuestros hijos y por nuestros adolescentes y debemos hacer todo lo necesario para estar preparados y armados, porque el maligno está cada vez más cerca. El malo les está diciendo mentiras y los está tentando para que terminen en la ruina. Dios nos ha llamado a la guerra. ¿Vas a pelear para salvar a tus hijos y a tu familia? ¡La batalla está a tu puerta!

> **¿Cuáles son las armas que Satanás está usando para evitar que hables con tus hijos?**
>
> **¿Qué otra analogía te podría ayudar para prepararte espiritualmente para hablar con tus hijos acerca de la sexualidad?**

NO REHUYAS LA BATALLA

Quizá, en el curso de tu vida, tomaste decisiones en el aspecto sexual de las cuales no estás orgulloso. ¿De veras puedes hablar con tus hijos acerca de tomar decisiones que honren a Cristo cuando tú mismo has fallado? Ahora escucha esto: ¡Esa es una de las mentiras de Satanás! Él quiere hacerte sentir que no eres digno de instruir a tus hijos, que eres demasiado pecaminoso y demasiado sucio como para enfrentar y desafiar a otro para que sea puro.

En tu cabeza, la batalla puede sonar de la siguiente forma: "No está bien que les diga algo a mis hijos. Dios nunca podría usar a un pecador como yo. Estoy tan confundido que me pregunto si en realidad soy cristiano. Mi corazón es malo, y soy un perdedor que no se merece las promesas de Dios".

Muchos de nosotros crecimos en la década de los años sesenta o setenta, y cometimos muchos errores con nuestra propia sexualidad. Algunos tuvimos relaciones sexuales, nos efectuamos abortos y experimentamos con drogas. Nos sentimos manchados por estas decisiones y temerosos de enfrentar temas que nos hagan ser vulnerables. ¿Sería realista esperar que nuestros hijos logren llegar a un estándar mayor que el nuestro?

Existe un temor persistente de que cuando hablemos del tema del sexo, nuestros hijos nos pregunten acerca de nuestras propias experiencias. ¿Qué van a pensar nuestros hijos de nosotros si conocen nuestro pasado? Quizá concluyan: "Bueno, pues, todo terminó bien para ti. Así que no debe ser tan malo".

No escuches al maligno. Él es la voz del engaño, y no hay verdad en él.

Estas son las buenas noticias: Si eres cristiano, Dios te ha dado un nuevo corazón, un corazón dedicado a sus propios propósitos. Tú eres el querido hijo o la querida hija del Rey, con derecho a todo el poder, la bendición y la responsabilidad que conlleva ser un príncipe o una princesa.

Escucha esto:

De manera que ya no soy yo quien hace aquello, sino el pecado que mora en mí. Y yo sé que en mí, esto es, en mi carne, no mora el bien; porque el querer el bien está en mí, pero no el hacerlo. [...] Y si hago lo que no quiero, ya no lo hago yo, sino el pecado que mora en mí. [...] Porque según el hombre interior, me deleito en la ley de Dios.
Romanos 7:17-18,20,22

Cuando viniste a Cristo, fuiste hecho una nueva criatura. Todos tus pecados te han sido perdonados. La intención de tu corazón ya no es pecar, pero estos versículos nos recuerdan que cuando pecamos, es a causa de un viejo hábito difícil de dejar. Tú, el verdadero tú, ha sido creado de nuevo. Tú odias el pecado. No estás descalificado para hablarles a tus hijos de sexo. Tu expediente está limpio. Tu estado como cristiano perdonado no es distinto del de cualquier otro gran santo de la antigüedad.

A.W. Tozer escribió:

Se convierte en el trabajo del diablo mantener aprisionado el espíritu del cristiano. Él sabe que el cristiano justificado y lleno de fe ha sido levantado de la tumba de sus transgresiones y pecados.

Desde ese momento en adelante, Satanás se esfuerza mucho más para mantenerlo atado y amordazado, de hecho aprisionado en sus propias ropas mortuorias. El diablo sabe que si seguimos en este tipo de cautiverio [...] no somos mejores de lo que éramos cuando estábamos muertos espiritualmente.

> **¿Qué circunstancias de tu vida te han hecho sentir descalificado para hablar la verdad?**
>
> **¿Qué se necesitaría para que te volvieras a sentir calificado?**

No es demasiado tarde

Muchos padres piensan que los niños de ocho o nueve años son demasiado jóvenes para hablar de sexo con ellos. La verdad es que es una edad perfecta para hablar de lo que es bueno y lo que es malo. Algunos temas que pueden establecer el fundamento para las decisiones sexuales futuras incluyen la manera de tratar a los amigos y cómo honrar a los adultos.

Si perdimos la oportunidad de hablar acerca de lo que es bueno y de lo que es malo, pensamos: "Bueno, todavía puedo hablarles de la cuestión biológica cuando estén en sexto". Pero entonces se nos adelantan en la escuela y como que soltamos el asunto, contentos en nuestro interior de que alguien más hizo el trabajo sucio por nosotros.

Así que nos proponemos ayudarlos a comprender lo que es el amor en la escuela superior. Pero para cuando llegan a esa edad, ya no quieren escuchar nuestra opinión.

Satanás comienza a susurrar de nuevo: "Perdiste tu oportunidad. Ya no te escuchan. Ya no eres importante. Como padre has fallado y mejor vete acostumbrando a la idea de que tu hijo confía más en sus amigos que en ti". ¿Te suena familiar? Esas son mentiras antiguas de Satanás. Él es un mentiroso hábil y entrenado.

No te rindas a sus mentiras. Más bien, aprende nuevas técnicas. Ataca un problema viejo de una manera creativa.

Anécdota de David

Hace algunos años, una familia vino a consejería conmigo. El "problema" que querían "arreglar" era su hija. Anna tenía 14 años, y de acuerdo con la versión de sus padres no les estaba haciendo caso, y se estaba volviendo distante y rebelde.

Cuando hablé con Anna la encontré reticente. Otros consejeros profesionales la habían abandonado y ella no quería pasar por eso de nuevo. Después de hablar en varias ocasiones con ella, descubrí que Anna era una señorita sumamente agradable que no estaba tratando de ser mala o rebelde; simplemente estaba tratando de probar algunas cosas y hablar por sí misma. A sus padres no les gustaba la manera en que ella estaba experimentando con la ropa y sus nuevas amigas. Los padres se sentían que ya no los amaba; ella se sentía sola y que no confiaban en ella.

Supe de una familia que resolvía los problemas difíciles a través de escribir mensajes en pequeños pedazos de papel, los doblaban como si fueran aviones y los lanzaban dentro de la habitación de la persona con la que estaban enojados. Animé a la familia de Anna a que intentara comunicarse de este modo. El tomarse el tiempo de escribir lo que pensaban les permitió calmar las emociones y evitar que los dominaran. Por lo tanto, las conversaciones se volvieron más amables y productivas.

Los papás de Anna pensaban que ya habían perdido la oportunidad de hablar con su hija. Estaban muy contentos de descubrir que no

habían perdido la capacidad de resolver las cosas con Anna; sólo necesitaban darle una forma distinta.

No des por perdido la posibilidad de comunicarte con tu joven adulto; no importa qué tan difícil parezca la tarea. Explora formas creativas de comunicarte y, ¡mantén esos canales abiertos!

¿TE GUSTA LO QUE ELLOS VEN?

Satanás trata de confundirnos con mensajes como: "Estoy tan cansada y embotada, me pregunto si lo que hago por ellos realmente importa. Asisto a sus partidos, pero a ellos no les importa. Les ayudo con sus deberes escolares, y no los entregan. Reparo su coche o les ayudo a llegar al trabajo cuando los deja el camión y no me lo agradecen. Me estoy cansando. No importa que lo haga o no, nada de lo que hago cuenta como amor para ellos".

Esta es otra mentira terrible. ¡No la creas!

Si pones una atención especial a los siguientes conceptos, vas a lograr un cambio tremendo en tu motivación como padre; además de que te ayudarán a repeler la mentira de Satanás de que lo que estás invirtiendo como padre o madre no está produciendo fruto.

1. Tu pecado más pequeño es más devastador para la causa de Cristo de lo que te puedas imaginar. Cada acto de desobediencia desata un ciclo de tristeza, con efectos que se multiplican más allá de nuestra comprensión. Cuando alguien en el Cuerpo de Cristo peca, el resto de nosotros en el Cuerpo sufrimos. Cuando pecas contra tus hijos, Satanás te ataca con mentiras y tu orgullo se infla. Por lo tanto, no vas a querer ir a hablar con ellos, confesarles tu pecado y decirles que lo sientes. Aunque lo debes hacer, de seguro, vas a desear que ellos tomen los primeros pasos hacia la reconciliación, pero tú eres más maduro, mayor y más sabio que ellos. Tú tienes la capacidad de ser un ejemplo de amabilidad y dominio propio. Esta es tu oportunidad para ser un ejemplo de integridad en tu hogar, el lugar más importante del mundo.

Todo el tiempo somos un ejemplo. Sólo que muchas veces somos un ejemplo de soberbia, ira y amargura. Algunas veces sólo queremos ganar porque podemos; sentimos que nos hemos ganado el derecho de ganar. Así que, si no nos salimos con la nuestra, nos sentimos tentados a castigar sin pensar, en lugar de disciplinar según la dirección del Espíritu.

Como padres, entendemos que esta es una carrera de fondo, no una corta.

Lo anterior realmente nos ubica; pero las buenas noticias son que:

2. El acto de obediencia más pequeño tiene consecuencias más grandes de las que te puedes imaginar. Jesús dijo que incluso el simple hecho de ofrecerle un vaso de agua a otro en su nombre no quedará sin reconocimiento. Jesús tiene el hábito de tomar nuestras ofrendas más pequeñas y multiplicarlas. Esto es especialmente cierto cuando nos sacrificamos por nuestros hijos. Quizá no noten tu sacrificio; de hecho quizá piensen que tienen el derecho de que te sacrifiques por ellos. No obstante, estás siendo ejemplo; estás siendo ejemplo de una buena actitud, de una buena motivación y de un espíritu generoso. Como padres, entendemos que esta es una carrera de fondo, no una corta. Se trata de veinticinco años, no de veinticinco minutos. Nuestra mirada tiene que estar en ser ejemplo por toda una vida, no por un día.

Lo que haces, lo que dices, el tiempo que inviertes; todo esto importa más de lo que siquiera te puedas imaginar. La paternidad quizá sea el ejemplo máximo de posponer la gratificación. Nos gustaría ver los resultados ahora. Podríamos seguir adelante con sólo una palabra de gratitud que no parece llegar nunca. Pero date cuenta de que aquí estamos hablando de mucho más que de esfuerzo humano. Dios está tomando tus esfuerzos y los esta multiplicando. Sigue esforzándote y confiando en Dios para que bendiga tus esfuerzos. La inversión más pequeña que hagas en la vida de tu joven adulto quizá lleve fruto sin que te enteres.

¿Qué tan difícil es para ti admitir delante de tus hijos que los has ofendido?

¿Cuáles son las cualidades positivas que tus hijos ven en ti, incluso aunque nunca lo reconozcan?

DI QUE SÍ DESDE TUS RODILLAS

El Señor de los anillos de J.R.R. Tolkien es una alegoría visual rica. La serie de películas ha llevado el mensaje a un amplio público que puede identificarse con facilidad con las luchas de cada personaje. El mundo del mal es muy malo y la lucha parece sumamente real. El argumento es semejante al pasaje que estudiamos anteriormente. Frodo y sus compañeros se encuentran en medio de una batalla de proporciones cósmicas. No se trata solamente de espadas y estrategia; es una batalla espiritual por asirse de la bondad frente a una maldad abrumadora.

En estas fantasías, el mundo de la Tierra Media está en guerra. Frodo, el hobbit, es enviado en un viaje desesperado a través de la tierra maligna de Mordor para destruir el anillo de Sauron, el mago más poderoso y malvado de la tierra. Para ayudarlo en esta tarea valiente, se forma una comunidad. Los representantes de todas las buenas criaturas de la Tierra Media se unen en una batalla sin esperanza en contra de una maldad abrumadora. Juntos forman la Comunidad del anillo.

Hoy, los cristianos estamos en guerra contra potestades y principados que no podemos ver. El enemigo es más terrible y destructivo que una banda de orcos, y las consecuencias son enormes y eternas. El campo de batalla no se encuentra en una tierra imaginaria, está en nuestros hogares, escuelas, vecindarios y lugares de reunión. En medio de nuestras familias, necesitamos formar una comunidad que apoye a nuestros hijos en su lucha contra el pecado sexual. El "amor" desviado es el arma de destrucción. La batalla es continua y nuestra defensa es la verdad de Dios.

¿Recuerdas las palabras de Pablo a Timoteo? ¿Puedes escucharlas como si te las estuvieran diciendo hoy en día?

"¿Estás sufriendo penalidades como buen soldado de Jesucristo? ¿Eres militante y no te estás enredando en los negocios de la vida, a fin de agradar a aquel que te tomó por soldado?"

¿Recuerdas el pasaje de Isaías 6 en el que Isaías vio al Señor sentado en un trono alto y sublime? La visión provocó que Isaías se cayera de frente por el temor, y que reconociera que era un hombre de labios inmundos que vivía en medio de un pueblo de labios inmundos. Por lo tanto, el Señor envió un ángel, un querubín de seis alas, para que tomara un carbón encendido del altar, con el cual tocó sus labios y lo purificó. Luego, cuando el Señor preguntó: "¿A quién enviaré y quién irá por nosotros?", Isaías respondió en su nueva condición de comprensión, pureza y solicitud: "Heme aquí, envíame a mí".

La gracia de Dios te sana de las heridas del pasado para que puedas ver el futuro de tus hijos.

Dios te ha dado un consejero para ayudarte en las situaciones difíciles cuando no sepas qué decir.

Como Jesucristo murió por ti, puedes andar en el Espíritu y ser un ejemplo de lo que quieres que tus hijos vean.

Despójate de todo peso que te detiene de lo que quieres hacer. Haz a un lado las mentiras de Satanás, y abraza el poder de la verdad de Dios. Únete a la Comunidad del Rey. Esta Comunidad se va a consagrar a orar por esta generación de jóvenes, y va a resistir en contra de los ataques del diablo. ¡Porque nuestros hijos valen la pena!

tus hijos
en
contexto

Cualquiera que haya visto MTV está consciente de que llevan las cosas bastante cerca del límite. Realmente cerca del límite. La música y los programas de este canal se especializan en un público de trece a cuarenta años de edad que en su mayoría son hombres. En diferentes horas del día uno puede ver imágenes sexuales explícitas acompañadas de ritmos que sacuden el corazón como el rap y el hip-hop, y unas pocas horas después uno puede observar todo un programa dedicado a la educación sexual. A lo largo de su historia, MTV se ha censurado a sí misma, así como a los videos musicales que transmite; no obstante, sus estándares, así como los de todos los demás, se han pasado de la raya en años recientes.

Un estudio llevado a cabo por el Parents Television Council (El consejo televisivo de padres de familia) mostró que es verdad lo que la mayoría de nosotros pensamos: Que la cantidad de sexo y de violencia en la televisión ha empeorado. Además de reportar el número de veces en las que ocurre una conducta ofensiva, el estudio muestra la forma en que ha incrementado la naturaleza gráfica de las imágenes sexuales en una década. El número de referencias sexuales dentro del horario de mayor audiencia de la televisión se ha triplicado desde 1990, pero considerar los temas sobre los que versan las diferencias es todavía más revelador. Las referencias a diferentes temas sexuales se dispararon en la gráfica: perversión 357%, genitales 650% y masturbación 700%. El incremento en referencias hacia la homosexualidad durante el horario preferente de televisión fue la más alta del resto con un 2650%.[1]

La televisión no es lo único que ha cambiado desde nuestra juventud. Los adolescentes de hoy nacieron entre la década de los ochenta y noventa. Para cuando ellos ya podían leer, varios tenían una o más computadoras en su casa. Esto les dio acceso a cosas realmente buenas como programas de aprendizaje interactivo y juegos divertidos con enemigos "verdaderos". Pero también les ha dado algo que ninguna otra generación antes que ellos ha tenido que enfrentar: acceso instantáneo a la pornografía. Muchos adultos quizá recuerden la época en que era escandaloso mostrar una cama, incluso camas gemelas, en la habitación de una pareja casada en un programa de televisión. En aquellos días, los padres arrancaban las páginas de los anuncios de lencería de los catálogos de las tiendas por departamentos para que sus hijos no vieran desnudos parciales o imágenes sugerentes. Ahora, cuando damos nuestro taller de educación sexual a los niños de quinto grado y sus padres, casi siempre al final se nos acercan algunos padres preocupados para preguntarnos qué pueden hacer con su hijo de quinto grado porque temen que ya es adicto a la pornografía. No hay comparación entre las imágenes sexuales que nuestros hijos ven hoy y lo que la mayoría de nosotros vimos en nuestra infancia.

> **¿Qué tipos de cambios has observado en lo que la televisión muestra al aire en los últimos veinte años?**
>
> **¿Cuáles son los programas que encuentras más ofensivos y por qué?**
>
> **¿Han cambiado tus hábitos personales de lo que te permites ver en la televisión en los últimos veinte años?**

LA CULTURA JUVENIL EN LOS ESTADOS UNIDOS Y LA ACTIVIDAD SEXUAL

Los jóvenes son casi un misterio; ya que son muchos y sumamente diversos, por lo tanto es difícil seguirle el ritmo a su conducta, especialmente a su conducta sexual. ¡Una cosa que distingue a esta generación de jóvenes es que están dispuestos a hablar! ¡Quizá no tengan la información correcta, pero no son tímidos!

La Henry H. Kaiser Family Foundation (Fundación de la familia Henry H. Kaiser) entrevistó a mil ochocientos individuos seleccionados científicamente entre las edades de trece a veinticuatro años, copilaron los datos arrojados y reportaron los resultados en 2003. La encuesta planteó preguntas francas acerca de todo tipo de conducta de alto riesgo. Como la Fundación Kaiser tiene relación con una agencia de salud, tenía un interés particular en estudiar la conducta sexual de los adolescentes. Ellos saben que entre más temprano en su vida una persona comience a tener actividad sexual, y entre más compañeros sexuales tenga, la persona está en mayor riesgo de embarazo durante la adolescencia y de padecer enfermedades venéreas. Este estudio tiene una perspectiva más liberal que otros, no obstante, el estudio y el trabajo de investigación están bien diseñados. Sus datos son extremadamente útiles y como ya llevan realizando estas encuestas hace bastante tiempo pueden reconocer algunas tendencias. Estos son algunos de sus hallazgos:[2]

Preocupaciones de los encuestados

- Los jóvenes están más preocupados acerca del sexo* y de la salud sexual que de cualquier otro aspecto de salud en sus vidas.
- Cuatro de cada cinco adolescentes dicen estar preocupados acerca de la manera en que su salud sexual los pueda afectar.
- Este estudio descubrió que incluso entre los jóvenes de trece a catorce años la mayoría está fuertemente preocupada por el sexo y las relaciones con el sexo opuesto.

Actividad sexual y conductas sexuales

- Casi dos tercios de los que se gradúan de la escuela superior han tenido relaciones sexuales.
- Un tercio de todos los adolescentes han practicado sexo oral.
- Tres de cada cuatro adolescentes sexualmente activos han practicado el sexo oral.

El sexo oral y lo que piensan de él

- 25% de los adolescentes sexualmente activos reportan que el sexo oral es una estrategia para evitar tener relaciones sexuales.
- De cada cinco adolescentes más de dos no le dan mucha importancia a tener relaciones sexuales.
- 33% de los adolescentes dijeron que el sexo oral es sexo seguro.

Embarazo fuera del matrimonio

- Cada año en los Estados Unidos se embarazan más de un millón de adolescentes.
- 10% de las niñas entre quince y diecinueve años quedan embarazadas.

- Siete de cada diez jóvenes activos sexualmente se han efectuado una prueba de embarazo o han tenido una pareja que se ha realizado una prueba de embarazo.
- De cuatro jóvenes sexualmente activos, uno de ellos contrae una enfermedad venérea cada año.
- 50% de todas las infecciones de VIH en los Estados Unidos suceden entre personas menores de veinticinco años.

La información incorrecta acerca de las enfermedades venéreas

- Mientras que 75% de los adolescentes sexualmente activos practican sexo oral, 20% de todos los adolescentes no saben que las enfermedades venéreas se pueden trasmitir a través de esta actividad.
- 20% de los adolescentes dijeron que ellos podrían simplemente "saber" si alguien padece una enfermedad venérea.
- 20% de los jóvenes creen que las píldoras anticonceptivas los protegen de las enfermedades venéreas y del VIH.

Relaciones con el sexo opuesto

- Tanto para los adolescentes como para los jóvenes, la presión de tener relaciones sexuales es la segunda presión social que tienen que enfrentar después de la de ingerir alcohol. Un tercio de los encuestados dijeron haber participado en relaciones en las que la actividad sexual se presentó más rápido de lo que ellos querían.

* *Recuerda que para esta generación la palabra "sexo" significa coito vaginal. Es probable que el sexo oral, el sexo anal y la masturbación mutua no se hayan reflejado en este estudio.*

La actividad sexual de los adolescentes es un tema difícil de examinar, ya que es un tema emocional. Muchos padres, especialmente las mamás, piensan que es lindo ver a su hija o a su hijo relacionándose con el sexo opuesto. Les trae una ola de nostalgia que las hace pensar en su propio despertar sexual, y para la mayoría es emocionante ver cómo sus hijos descubren que las relaciones con el sexo opuesto pueden ser satisfactorias.

Pero la pregunta ineludible para la mayoría de los padres de hoy es si las amistades con el sexo opuesto que tienen sus hijos son amistades inocentes o si tienen actividad sexual. ¿El mundo será un lugar seguro para este tipo de exploración? ¿No estamos exagerando un poco con los valores de nuestra familia? Echemos una mirada en la manera en que nuestra perspectiva esta cambiando.

LOS EVENTOS HISTÓRICOS DE LA GENERACIÓN DEL NUEVO MILENIO

Quizá una buena forma de comprender la cultura juvenil de hoy es tratar de ver la vida desde su punto de vista. Podemos considerar qué tipo de cosas jamás han estado ausentes en esta generación, y de qué manera esto afecta su perspectiva de la vida.

Los adolescentes de hoy nunca han vivido sin comida instantánea. El horno microondas comenzó a ser distribuido comercialmente a principios de la década de los años ochenta. Siempre han tenido acceso instantáneo a información acompañada de ilustraciones a través de la televisión. Siempre han tenido acceso instantáneo a la información internacional a través de la televisión por cable. Tienen acceso instantáneo a sus amigos a través de sus teléfonos celulares y los servicios de mensajes de tiempo real de su computadora.

Cuentan con más cosas diseñadas para entretenerlos especialmente a ellos: los videojuegos, las revistas, la música y las películas. Esta dinámica de entretenimiento se ha convertido en una realidad ineludible para esta cultura. El pecado máximo es aburrirse.

Su concepto de la realidad es difuso. Siempre han vivido con efectos especiales, con muerte que no mata, con violencia que no lastima y con sexo casual sin consecuencias.

Nuestros hijos han crecido. Y ha sido la primera generación completa que lo ha hecho, en una cultura en la que el divorcio parece ser la norma. El índice de divorcio llegó a un 50% en 1976 en los Estados Unidos, y ha permanecido alto desde entonces; sólo ha retrocedido algunos puntos porcentuales cada año. La noción cultural que tienen muchos, sino es la mayoría de los adolescentes, es que estarán en un hogar roto en algún momento de su vida. Ser parte de una cultura en la que permanecer con tu núcleo familiar original está en desuso tiene enormes consecuencias emocionales y psicológicas.

Muchos niños piensan que en cualquier momento su vida familiar se desmoronará; muchos viven con un temor constante inconsciente de inseguridad familiar, incluso cuando su familia es saludable y no está en riesgo de divorciarse.

De una manera extraña, algunos adolescentes ven que en las familias que se separan hay privilegios y oportunidades, ya que su sentido de realidad está tan torcido que han llegado a tener envidia de los regalos que reciben algunos niños de padres divorciados, así como de la competencia que los padres libran entre sí por ganarse su atención. Una adolescente con una mirada triste sobre su rostro dijo que ella deseaba que sus padres se divorciaran para que poder descansar de ver a uno de sus padres mientras estaba en casa del otro.

Los adolescentes de hoy viven en un mundo de imágenes con contenido sexual explícito, bajo influencias que ya no están solamente a la mano, sino que los acechan por naturaleza. Antes de 1980, para poder ver una película, una persona tenía que ir al cine o rentar una película junto con un proyector de cine. Todavía no se habían inventado las videocaseteras. Para encontrar revistas pornográficas, un adolescente tenía que obtener acceso al material pornográfico de un adulto; incluso los adultos tenían que escabullirse a una librería o a un cine "para adultos" con la esperanza de que ningún conocido los viera entrar o salir.

Todo eso ha cambiado; los adolescentes de hoy han vivido con un acceso instantáneo a la pornografía toda su vida. Se puede rentar y se puede ver de forma anónima en casa de cualquiera. Muchos adolescentes tienen amigos cuyos padres tienen colecciones sofisticadas de porno - grafía a la que los jóvenes tienen acceso. Muchos canales de televisión por cable ofrecen a menudo películas eróticas en la programación regular, e incluso algunos canales de televisión por cable se dedican solamente a ofrecer pornografía veinticuatro horas al día, los siete días de la semana. Los hoteles ofrecen películas para adultos con el valor agregado de omitir el título de la película y su clasificación en la factura final por los servicios prestados. Las principales cadenas de librerías tienen secciones de material "erótico", que es un eufemismo para pornografía.

¿Qué sientes cuando piensas en que tus hijos están siendo expuestos a imágenes sexuales explícitas?

¿Cuáles crees que sean las consecuencias culturales de que nuestros jóvenes tengan acceso a la pornografía durante toda su vida?

La internet ofrece acceso instantáneo a las imágenes sexuales y a imágenes de depravación sexual que sólo hace quince años hubiera sido imposible que la mayoría de la población adulta siquiera se las imaginara, mucho menos las encontrara. La situación es sumamente distinta de la época en que nosotros crecimos.

Otra realidad completamente distinta de lo que nosotros como padres experimentamos cuando éramos jóvenes es la gran propagación de las enfermedades venéreas. Cuando surgió la "Revolución Sexual" de la década de los años sesenta, la frontera de la decencia y la moralidad se rompió sin que se presentaran consecuencias graves. Sólo había dos enfermedades de las que los muchachos de esa generación tenían que cuidarse: gonorrea y sífilis. Ambas son infecciones a causa de una bacteria, y se pueden curar con facilidad. En esa época, los que estaban participando de ese movimiento no sabían que estaban echando el cimiento para una generación de desórdenes psicológicos.

Muchos de los jóvenes de hoy reciben educación sexual a partir del quinto grado (algunos incluso desde preescolar o desde el tercer grado), y todo comienza con algunas conversaciones acerca de las enfermedades venéreas y el uso del condón. La inocencia del sexo ha sido echada fuera y reemplazada por las fantasías poco realistas que ponen en escena nuestros "Amigos" (Friends) en la televisión. Pocos personajes de la televisión terminan embarazados o infectados, pero nuestros adolescentes saben que decenas de sus amigos tienen VPH, herpes o clamidia. Cierta imagen respalda la idea de que son "inmortales" y de que deberían ser libres de probar todo. La realidad en su escuela y vecindario es que quizá nunca puedan librarse de la enfermedad, tener un bebé o encontrar una pareja de por vida en quien puedan confiar.

Siempre han vivido con efectos especiales, con muerte que no mata, con violencia que no lastima y con sexo casual sin consecuencias.

Los adolescentes de hoy viven en un mundo de terrorismo que los ha golpeado en su mismo país. Nunca antes habíamos experimentado acciones de guerra reales contra estadounidenses en territorio estadounidense. Los adolescentes ahora saben que viven en un mundo peligroso, y saben que el mundo está lleno de mentiras. Ahora se dan cuenta de que la fantasía de vivir en un mundo seguro nunca será una realidad. Los psicólogos y los sociólogos no pueden predecir de qué manera esto va a afectar a nuestros jóvenes. Podemos esperar que los estudios de investigación sociológica sobre jóvenes traumatizados de naciones como Israel y Líbano pronto aparezcan en las revistas estadounidenses de salud mental. Queremos ayudar a cuidarlos y a protegerlos, pero algunas amenazas están alojadas en el mismo corazón de su cultura.

¿Sientes esperanza o temor cuando miras de manera realista las circunstancias en las que nuestros jóvenes se encuentran?

¿En dónde ves o sientes mayor ansiedad? ¿En qué aspecto tienes más esperanza?

LAS TENDENCIAS PERTURBADORAS Y LA ESPERANZA DE VIDA VERDADERA

Una de las tendencias más perturbadoras que hemos observado con respecto a la actividad sexual de los jóvenes cristianos es que piensan que la definición de sexo sólo se restringe al coito vaginal. Parece ser que los adolescentes creen que Dios sólo se preocupa de si son "vírgenes técnicamente" cuando lleguen al matrimonio. Esto se ilustra en la investigación de George Barna en 2001.

Encontró que 83% de los adolescentes cristianos creen que la verdad moral depende de las circunstancias y que sólo 6% cree que la verdad moral es absoluta.[3]

Estas ideas acerca de la virginidad técnica y la verdad no es absoluta se refleja en el incremento de la practica del sexo oral. El estudio de la Fundación Kaiser en 2003 reportó que "25% de los adolescente sexualmente activos reportan que el sexo oral es una estrategia para evitar el coito y que de cada cinco adolescentes más de dos no le otorgan demasiada importancia a tener o no relaciones sexuales".[4]

Cierta madre sumamente enojada me llamó porque necesitaba hablar con alguien. Me dijo que en la escuela de enseñanza intermedia a la que asiste su hijo, recientemente descubrieron a dos parejas teniendo sexo oral durante el receso. Una pareja estaba en el callejón detrás de la escuela y la otra pareja estaba debajo de una de las mesas del comedor. Todos estos niños estaban en primer grado.

Anécdota de Linda

Una y otra vez en los últimos cinco años nos hemos dado cuenta de que los jóvenes que asisten a la iglesia no consideran que otras conductas, que no sean el coito vaginal, sean llamadas "relaciones sexuales".

Rachel, alumna de segundo grado de la escuela superior, dijo que hay muchas maneras de hacer feliz a su novio sin tener un coito. Entre los presentes de este grupo de jóvenes se escuchó un pequeño murmullo de risa al mismo tiempo que asentían con la cabeza en aprobación. El sexo oral, el sexo anal, la masturbación mutua y pasar la noche con personas del sexo opuesto son actividades aceptables en muchos grupos de jóvenes. Así que, ¿en qué posición pone esto a nuestra cultura juvenil? ¿Y en que posición nos coloca esto como una cultura cristiana juvenil?

¿De qué forma pueden distinguir los adolescentes entre el bien y el mal cuando están tratando de tomar decisiones en la esfera sexual a la carrera y parece que todo lo que el mundo ofrece es correcto y veraz?

Esto es lo que sabemos. Los adolescentes son inseguros. Tienen temores inconscientes a ser abandonados y viven con un sentimiento de terror no de esperanza. Esta es la primera generación que al ser encuestada reportó que no cree que la suya vaya a ser una mejor generación que la de sus padres. Sabemos que los niños de los últimos grados de la escuela primaria, los pre-adolescentes y los adolescentes están desenvolviéndose en este ambiente a través de buscar amor, seguridad y valor en las relaciones con el sexo opuesto desde una edad temprana. Cuando la mayoría de sus padres estaba creciendo, era extraño ver una pareja de novios tomados de la mano a esa edad; esto no sucedía sino hasta el final del segundo año de la escuela superior o a principios del tercer año. En la actualidad, ese ya no es el caso.

Toda esta información nos deja con la profunda conciencia de que no podemos seguir protegiendo a nuestros hijos. No podemos hacer que se refugien bajo nuestras alas. Tenemos que prepararlos. ¡Y esta es la ironía! ¡La escuela por sí sola no los prepara para ello!

¿De qué forma pueden distinguir los adolescentes entre el bien y el mal cuando están tratando de tomar decisiones en la esfera sexual a la carrera y parece que todo lo que el mundo ofrece es correcto y veraz? La respuesta es que haya personas maduras y amorosas en su vida que los ayuden a caminar en medio de todo este peligro. Se ha dicho que "hablar la verdad sin amor es crueldad".

Los adolescentes no necesitan que se les siga diciendo "la cruda verdad". No necesitan más clichés o campañas de "di no". Necesitan que se les hable la verdad directamente en amor en el contexto de una relación significativa. Trisha puede expresarlo mejor.

LA HISTORIA DE TRISHA

Le entregué mi vida a Cristo a los seis años de edad. Mi familia y yo siempre habíamos asistido a la iglesia. Una noche mi mamá estaba orando conmigo antes de dormir y le pregunté si le podía entregar mi vida a Cristo en ese momento. Lo recuerdo todo con claridad. La iglesia era sumamente importante para mi familia y aunque era una congregación pequeña y conservadora me gustaba de veras. Me encantaban mis amigas y mis clases de escuela dominical.

A los trece años hubo una presentación en mi clase de escuela bíblica acerca de la pureza sexual yo firmé una tarjeta de compromiso en la que me comprometía a guardarme sexualmente y a permanecer pura para mi futuro marido. Mis papás me compraron un anillo como símbolo del juramento y todavía lo tengo; y comencé a usarlo todos los días.

En el primer año de la escuela superior me enamoré de Steve. Él fue el primer muchacho con el que salí y, aunque no se nos permitía en realidad salir solos, tenía permiso de que viniera a mi casa a cenar con mis papás o acompañarnos a la iglesia.

Y entonces sucedió. La primera vez que nos besamos fue como si algo se apagara dentro de mí. Aunque apenas tenía catorce años empecé a creer que había encontrado a mi futuro marido y que Dios había respondido a mi oración. Cada vez encontrábamos más momentos para estar a solas y los besos comenzaron a volverse más intensos; al poco tiempo comenzamos a ser todavía más íntimos en nuestra conducta.

Entonces, una tarde estábamos haciendo nuestros deberes escolares juntos en su casa y estábamos solos; así que Steve y yo tuvimos relaciones sexuales.

Una vez más sentí como si algo se hubiera apagado dentro de mí. Había roto mi juramento. Los dos prometimos que esto no volvería a suceder, pero volvió a suceder; tres veces más. Cada vez me sentía más avergonzada, culpable y confundida.

La última vez que tuvimos relaciones sexuales, mi periodo se retrasó y pensé que estaba embarazada. Estaba tan asustada. No me podía imaginar siquiera de qué forma esta "niña cristiana perfecta" de esta "familia cristiana perfecta" iba a poder enfrentarlo. Estaba sumamente asustada.

En esos días mi mamá llegó a casa y me encontró sentada sola en la sala de estar. Ella simplemente caminó hacia mí y me preguntó:

"¿Trisha, te has acostado con Steve?". Quería mentir, traté de mentir; había podido mentir antes acerca de nuestro comportamiento, pero esta vez me quebranté y comencé a llorar. Pensé que mi mamá me iba a matar. Ella estaba un poco enojada, pero estaba todavía más triste. Me decía una y otra vez: "Vamos a salir adelante"; y entonces dijo algo aterrador: "Tenemos que decirle a tu papá".

Esa noche, de nuevo tuve que pasar por lo mismo. Fue la primera vez que vi llorar a mi papá. Estaba tan avergonzada de haberlo decepcionado. Pensé que me matarían, pero en realidad se comportaron de una forma increíble. Luego supe que no estaba embarazada y esas eran verdaderamente buenas noticias. Yo estaba demasiado joven para tener un hijo. Mis papás me castigaron y me quitaron muchos privilegios, pero por mí estaba bien; incluso le pidieron a Steve que viniera a la casa y tuvieron un tiempo de oración con él y le ofrecieron su perdón. Mis papás me llevaron a consejería y fue así como me enteré acerca del ministerio Worth Waiting For (Vale la pena esperar). Pasé por todo el entrenamiento con ellos y comencé a darle mi testimonio a otros adolescentes. Ahora he tenido la oportunidad de decirle a miles de otros adolescentes acerca de mi segunda virginidad y de como Dios me ha perdonado.

Las cosas cambiaron muy pronto con Steve después de eso. Decidió romper conmigo y comenzó a decir todo tipo de mentiras sobre mí a nuestros amigos en la escuela. Me hablaba con palabras obscenas y me decía que nunca me había amado. Lo peor fue tener que ir a la escuela y verlo todos los días.

Eso fue hace seis años. Ahora estoy asistiendo a una universidad cristiana y mi vida es totalmente diferente. Me he comprometido conmigo misma a que en cualquier relación futura con un novio restringiré nuestra relación a lo que se conoce como cortejo. Creo que tengo un futuro brillante, y le doy gracias a mi mamá por haber tenido la valentía ese día de hacerme la pregunta más difícil. Si ella no me hubiera confrontado o no me hubiera llevado a consejería, creo que todo hubiera terminado de una manera completamente distinta. Dios me dio padres increíbles, y sus oraciones, su amor y su compromiso para conmigo han sido todo un mundo de diferencia.

¿Cómo te sientes después de haber leído la historia de Trisha?

¿Qué te gustaría hacer ahora que has leído la historia de Trisha?

¿Y SI NADA SUCEDE?

¿Qué les sucede a nuestros jóvenes cuando no cuentan con un ejemplo espiritual positivo en su vida? ¿Hay alguna razón para creer que se van a sentir más seguros? ¿Cómo podemos esperar que se vuelvan menos temerosos o que se sientan más esperanzados? ¿Crees que los líderes jóvenes pueden levantarse desde dentro de su cultura sin el apoyo y el ánimo de adultos que se preocupen por ellos?

El ministerio Worth Waiting For (Vale la pena esperar) cree en los jóvenes y cree que cuando se les da apoyo, se les entrena y se les motiva a la acción pueden convertirse en un ejército fuerte para Cristo. Para poder hacer que esto suceda, necesitamos llevar a cabo los tres pasos siguientes de una forma adecuada:

Necesitamos hacer el esfuerzo por informarnos mejor. No les podemos enseñar ni los podemos guiar si no conocemos los problemas por los que están pasando. Al leer este libro, estás dando un paso grande hacia recibir una orientación adecuada acerca de los problemas de salud sexual que enfrentan los adolescentes. Pero solamente estar informado no es suficiente.

Necesitamos hacer el esfuerzo de participar más en su vida. Debemos tomarnos el tiempo de saber qué están aprendiendo en clase, de escuchar la música que les gusta, de aprendernos los apellidos de sus amigos. Demostramos que los amamos al estar en su mundo y ganarnos su confianza. Escucha los recitales de la banda de guerra; asiste a sus concursos de escoltas o de tablas gimnásticas. De eso es de lo que se trata este libro. Pero incluso estar informado y participar en su vida todavía no es suficiente.

Necesitamos hacer el esfuerzo de orar más. La información y la participación están bien, pero sin el poder y la fuerza del Espíritu Santo estamos enviando a nuestros hijos al mundo como ovejas en medio de lobos. Dios va a proteger y a preparar a sus hijos para que resistan firmes en la fe y huyan de la inmoralidad. ¡Nuestra responsabilidad es orar con valentía!

Comparación entre los eventos históricos de la generación de posguerra y la generación del nuevo milenio

Generación de la posguerra – 1945

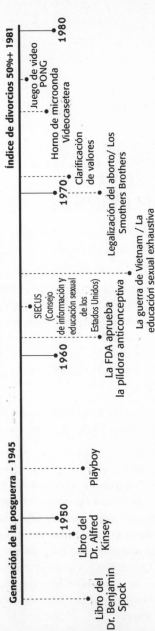

Libro del Dr. Benjamin Spock

Libro del Dr. Alfred Kinsey

Playboy

1950

1960

La FDA aprueba la píldora anticonceptiva

SIECUS (Consejo de información y educación sexual de los Estados Unidos)

La guerra de Vietnam / La educación sexual exhaustiva

Legalización del aborto/ Los Smothers Brothers

1970

Clarificación de valores

Horno de microonda Videocasetera

Juego de video PONG

1980

índice de divorcios 50%+ 1981

Generación del nuevo milenio – 1982

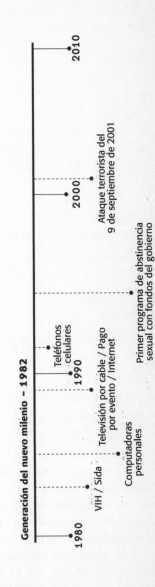

1980

VIH / Sida

Computadoras personales

Televisión por cable / Pago por evento / Internet

1990

Teléfonos celulares

Primer programa de abstinencia sexual con fondos del gobierno

2000

Ataque terrorista del 9 de septiembre de 2001

2010

educación sexual:
los
hechos
sorprendentes

Fue el peor día de mi vida.

Mi hija Heather me llamó cerca de las 11:30 a.m. del jueves veinte de abril de 1999 a mi teléfono celular. Se le oía bastante desesperada: "¿Papi, dónde estás? Tienes que venir. ¿No te has enterado? Mis amigos están muriendo en Columbine". Me lo dijo con tantas lágrimas que apenas la podía entender. Así que me lo repitió, y yo me quedé incrédulo, incapaz de creer las palabras que me dijo.

Anécdota de David

"Entraron unos tipos con pistolas y granadas. Oí que puede ser que hayan matado a más de cien muchachos. Papi, ven pronto y ve a Columbine. Tienes que ayudar."

Me fui a casa a toda prisa sin tomar en cuenta las precauciones. Yo conocía a docenas de estudiantes de Columbine. Aunque mi hija estudiaba en Chatfield, la escuela de enseñanza superior que era rival de Columbine, muchos de sus mejores amigos eran de ahí. Vivíamos a escasos cinco kilómetros de las instalaciones y entre los amigos de mi hija y los muchachos que asistían a nuestra iglesia, yo conocía a cerca de cincuenta adolescentes de Columbine. Yo estaba a noventa y siete kilómetros en el momento en que Heather me llamó y recuerdo que en el camino me iba preguntando: "¿Por qué van tan lento? ¿Qué no saben que necesito llegar?".

Venía oyendo la radio y comenzaron a dar la noticia. Los detalles no eran claros, pero lo que dijo Heather era verdad en esencia. Unos

muchachos estaban asesinando a sus compañeros en la escuela Columbine.

Las siguientes horas las pasé con adolescentes y con sus padres tratando de comprender el desastre. Varios muchachos que apenas conocía llegaron a abrazarme llorando desconsoladamente. Dan dijo que apenas y se salvó de que lo hirieran cuando salió corriendo por la puerta principal. Elsie vio cuando mataron a su mejor amiga. Cathy dijo llorando que conocía al responsable y con desesperación me pidió si la podía llevar con la policía.

Nadie sabía donde estaban Josh, Cassie y Rachael. Pasé la tarde con sus papás esperando en otra escuela cercana. Esperamos mientras la policía lentamente peinó las instalaciones buscando estudiantes y maestros que estaban escondidos en los salones y en los closets para que salieran. Recién ocurrió la tragedia, cientos de adolescentes habían buscado refugio en casa de sus amigos, lo cual hizo que la confusión fuera mayor. Era imposible saber quién estaba a salvo y quién estaba perdido. Cerca de media noche, ya se sabía dónde estaban todos los que faltaban y fueron llegando en autobuses escolares. Josh llegó en el último autobús para el alivio y el gozo inefable de sus padres.

Los padres de Cassie y Rachael sufrieron una pérdida irreparable. Llegó un autobús tras otro, pero las niñas nunca aparecieron. Acompañé a estos padres lo mejor que pude, pero me encontraba inusualmente silencioso; no sabía qué decir.

Fue el peor día de mi vida.

Dylan Klebold y Eric Harris atacaron las instalaciones de Columbine y, de acuerdo con sus propias notas, ejecutaron su venganza en Columbine a causa de lo mucho que los molestaban sus compañeros. Asesinaron a trece jóvenes y luego se suicidaron. Hirieron a cientos de otros, y a muchos más los dejaron traumatizados de por vida. La razón todavía es un misterio, después de años de investigaciones.

¿Cuál fue su propósito?

¿Aprendimos algo de este suceso terrible?

Hay varias cosas que deberíamos haber aprendido.

1. Vivimos en un mundo de mentira, y esas mentiras matan

La vida de tus seres queridos depende de que comprendan que vivimos en un mundo de mentira. Creer en las mentiras del mundo es tentar la muerte. Algunas de las mentiras se pueden descubrir con relativa facilidad. "El dinero me hará feliz". "Ser popular me hará importante". "Estar delgada me hará ser hermosa". "Asistir a la iglesia me va a 'salvar' ", y la lista sigue.

Dylan y Eric creyeron una mentira. Creyeron que el odio, la ira y la violencia eran la respuesta a sus heridas. Creían que nadie los amaba lo suficiente como para hacer que su vida pudiera cambiar. Creyeron que el mundo es maligno y decidieron formar parte de su maldad.

Vivimos en un mundo de mentira y sus mentiras matan. ¡La vida no es un juego!

2. Nuestro mundo no es seguro

Hemos llegado a creer que las escuelas, las iglesias, los centros comerciales y la casa de los vecinos de enfrente son lugares seguros. Pero no es verdad. Los factores protectores que existían en estos lugares que alguna vez fueran los más seguros se han desvanecido en un mundo en que la violencia es normal, un mundo en que las amistades comunes han llegado a ser la excepción.

Vivimos en un mundo caído donde el príncipe de la potestad del aire tiene acceso temporal para mentir, asesinar y despojar corazones, vidas y almas. Como vivimos en un mundo de mentira y el mundo no es un lugar seguro, nosotros como padres debemos ser diligentes. No podemos bajar la guardia. La vida de nuestros seres amados depende de nuestra vigilancia.

3. Tres o cuatro grados pueden hacer que una vida gire en dirección opuesta

Algunas veces creemos que las personas que están involucradas en conductas de alto riesgo deberían dar media vuelta de forma inmediata y abrupta. Pero la mayoría de nosotros no lo hemos hecho. No cambiamos de dirección de la noche a la mañana, sino en pequeños incrementos cada vez. La presión de los demás y los malos hábitos nos tientan aún cuando tenemos las mejores intenciones. Algunas veces "dar media vuelta" requiere inmensos sacrificios de amistades y actividades. Cambiar no es tan fácil.

Pero como padres, debemos recordar que estamos ahí para fomentar el gran cambio. Estamos ahí para abrazar a nuestros adolescentes y dirigirlos en una nueva dirección. Necesitamos estar con ellos mientras se desconectan de la conducta arriesgada y se conectan con una conducta saludable. Es un proceso más parecido a un maratón que a la carrera de cien metros. Si acompañas a tu muchacho en riesgo (¡y todos lo jóvenes califican para esta categoría!) y lo ayudas a moverse tres grados con el compromiso de seguir con ellos en cada uno de sus avances a lo largo de los ciento setenta y siete grados restantes, has comenzado bien. Celebra y reconoce cada pequeño paso. Los pequeños éxitos allanan el camino para que vengan más éxitos.

¿QUÉ TIENE QUE VER COLUMBINE CON SEXO?

Toda tragedia que cueste la vida de algún adolescente está de más. El suceso en Columbine sacudió a los Estados Unidos y cambió la forma en que muchos de nosotros, especialmente los adolescentes, vemos el mundo. Fue un acontecimiento público con presencia en los medios; pero es no es el único tipo de tragedia que los adolescentes enfrentan. La mala información acerca del sexo, el amor y las relaciones está cambiando la vida de nuestros hijos para siempre; algunas veces incluso los está matando. Cada día, se llevan a cabo cientos de abortos, miles de adolescentes se infectan de una enfermedad venérea incurable y demasiados de ellos son obligados a realizar actos íntimos que no quieren hacer. Los jóvenes se están muriendo de una manera violenta de adentro hacia afuera. Las lecciones que aprendimos en Columbine también se pueden aplicar al sexo, al amor y a las relaciones. Vivimos en un mundo de mentira que mata. Nuestro mundo no es seguro. Tres o cuatro grados por vez puede hacer que una vida dé un giro completo.

Muchos padres confían en que en la escuela sus hijos recibirán la educación sexual que necesitan, sea porque no han estado lo suficiente cerca de sus hijos como para hablar con ellos o porque tienen miedo de hacerlo. El problema es que no sabemos lo que el programa de educación sexual en las escuelas les está diciendo a nuestros hijos, simplemente asumimos que les enseñan lo que nosotros les enseñaríamos. Pero el abismo entre nuestras expectativas y la realidad puede ser inmenso. Los padres que comprenden la investigación detrás de muchos programas de educación sexual están alarmados (y con todo derecho).

¿QUIEN ES ALFRED KINSEY Y POR QUÉ ESTA ARRUINANDO LA VIDA DE MIS HIJOS?

¿Qué es lo que más influye sobre nuestro punto de vista de la sexualidad hoy en día?

Si hiciéramos esa pregunta a un grupo de adultos o adolescentes, la mayoría respondería que la televisión, el cine, las revistas, la internet y otras formas de comunicación. La mayoría de la gente, jóvenes o adultos, no podrían reconocer quién es Alfred Kinsey. Ni siquiera podrían reconocer su nombre. No obstante, Alfred Kinsey ha influenciado nuestra forma de pensar y nuestra cultura con respecto a la sexualidad más que ninguna otra persona en la historia de los Estados Unidos.

¿Entonces quién es este hombre y cómo fue que influenció nuestra sociedad de una manera tan profunda? Alfred Kinsey nació en Hoboken, Nueva Jersey en 1894. Estudió en Bowdoin College y Harvard. Una vez que se graduó de Harvard se convirtió en maestro de zoología de la universidad de Indiana en 1929. Llegó a ser una autoridad mundial en la clasificación de las avispas de agallas (Hymenoptera: Cynipidae). En 1942, Kinsey fundó el Institute for Sex Research (Instituto de investigación sobre sexualidad) para investigar la conducta sexual humana.

Las investigaciones de Kinsey fueron aceptadas principalmente como la base para el desarrollo de la educación sexual en las escuelas públicas. ¿Pero qué pasa si esos resultados fueran *incorrectos e inválidos*?

Que un científico cambie la entomología por el estudio de la conducta sexual humana es ir demasiado lejos. En 1997 James H. Jones publicó una biografía completa sobre Alfred Kinsey. Jones responde la pregunta de por qué Kinsey cambió de intereses de la entomología a la conducta sexual humana.

> ¿Por qué Kinsey se esforzó tan duro y se dedicó con tanta pasión todos esos años? La respuesta se encuentra en su vida privada, en las cosas temibles que había mantenido ocultas del mundo. Kinsey era un hombre con secretos, un hombre cuya inmensa culpa se combinó con su ética puritana de trabajo para producir sus secretos vergonzosos: era homosexual y masoquista. Él no pidió ser ninguno de los dos, y había pasado toda su vida en un conflicto profundo en ambos frentes. Por lo tanto, Kinsey sabía de primera mano lo difícil que era cambiar, y él sabía que no podía esperar compasión o comprensión de la sociedad. Con el fin de ayudarse a sí mismo, tendría que ayudar a otros. Esto explica su cruzada mesiánica por reformar el mundo que lo oprimía.[1]

Una vez que Kinsey comenzó a darle forma a las conclusiones en su cruzada, cierta cantidad de temas surgieron. Varios de estos temas trataban de hacer ver que la pedofilia era algo normal.

Este punto de vista es evidente en el libro *Sexual Behavior in the Human Male* (La conducta sexual del macho humano) publicado en 1948, creó la doctrina de la "sexualidad infantil" a partir de datos derivados del estupro de cientos de muchachos. Kinsey concluyó que los niños son "seres sexuales" desde su nacimiento. En 1953, se publicó el volumen complementario *Sexual Behavior in the Human Female* (La conducta sexual en la hembra humana) en el cual podemos leer: "Sería difícil entender la razón por la que un niño se perturba en el momento en que otra persona le toca sus genitales sino fuera por su condición cultural".[2]

Las investigaciones de Kinsey fueron aceptadas principalmente como la base para el desarrollo de la educación sexual en las escuelas públicas a lo largo de los Estado Unidos hasta apenas recientemente. Si aceptamos los resultados de Kinsey como válidos, entonces los métodos actuales y los conceptos que se les enseña a los jóvenes en la escuela serían correctos.

¿Pero qué pasa si esos resultados fueran incorrectos e inválidos?

Enfoque en la Familia explica un poco mejor el dilema en el que nos encontramos.

Hace cincuenta años, el doctor Alfred C. Kinsey impactó al mundo con su libro *Sexual Behavior in the Human Male,* seguido del libro *Sexual Behavior in the Human Female.* Estos "estudios" conocidos como los reportes Kinsey se convirtieron en la base de la educación sexual desde los grados universitarios hacia abajo. En ellos, Kinsey hizo varias aseveraciones firmes:

• La moralidad sexual tradicional no sirve para nada.
• Toda la actividad sexual es natural.
• 10% de la población es homosexual.
• Los niños son "sexuales" desde el nacimiento.

Aunque los reportes fueron criticados por algunas personas a causa de sus métodos de investigación descuidados, fueron popularizados por los medios de comunicación y desde entonces han sido aceptados sin cuestionamientos por los educadores sexuales. Escondidas entre las tablas y gráficas de Kinsey podemos encontrar preguntas terribles:

• ¿Cómo fue capaz un bebé de cinco meses de tener "orgasmos múltiples"?

• ¿Quién fue el que provocó que un niño de cuatro años tuviera "veintiséis orgasmos en veinticuatro horas"?

La doctora Judith Riesman comenzó a hacer estas preguntas a principios de la década de los años ochenta. Se indignó completamente por sus hallazgos: se habían utilizado a pedófilos como "investigadores" que abusaron sistemáticamente de los niños, y sus registros detallados fueron considerados "científicos" por el equipo de Kinsey.[3]

Se utilizaron tantas técnicas de investigación vergonzosas que la investigación completa de Kinsey ha sido cuestionada. No obstante, nuestra educación sexual de "sexo seguro" se basa en sus investigaciones.

Otro tema que ha aparecido en la obra de Kinsey son las continuas referencias anticristianas.

"Existen razones abundantes para responsabilizar a la iglesia cristiana del desquebrajamiento de nuestro hogar moderno", declaró. "A través de su hostilidad incesante en contra de la pasión y de sus esfuerzos estridentes por controlar la conducta sexual, el cristianismo se ha hecho culpable de crear 'conflictos mentales' de tal magnitud que constituyen probablemente la amenaza más seria en contra del hogar". En realidad, Kinsey consideraba que la Iglesia es el peor enemigo de la familia.[4]

No debemos subestimar la magnitud de las "investigaciones" de este científico y los efectos que produjo en nuestro sistema de educación sexual. Veamos cómo Kinsey comenzó a influenciar nuestro sistema de educación mucho después de su muerte en 1956.

> **¿Qué es lo que encuentras más perturbador acerca de las investigaciones y las conclusiones de Alfred Kinsey?**
>
> **Algunas personas piensan que las investigaciones de Kinsey son tan antiguas que ya no son un factor relevante en nuestra cultura. ¿Tú que piensas de eso?**

EDUCACIÓN SEXUAL EXHAUSTIVA

La organización fundadora de la educación sexual exhaustiva fue y sigue siendo el Sexuality Information and Education Council of the United States (Consejo de información y educación sexual de los Estados

Unidos) [SIECUS por sus siglas en inglés]. Se estableció como una rama del Instituto Kinsey en 1964. No es una agencia gubernamental, pero a menudo se piensa que lo es a causa de su nombre. En los años sesenta, la fundación Playboy realizó una donación inicial para establecer una oficina de servicio de investigación para SIECUS. En 1964, Marie Calderone dejó su puesto de once años como directora médica de Planned Parenthood World Population (Población mundial de la paternidad planificada) para convertirse en la primera directora de SIECUS. Recuerda que Planned Parenthood es famosa por su apoyo a los anticonceptivos y a los abortos por iniciativa particular sin el consentimiento de los padres. En 1968, la columna de Hugh Hefner "Playboy advicer" le recomendó la educación sexual de SIECUS a los padres. Luego en 1970, SIECUS le devolvió el favor e incluyó en su lista de libros recomendados The Playboy Philosophy (La filosofía playboy) escrito por Hugh Hefner.

Las escuelas establecen normas educativas para las diferentes materias escolares. Por ejemplo, hay normas para matemáticas y diferentes normas para ciencias naturales. Estas normas tienen el propósito de decirle a los docentes lo que se supone que un niño debe saber a una edad en particular, dependiendo de la materia. Además, hay normas para la educación sexual. En 1991, se enviaron las normas de la educación sexual exhaustiva para los grados de preescolar hasta el último grado de enseñanza intermedia y superior a todas las escuelas de los Estados Unidos. Estas normas fueron escritas por SIECUS.

Estaba dando una conferencia en un retiro para líderes de adolescentes de Worth Waiting For, y veinticinco muchachos en sus años de escuela superior estaban escuchando mi enseñanza sobre las normas de SIECUS. Yo esperaba que soportaran con paciencia este tema un poco árido, pero me sorprendí por su reacción. ¡No sólo estaban enojados, estaban enardecidos! Y dijeron: "Por fin, alguien me explica porqué se me revolvió tanto el estómago cuando me enseñaron esto en la escuela. Es una mentira". "Lo que realmente me molesta es que le estén enseñando estas cosas a mi hermanita y a mi hermanito. Y ellos no necesitan saberlo hasta dentro de algunos años, si es que en realidad necesitan saberlo. Estas enseñanzas están destruyendo a mis amigos. ¡Necesitamos cambiar esto!". ¡Finalmente, se dieron cuenta y lo querían cambiar!

Anécdota de Linda

LA EDUCACIÓN DE LA ABSTINENCIA HASTA EL MATRIMONIO

¿Cuál es el razonamiento detrás de enseñar sexualidad en las escuelas públicas? Los educadores, los administradores y los padres generalmente piensan que es bueno que los niños tengan una comprensión básica de cómo funcionan los sistemas del cuerpo. El propósito es incrementar los comportamientos saludables y reducir la conducta dañina.

Ese concepto lo vemos de manera clara en la educación de la prevención de las adicciones. Los docentes les enseñan a los niños los efectos dañinos y a veces devastadores del uso de las sustancias ilegales y la manera de evitar la presión de usarlas. Esto generalmente se considera una práctica educativa benéfica.

Otra premisa básica que la educación sexual exhaustiva apoya es que enseñar sobre el uso del condón en las escuelas públicas traerá como resultado una reducción de los embarazos en los adolescentes y la incidencia de las enfermedades venéreas. Sin embargo, después de años de educación sexual exhaustiva, el resultado ha sido lo opuesto. Los embarazos en adolescentes comenzaron a incrementar dramáticamente en los años setenta y las enfermedades venéreas se volvieron más comunes además de que surgieron todavía más enfermedades venéreas en la población sexualmente activa. Este cambio ha atraído la atención de muchos educadores y profesionales de la salud.

En 1942, se llevó a cabo un congreso en Washington, D.C. para investigar y discutir alternativas a la educación sexual actual en las escuelas públicas. Algo estaba mal, eso era claro.

Los embarazos adolescentes y las enfermedades venéreas estaban aumentando cada vez más y parecía como si el sexo se hubiera convertido en un acto de entretenimiento más que en un acto de demostración de amor en el matrimonio. En ese mismo año el doctor Joe McIlhaney fundó The Medical Institute for Sexual Health (Instituto médico de salud sexual). Fue un desarrollo silencioso, pero uno de los más importantes para la educación de la abstinencia hasta el matrimonio. El doctor McIlhaney, obstetra y ginecólogo, estaba viendo a muchos pacientes jóvenes en su consultorio devastados por las epidemias gemelas del embarazo adolescente y las enfermedades venéreas. "Impulsado por la información médica, científica y educativa, el Instituto informa, educa y asesora a los profesionales de la medicina, los educadores, los funcionarios, los padres y los medios de comunicación acerca de los problemas asociados con las enfermedades venéreas y los embarazos extramaritales".[5]

También en 1992, la doctora Judith Reisman escribió su libro titulado *Kinsey, sex and fraud* (Kinsey, sexo y fraude). El propósito de este libro era dar a conocer la naturaleza nada científica de las investigaciones de Alfred Kinsey. Esto provocó un gran revuelo en todos los niveles de la educación, y generó que muchas personas se dieran cuenta de que el razonamiento detrás de la educación sexual moderna podría estar seriamente equivocado. Surgieron programas de estudio que iban más allá de la educación sexual tradicional. Entre sus características importantes, figuraba el concepto de guardarse sexualmente hasta el matrimonio para prevenir con eficacia los embarazos fuera del matrimonio y detener el contagio de las enfermedades venéreas. Junto con los nuevos programas, vino la puesta en marcha de varias organizaciones sin fines de lucro diseñadas en específico para desarrollar, enseñar y echar a andar un nuevo paradigma completamente nuevo de educación sexual.

En 1996, se llevaron a cabo dos sucesos importantes. El Medical Institute for Sexual Health publicó un segundo conjunto de normas para la educación sexual. Esta fue la primera vez en que se ofreció un paquete de normas alternativo para los administradores y docentes de las escuelas públicas. Las nuevas normas llevaban el título de National Guidelines for Sexuality and Character Education (Norma nacional para la educación sexual y del carácter).

El otro suceso importante de 1996 fue la aprobación de la Federal Welfare Reform Law (Ley de reforma de la ayuda social federal). Esta fue la primera vez en que el gobierno federal aprobó una ley para dotar de fondos a la educación de la abstinencia hasta el matrimonio. Esta ley inicialmente asignó a este proyecto $50 millones de dólares cada año fiscal de 1998 a 2000. En la actualidad, el gobierno federal ha asignado $50 millones de dólares para la educación de la abstinencia hasta el matrimonio a través de fondos Title V[6] y $30 millones en 2003 en dinero llamados donativos SPRANS (Special Projects of Regional and National Significance) [Proyectos especiales de importancia nacional y regional].[7]

MÁS ACERCA DE LAS NORMAS

Las normas de distintas materias no son un programa en sí mismas. Las normas son herramientas para que los administradores y los docentes de las escuelas establezcan estándares apropiados de aprendizaje para cierto nivel de edad en una materia en particular. Por lo cual, pueden ser sumamente subjetivas. Comparemos las normas emitidas por SIECUS y el Medical Institute for Sexual Health.

¿Qué tipo de norma para la educación sexual se utiliza en la escuela de tus hijos, la norma SIECUS o la MISH?

Si no sabes la respuesta, ¿qué necesitas para averiguarlo?

¿Quién establece la política de las normas educativas de educación sexual en la escuela de tus hijos?

¿La escuela de tus hijos está abierta a la participación de los padres? ¿Por qué sí o por qué no?

¿Qué te viene a la mente cuando piensas en presentarles a los adolescentes que conoces un programa de abstinencia hasta el matrimonio? ¿De qué forma crees que se los debas presentar para que estén interesados?

Ambas fueron escritas para cada grado escolar desde preescolar hasta el último grado de enseñanza intermedia y superior, y las categorías de aprendizaje son similares. Vamos a comparar las normas para las edades de cinco a ocho años con el fin de comprender las diferencias en el contenido. De acuerdo con las normas para la educación sexual exhaustiva[8] de SIECUS en la subcategoría de anatomía reproductora y fisiología encontramos lo siguiente:

- Cada parte del cuerpo tiene un nombre dado y una función específica.
- Los genitales del individuo, sus órganos reproductores y sus genes determinan si la persona es masculina o femenina.
- Los niños y los hombres tienen pene, escroto y testículos.
- Las niñas y las mujeres tienen vulva, clítoris, vagina, útero y ovarios.
- Los niños y las niñas tienen partes de su cuerpo que se sienten bien cuando las tocan.

Dentro de este documento la subcategoría declara: "El cuerpo humano tiene la capacidad de reproducirse así como de dar y recibir placer sexual". Lo que comenzamos a ver es el concepto de la masturbación y lecciones de anatomía explícitas desde el grado preescolar. Este conjunto particular de normas también se puede interpretar como una sutil normalización de la pedofilia. Observa que dice: "Los niños y las niñas (no hombres ni mujeres) tienen partes de su cuerpo que se sienten bien cuando las tocan". Si no se añaden directrices morales a este tema, lo que resulta es aceptar como norma la pedofilia, tal y como lo hiciera Kinsey. Esto indigna a muchos adultos. Prosigamos con la subcategoría de la reproducción. Los mensajes a desarrollar para los niños de cinco a ocho años incluyen:

• La reproducción requiere la participación de un hombre y una mujer.
• Los hombres y las mujeres tienen órganos reproductores que los capacitan para tener un hijo.
• Los hombres y las mujeres tienen células específicas en su cuerpo que los ayudan a reproducirse.
• No todos los hombres y las mujeres deciden tener hijos.
• Cuando una mujer está embarazada, el feto crece dentro de su cuerpo en el útero.
• Los bebés suelen salir del cuerpo de la mujer a través de una abertura llamada vagina.
• Algunos bebés nacen a través de una operación llamada cesárea.
• Las mujeres tienen pechos que pueden producir leche para alimentar al bebé.
• El coito vaginal se lleva a cabo cuando un hombre coloca el pene dentro de la vagina de una mujer.

En este documento, la subcategoría dice: "La mayoría de la gente tiene tanto la capacidad como la habilidad de decidir reproducirse". Luego sigue la descripción del coito vaginal. Recuerda que algunos de los niños a los que está dirigida esta información tienen cinco años de edad. Esto nos lleva a la pregunta forzosa: ¿Qué necesita saber un niño de preescolar acerca del coito vaginal explícito? ¿Será este un tema apropiado que le debemos enseñar a los niños más pequeños?

Miremos una categoría más para las edades de cinco a ocho años, el tema de la identidad sexual y la orientación sexual. De acuerdo con las normas de SIECUS, estos son los mensajes a desarrollar que nuestros niños tienen que aprender a esa edad:

• Todos nacemos como niño o niña.
• Los niños y las niñas se convierten en hombres y mujeres al crecer.
• Los seres humanos experimentan distintas maneras de amarse.
• La mayoría de los hombres y las mujeres son heterosexuales, lo

cual significa que sentirán atracción y se enamorarán de alguien del sexo opuesto.

- Algunos hombres y mujeres son homosexuales, lo cual significa que se sentirán atraídos y se enamorarán de alguien de su mismo sexo.
- A los homosexuales también se les conoce como gays o lesbianas.

En las primeras normas para los niños de preescolar ya se introduce el concepto de las relaciones homosexuales. (Puedes encontrar el documento completo de las normas de SIECUS en el sitio de la internet: http://www.siecus.org/pubs).

Las normas del Medical Institute for the Sexual Health es un conjunto de normas sexuales con el propósito de desarrollar carácter y que difieren grandemente de las normas de SIECUS. Si el dominio propio en el aspecto sexual es un valor que nosotros tenemos y queremos que nuestros hijos tengan, entonces debemos desarrollar las cualidades de carácter necesarias para ello. Las normas del MISH se basan en cuatro componentes: Educación del carácter, técnicas para la abstinencia, información y vida familiar. La educación del carácter es considerada una cualidad necesaria para desarrollar relaciones sanas. "También alienta a los jóvenes a desarrollar rasgos como generosidad, compasión, justicia, valentía, buen juicio, amabilidad, honestidad, moderación y dominio propio".[9] Las técnicas para la abstinencia son un componente esencial de estas normas, ya que se requiere cierta habilidad para tratar con una sociedad que está saturada de mensajes sexuales y permanecer en abstinencia. Algunos ejemplos de las técnicas importantes son las técnicas para declinar, técnicas de relación con el sexo opuesto y técnicas para responder a la presión de los medios.

La información es otro componente esencial de estas normas. Nuestros jóvenes necesitan datos precisos acerca de todo el espectro de los temas relacionados con la salud sexual y la sexualidad. El cuarto componente es vida familiar, y quizá sea el más importante. Las investigaciones muestran una y otra vez que los adolescentes que se sienten amados e incluidos en relaciones familiares esenciales se abstienen de conductas de alto riesgo. Y cuando los padres son los educadores sexuales principales de sus hijos, los adolescentes reciben los valores familiares. Esto quizá sea difícil de creer, ¡pero las investigaciones muestran que es verdad!

Consideremos las categorías de MISH que corresponden a las de SIECUS que presentamos anteriormente. Estas también son para niños de cinco a ocho años. Los temas que se cubren en esta sección son el cuerpo humano, la salud, la reproducción, la pubertad, los roles de género y las etapas de la vida. Estas son las normas de MISH para esta categoría:

- Las niñas y los niños necesitan cuidar su cuerpo.
- Los bebés se desarrollan dentro de su madre.
- Los bebés reciben un mejor cuidado de parte de padres maduros y amorosos que tienen el apoyo de otros adultos responsables.
- Los niños y las niñas son similares en algunos aspectos y diferentes en otros.
- A lo largo de la niñez, una persona crece física, intelectual, emocional, social, espiritual y moralmente.

Si el dominio propio en el aspecto sexual es un valor que nosotros tenemos y queremos que nuestros hijos tengan, entonces debemos desarrollar las cualidades de carácter necesarias para ello.

La diferencia entre la información y los valores entre estas normas y las anteriores es inmensa. El énfasis está puesto sobre la importancia de que los padres críen a un niño. Esta ausente la lección explícita de anatomía y fisiología para el alumno más pequeño de la escuela primaria. Estas normas reconocen que crecemos en muchos diferentes aspectos incluyendo el físico, el emocional, el intelectual, el social, el espiritual y el moral.

Otro grupo de normas tiene que ver con el aprecio del cuerpo y la sexualidad humana, los impulsos y los deseos sexuales, el compromiso de por vida y la fidelidad. Nuevamente veamos la categoría de cinco a ocho años.

- Desarrollar el hábito del dominio propio nos puede ayudar a manejar nuestros deseos e impulsos.
- Los miembros de la familia muestran su intimidad a través de acciones afectuosas y palabras amorosas.
- La vida familiar es la primera experiencia que una persona tiene para comprender el significado del compromiso.

El enfoque de este material está sobre el dominio propio y la importancia de la vida familiar. Los valores fundamentales del amor, el afecto familiar y el compromiso están ahí para hacer del mundo un lugar seguro en el cual crecer. (Puedes comprar el juego completo de las normas del MISH a través de su sitio en la internet en: http://www.medinstitute.org/products/index.htm).

¿QUÉ TAN IMPORTANTE ES ESTA SITUACIÓN?

Ya hemos hablado bastante acerca de la historia, las normas y las diferencias básicas entre la educación sexual exhaustiva y la educación de la abstinencia hasta el matrimonio. Las normas de SIECUS tienen el propósito de inculcar la filosofía y los valores de la educación sexual exhaustiva. Las normas de MISH tienen el propósito de inculcar la filosofía y los valores de la abstinencia hasta el matrimonio. Pero, ¿y la educación sexual en nuestros hogares cristianos, nuestras escuelas e iglesias? ¿Cuáles son las diferencias entre la educación sexual basada en el carácter de las normas MISH y la educación sexual centrada en Cristo?

La educación basada en el carácter está transmitiendo valores y conductas que se consideran cruciales para el bien de la sociedad. Es semejante al código del "boy scout": "Un 'scout' es digno de confianza, leal, útil, amistoso, cortés, amable, obediente, alegre, diligente, limpio y respetuoso". Esta es una lista increíble de rasgos de carácter deseables, y la educación del carácter busca desarrollar estándares semejantes a estos. Apela a ciertos valores y creencias tradicionales y "convencionales". Generalmente, contamos con los padres y con la familia para que transmita de una generación a otra estos valores. Durante años, la educación del carácter era la piedra angular de nuestras escuelas, clubes y grupos de servicio. Entonces algo comenzó a cambiar.

En los años sesenta y setenta, una nueva filosofía comenzó a infiltrarse en nuestras escuelas, un concepto llamado ética situacional que fue inventado por Joseph Fletcher (1905-1991). Su obra, *Situation Ethics* (Ética según la situación), dio pie al movimiento moderno de ética situacional. Desde entonces, casi cada publicación acerca de ética situacional ha hecho referencia al modelo presentado por Fletcher. Fletcher fue un sacerdote episcopal, miembro del Euthanasia Educational Council (Consejo educativo de la eutanasia) y defensor de la planificación familiar. Apoyaba tanto la eutanasia como el aborto.

De acuerdo con el modelo de Fletcher, la toma de decisiones se debe basar en las circunstancias de una situación particular y no sobre una ley fija. El único absoluto es el amor.

"El amor debe ser el motivo detrás de cada decisión. Mientras el amor sea su intención última, el fin justifica los medios. La justicia no se encuentra en la letra de la ley, sino en la distribución del amor".

El modelo de Fletcher de la ética situacional parece razonable a primera vista, no obstante al considerarlo con cuidado sus defectos aparecen. La ética situacional está basada en 1 Juan 4:8: "Dios es amor". Sin embargo, en el siguiente capítulo leemos lo siguiente: "Pues este es el amor a Dios, que guardemos sus mandamientos; y sus mandamientos no son gravosos" (1 Juan 5:3). Mientras que Fletcher sostiene que cualquier mandamiento puede ser quebrantado sin problemas de conciencia siempre y cuando el amor sea nuestro motivo, la Biblia declara que guardar los mandamientos de Dios es amar a Dios. La ética de situación supuestamente está basada en la Biblia; sin embargo, la contradice.[10]

El concepto de "ética de situación" se volvió el fundamento de la educación sexual exhaustiva. Las normas de SIECUS están basadas en ideas congruentes con valores que se adaptan de situación en situación, según qué tan "listo" estoy en mis emociones o qué tan "enamorado" pienso que estoy. Los estándares duros y absolutos de moralidad son rechazados como demasiado intolerantes o anticuados. Se considera que la Iglesia es restrictiva y que la opinión de los padres es claramente opcional.

La educación sexual basada en el carácter confronta la ética de situación de la educación sexual exhaustiva. Los padres son considerados como las principales figuras de autoridad en la vida del niño.

En contraste, la educación sexual basada en el carácter confronta la ética de situación de la educación sexual exhaustiva. Los padres son considerados como las principales figuras de autoridad en la vida del niño, pero los valores suelen basarse en investigaciones sociales sobre los valores culturales actuales (encuestas de opinión). Mientras que la mayoría de nosotros atesoramos valores como la autodisciplina y el amor de sacrificio, sin valores absolutos fuertes —incluso la educación basada en el carácter— está abierta a ser mal interpretada. Esto produce un dilema para los defensores de la educación sexual basada en el carácter. ¿Quién define los rasgos de carácter más deseables y qué rasgos son los más importantes?

La moral y los valores se sugieren de una forma suave en la educación sexual basada en el carácter, y no se presentan como absolutos, ya que existe muy poca tolerancia a los absolutos en los sistemas educativos de hoy. El enfoque de este tipo de educación sexual está sobre la conducta medible, con el fin de asegurarse de que se obtengan las metas y los objetivos propuestos. Y como estas conductas se miden en el salón de clase, las metas se dirigen hacia las conductas públicas. Lo importante es el desempeño del individuo. Qué tan bien el niño o el adolescente tome buenas decisiones, determina su éxito.

¿QUÉ DEBEN HACER LOS PADRES?

¿Qué necesitan hacer los padres para tomar buenas decisiones acerca de las clases de educación sexual que toma su hijo? Si los niños o los adolescentes asisten a escuelas públicas, los padres deberían tener la oportunidad de que sus hijos se abstengan de asistir a la clase de educación sexual. Esto significa que los padres le pueden decir al director y al maestro que su hijo no tiene permitido asistir a esas clases y que se espera que durante ese tiempo se le provea de otras actividades. Algunos sistemas escolares hacen una presentación especial para los padres, con el fin de asegurarse de que todos los padres les den permiso a sus hijos de que asistan a todas las clases.

Depende de ti determinar si las clases de educación sexual que se ofrecen en la escuela de tus hijos son buenas y útiles. Esta es una lista de preguntas que le puedes hacer al director de la escuela en el momento de la presentación del curso de educación sexual.

- ¿Cómo se llama el programa?
- ¿Cuándo podremos ver el temario? (Busca cómo se tratan los temas de la homosexualidad, la masturbación, la actividad sexual fuera del matrimonio, el aborto y si se encuentra presente el concepto de que cada individuo determina si está listo para tener relaciones sexuales).
- ¿Cómo se escogió este temario en particular?
- ¿Se utilizó alguna norma para determinar qué temario usar? ¿Y si es así, cuáles son las normas que utilizaron ustedes o el distrito escolar?
- ¿Se van a mostrar videos?
- ¿Cuándo podemos ver los videos?
- ¿Cuándo se llevará a cabo la reunión de orientación para los padres? Si no hay ninguna planeada ofrécete como voluntario para ayudar a organizar una.
- ¿Se permitirá que los padres asistan a la clase junto con sus hijos?

- ¿Se les dará a los padres la lista de temas que se cubrirán durante cada sesión?

- ¿Los deberes en casa serán interactivos para que nosotros como padres podamos hablar con nuestros hijos acerca de valores y moral con respecto a lo que se está enseñando?

- ¿Qué estará haciendo mi hijo durante el tiempo de la clase si decidimos que no tome el curso?

LA EDUCACIÓN SEXUAL A LA IMAGEN DE CRISTO

La educación sexual centrada en Cristo se basa en dos conceptos formativos: en la verdad absoluta y en la comprensión de que Dios espera un tipo especial de obediencia a esa verdad. Esta obediencia esta regida no sólo por la conducta externa, sino por nuestro corazón así como por nuestros motivos. Como recordarás, Jesús puso más alto el estándar para la bondad. Un hombre con lujuria o con enojo en su corazón es tan culpable de asesinato y de adulterio como el que en realidad comete el acto: "Oísteis que fue dicho: No cometerás adulterio" (Mateo 5:27). En la educación sexual centrada en Cristo, la Biblia es la autoridad final de la conducta aceptable. La ciencia puede ser una herramienta excelente para la investigación así como para probar la verdad de Dios; sin embargo, la ciencia, en especial las ciencias sociales, se basan en la opinión pública y en los prejuicios siempre cambiantes. La humanidad de continuo descubre nuevas "verdades" que desalojan a la "verdad" pasada. Pero la verdad auténtica de la Biblia nunca cambia.

La tabla siguiente nos servirá para contrastar las ideas de la educación sexual basada en el carácter y la educación sexual centrada en Cristo.

Educación sexual basada en el carácter

Es sociológica y psicológica

Autoridad convencional

Busca el "bien común"

Se basa en investigación social

Cambia con el tiempo

"Sugerencias" morales

Se enfoca en la conducta medible

Sólo importa la conducta en público

Lo importante es la conducta observable

Se enfatiza la supremacía de la humanidad

Es educativa y médica

¿Qué tan cerca del límite puedo llegar?

Soy libre de...

Educación sexual centrada en Cristo

Es espiritual y bíblica

Autoridad final

Busca el "bien del Reino"

Se basa en los mandamientos bíblicos

Nunca cambia

"Absolutos" morales

Se enfoca en los motivos y las actitudes

La conducta pública y privada son importantes

Lo importante es el motivo del corazón

Se enfatiza el Señorío de Cristo

Es espiritual y considera las relaciones con otras personas

¿Dónde quiere Dios que yo esté?

Soy libre para...

La educación sexual basada en el carácter tiene sus límites. No puede depender de una autoridad final, sino de autoridades convencionales. Estas autoridades han cambiado a través de los años, ya que la frase "valores tradicionales" no significa lo mismo hoy que hace cien años.

No mal interpretes estas comparaciones. La educación basada en el carácter es lo mejor que el mundo puede ofrecer. Es mucho mejor que la educación sexual exhaustiva basada en el condón. Sin embargo, siempre que dejamos a Dios fuera de la ecuación, sólo estamos presentando parte de la verdad, y la parte que estamos dejando fuera es la parte más importante. En las escuelas públicas en este momento, lo mejor que podemos tener es educación sexual basada en el carácter, pero en nuestros hogares y en nuestras iglesias podemos decir toda la verdad. La educación sexual basada en el carácter tiende a enfocarse en una conducta medible que trata de responder la pregunta: "¿Qué tan lejos puedo llegar?", bajo las normas médicas, psicológicas o culturales del momento.

La educación sexual centrada en Cristo provee el componente espiritual clave que falta en otros programas. La educación sexual centrada en Cristo reconoce que el estilo de vida y la sexualidad son actos de la voluntad y del carácter. Quienes son dirigidos por esta filosofía se preocupan tanto por sus decisiones privadas como por la conducta externa que otros pueden medir. La educación sexual basada en el carácter aparenta estar consumida por "evitar lo peor", ser libres de la enfermedad y del quebranto del corazón. La educación centrada en Cristo se trata de "tener lo mejor", por ejemplo, un matrimonio íntimo marcado por la confianza y por la satisfacción, con la libertad de experimentar amor sin temor, vergüenza, culpa o dudas.

SALUD CENTRADA EN CRISTO

La Escritura celebra el concepto de la salud mental y física integral. Nos previene de pensar por departamentos. Apela a la verdad de la necesidad del individuo de ser íntegro y de una sola pieza. También comunica de una manera hermosa la forma en que todos nosotros en el Cuerpo de Cristo nos unimos mutuamente para honrar al Padre.

> *Porque así como el cuerpo es uno, y tiene muchos miembros, pero todos los miembros del cuerpo, siendo muchos, son un solo cuerpo, así también Cristo. Porque por un sólo Espíritu fuimos todos bautizados en un cuerpo, sean judíos o griegos, sean esclavos o libres; y a todos se nos dio a beber de un mismo Espíritu.*
>
> *Además, el cuerpo no es un solo miembro, sino muchos. Si dijere el pie: Porque no soy mano, no soy del cuerpo, ¿por eso no será del cuerpo? Y si dijere la oreja: Porque no soy ojo, no soy del cuerpo, ¿por eso no será del cuerpo? Si todo el cuerpo fuese ojo, ¿dónde estaría el oído? Si todo fuese oído, ¿dónde estaría el olfato? Mas ahora Dios ha colocado los miembros cada uno de ellos en el cuerpo, como él quiso. Porque si todos fueran un solo miembro, ¿dónde estaría el cuerpo? Pero ahora son muchos los miembros, pero el cuerpo es uno solo. Ni el ojo puede decir a la mano: No te necesito, ni tampoco la cabeza a los pies: No tengo necesidad de vosotros. Antes bien los miembros del cuerpo que parecen más débiles, son los más necesarios; y a aquellos del cuerpo que nos parecen menos dignos, a éstos vestimos más dignamente; y los que en nosotros son menos decorosos, se tratan con más decoro. Porque los que en nosotros son más decorosos, no tienen necesidad; pero Dios ordenó el cuerpo, dando más abundante honor al que le faltaba, para que no haya desavenencia en el cuerpo, sino que los miembros todos se preocupen los unos por los otros. De manera que si un miembro padece, todos los miembros se duelen con él, y si un miembro recibe honra, todos los miembros con él se gozan.*

Vosotros, pues, sois el cuerpo de Cristo, y miembros cada uno en particular. 1 Corintios 12:12-27

Dimensiones de la vida y la salud centradas en Cristo

Como puedes ver en este modelo, lo espiritual no sólo es un departamento más en la periferia de nuestra vida. La parte espiritual de quienes somos debería tocar cada aspecto de nuestro ser. Los teólogos le llaman a esto el Señorío de Cristo. Cuando Jesús tiene acceso y control de todos los aspectos de mi ser, Él tiene verdadero Señorío de mi vida. Aunque nuestro cuerpo está formado por muchos miembros, en el centro de mi ser está la persona de Jesucristo, mi propio Alfa y Omega personal. Cuando Jesús es mi verdad central, es mucho más fácil distinguir una mentira de la verdad. Desde el centro, Jesús me puede ayudar a mantenerme en equilibrio e íntegro. Se sienta en el trono de mi vida y me gobierna.

La salud física, emocional, sexual y espiritual de nuestros hijos depende de nuestra habilidad para vivir y comunicar esta verdad. "No nos cansemos, pues, de hacer bien; porque a su tiempo segaremos, si no desmayamos" (Gálatas 6:9).

confronta las
mentiras

Al principio de este libro argumentamos que vivimos en un mundo de mentira. Estas mentiras penetran cada aspecto de nuestra vida y algunas veces provienen de las fuentes menos esperadas. Si las mentiras siempre provinieran de personas en las que no confiamos, sería más fácil discernirlas; pero la triste verdad es que algunas veces nuestros mejores amigos y nuestros seres queridos son quienes nos dicen las mentiras. ¡Sin ninguna mala intención, claro! Quizá no quieran engañarnos, pero decir una verdad a medias, e incluso con las mejores intenciones, puede tener el mismo efecto devastador que decir una mentira descarada.

Esto es especialmente cierto en los adultos en quienes confiamos. Cuando nuestra información está equivocada, no ponemos suficiente atención o incluso cuando damos una sugerencia sin sustento, podemos destruir a los adolescentes que confían en que los asesoremos sobre los temas de salud sexual y amor. Los adolescentes escuchan mentiras todo el tiempo en la escuela, de parte de sus amigos, incluso a veces de su familia y de su iglesia. La mala información dada incluso con buenas intenciones sigue siendo mala información.

En nuestra cultura existen ocho mentiras principales que son aceptadas por todos. Además, por supuesto, existen variantes de estas mentiras que son igualmente peligrosas. (Si quieres obtener información más detallada acerca de estas mentiras que engañan a nuestros jóvenes, consulta Fearless Love [Amor valeroso] otro libro de la serie Worth Waiting For).

Veamos estas mentiras y estemos listos para corregirlas y decirles la verdad de Dios a nuestros hijos.

MENTIRA 1: EL SEXO ES MALO

Una mentira que nos puede confundir cuando tratamos de entender la intimidad y nuestra sexualidad es el sentimiento de que el sexo es sucio, malo o vergonzoso.

Este mensaje a menudo proviene de la cultura conservadora de la Iglesia en la que los padres sienten vergüenza y se les dificulta hablar de sexo. Como cuando un niño o un adolescente hace una pregunta sencilla y en lugar de obtener una respuesta sencilla escucha: "Luego hablamos de eso", o: "Pregúntale a tu mamá (o a tu papá)", o: "Nunca vuelvas a decir esa palabra en esta casa", o algún otro tipo de respuesta inútil. A muchos padres se les hace difícil hablar de sexo porque sienten vergüenza de su propio pasado o porque la intensa intimidad del tema es simplemente intimidante. No lo podemos negar, bromeamos acerca del sexo, pero las conversaciones honestas y abiertas acerca de la sexualidad parece ser que no se llevan a cabo en ninguna parte excepto en MTV. Así que los muchachos se quedan con la impresión de que el sexo es vergonzoso o sucio.

Cuando Dios creó al hombre y a la mujer, los hizo a su propia imagen. En el huerto del Edén, antes de que desobedecieran a Dios, Adán y Eva estaban desnudos y no se avergonzaban. Dios nos diseñó desde el principio para disfrutar de nuestra sexualidad con nuestra pareja ¡sin ninguna vergüenza! Cuando Adán y Eva comieron del fruto prohibido, todo cambió.

En algún momento de la historia, los cristianos llegaron a pensar que los placeres del cuerpo van en contra de lo espiritual. En realidad, Jesús, el apóstol Pablo y las Escrituras como un todo tienen una buena opinión del sexo cuando se disfruta de acuerdo con el diseño de Dios, en el contexto de una relación matrimonial de pacto. El sexo en el matrimonio es un regalo para celebrar; excelente en todos los aspectos.

Dios diseñó el sexo para ser disfrutado en el matrimonio porque Él quería que disfrutáramos la expresión más plena de este acto íntimo de amor. Él quería que tuviéramos vida en abundancia y que amáramos sin temores. En el matrimonio, la confianza y el compromiso hacen posible que la pareja se disfrute mutuamente y que críe hijos sin temor, duda, culpa, vergüenza y sin la amenaza de la enfermedad o de la tragedia emocional.

Busca los siguientes versículos y luego escribe qué es lo que Dios dice acerca del sexo, el amor y las relaciones con el sexo opuesto.

> **Génesis 2:25**
>
> **Cantares 5:1; 6:3-8**
>
> **Mateo 19:6**
>
> **Efesios 5:21-32**
>
> **1 Corintios 7:3**

MENTIRA 2: EL SEXO ES AMOR Y EL AMOR ES SEXO

Si vemos programas en la televisión como *The Orange County* y las telenovelas, y si leemos las llamadas revistas "familiares" en el supermercado, vamos a comenzar a reconocer un tema de lo que la sociedad dice acerca del sexo. Una de las mentiras que los medios proyectan es que "el sexo es amor y el amor es sexo". Parece que no hay ninguna diferencia entre los dos. El amor puede significar casi cualquier cosa, y el sexo es sólo una forma más de experimentar una "descarga" física. El sexo no es diferente de escalar una montaña o conducir a gran velocidad.

Piénsalo de esta forma: ¿Es posible tener amor sin sexo? La respuesta obvia es sí. Todo el tiempo, participamos de varios tipos de relaciones amorosas sin que ninguna de ellas se torne sexual. El griego es muy útil para ayudarnos a diferenciar los diferentes tipos de amor. *Storge* es el amor familiar, el tipo de amor que una madre tiene por su hijo. *Phileo* es el amor entre los mejores amigos. *Eros* es la atracción sexual y *Agape*, es el amor de sacrificio que parece ser el más difícil de encontrar. Así que tenemos cuatro tipos de amor, de los cuales sólo uno se vuelve sexual dentro de los parámetros adecuados, este es eros. De acuerdo con el diseño de Dios, las expresiones de eros están reservadas solamente para el matrimonio.

El amor se puede experimentar sin tener sexo, ¿pero se puede tener sexo sin amor? Tristemente, esto lo vemos llevarse a cabo de una manera explícita todo el tiempo. La prostitución, la pornografía, el "ligar" son todas expresiones de sexo sin amor. Cuando los términos "amor" y "sexo" se vuelven sinónimos, se produce una mentira peligrosa. Muchas jovencitas han sido engañadas porque alguien les dijo: "Si me amaras, querrías satisfacer mis necesidades". Esta es una imitación egoísta y descarada del amor y claramente procede de Satanás.

No permitas que tus hijos crean en este engaño peligroso.

MENTIRA 3: EL SEXO ES LA ÚNICA FORMA ACEPTADA DE PAGAR POR UN FAVOR

Querida Abby:

Se me está haciendo sumamente difícil decidir algo y espero que me puedas ayudar.

Esto es lo que ha estado sucediendo. Estoy saliendo con un muchacho que me gusta bastante. Es la primera vez que tengo novio formal y él es verdaderamente importante para mí. Hemos estado saliendo durante casi tres meses y creo que estoy enamorada. Él es un poco mayor (19 años) y yo demasiado joven (voy a cumplir 14 años el próximo mes), pero es muy lindo.

El problema es que me está presionando mucho para que tengamos relaciones sexuales. Siempre trata de que nos quedemos solos y luego comienza a acariciarme. Yo le digo que se detenga, pero él dice que si lo amo, que debería tener sexo con él. Pero tengo miedo de lo que podría pasar con el SIDA y todo eso. Me dice que todos sus amigos están teniendo sexo, pero ninguna de mis amigas lo ha hecho.

Él ha gastado mucho dinero en mí, me lleva a cenar y paga todo. Estamos planeando ir juntos al baile de graduación y él dice que ya es hora de que le agradezca todo lo que ha hecho por mí, y que si en realidad lo amo que voy a estar dispuesta a satisfacer sus necesidades, así que quiere reservar una habitación en un hotel después del baile de graduación.

Yo sé que si mis padres se enteraran de que yo tuviera relaciones sexuales me matarían. Ellos ni siquiera saben que tengo novio; y además no quiero que lo sepan todavía, pero tengo miedo de que me deje.

Creo que no quiero comenzar mi vida sexual de esta forma, pero no quiero perderlo. Espero que me puedas ayudar porque estoy verdaderamente,

Confundida en Colorado

En esta carta, es fácil observar la mentira de que el sexo se considera una deuda. Es sumamente fácil enojarse con este joven, pero en la vida real, para un muchacho o una muchacha que dice: "Te voy a dejar si no haces lo que digo", es una situación bastante intimidante. Esto es lo que yo llamo "sexo por coerción". Es la idea de que porque alguien gasta mucho dinero en la cena, la salida y el baile, el sexo es la "paga" requerida por lo gastado en la noche. Esto es una mentira y el equivalente moral de una violación emocional.

El sexo nunca es la paga de una deuda, ni siquiera en el matrimonio. Incluso en el matrimonio, sigue siendo un regalo de amor y nunca se impone en la vida del otro. "No" *siempre* quiere decir "no". No importa cuanto gaste un muchacho en la salida, tampoco lo que una muchacha susurre con ternura, todo adolescente que quiere esperar hasta el matrimonio tiene el derecho de esperar. Si el sexo es el medio de pago para mantener el amor, ¡entonces no es amor!

MENTIRA 4: ES MI CULPA

Los niños pequeños por su desarrollo no son capaces de procesar términos abstractos. Eso significa que las ideas abstractas (como compartir y la honestidad) son difíciles de entender para los niños. Tienden a creer en casi todo lo que un adulto les diga, lo cual es la razón porque los niños pequeños creen en el Conejo de Pascua y en Santa Claus; sin embargo, los niños mayores deducen la verdad. Si un padre o un adulto abusa del niño, el niño no tiene claro el panorama de quién tuvo la culpa. El perpetrador puede mentirle al niño o amenazar al niño con engaños. Es imposible que el niño comprenda que no fue su culpa.-

Cuando los niños sufren abuso o maltrato, es común que se digan a sí mismos. "De seguro hice algo mal para haber sido herido de esta forma. En alguna forma que todavía no comprendo, esto de seguro fue mi culpa". Esta lógica infantil persiste hasta que llegan a ser adultos, y los lleva a creer una mentira terrible acerca de sí mismos. Los consejeros dicen que las víctimas de abuso a menudo se ven a sí mismas como los perpetradores y no como las víctimas. Esta confusión es una mentira, puede destruir a una persona de dentro hacia afuera. Las jovencitas que son víctimas de una violación durante una cita pueden caer presas con facilidad de la misma mentira: "De seguro hice algo para merecerlo". Esto puede sucederle a cualquiera; quizá sea difícil de comprender, pero es importante hablar de este tipo de injusticia. Jesús fue firme en su determinación por confrontar la injusticia. Defendió al oprimido, y yo sé que estaría orgulloso de nosotros si enfrentamos estos asuntos.

Nuestro Dios es un Dios de poder. Esto significa que incluso, en las peores situaciones, hay esperanza de sanidad y perdón.

MENTIRA 5: ESTO SOLO NOS ATAÑE A NOSOTROS DOS

Considera por un momento la historia de David y Betsabé en 2 Samuel 11-12. David vio a una mujer hermosa y pidió que se la trajeran.

Durmieron juntos. Quizá como súbdita del rey, Betsabé sintió que no tenía elección en el asunto. Quizá David pensó con arrogancia que podía hacer lo que se le ocurriera. O quizá Betsabé sabía lo que estaba haciendo. De cualquier manera, no contaban con que Betsabé quedara encinta. David trató de simular que el esposo de Betsabé era el padre del niño, pero Urías no cooperó con el plan de David. Por lo que David se encargó de que Urías muriera en la batalla. Otros soldados también murieron en la batalla y Joab, el líder militar, tuvo que hacer algo que sabía que era malo con el fin de agradar al rey. El juicio de Dios sobre David y Betsabé fue la muerte de su hijo inocente. Las vidas de David y Betsabé cambiaron para siempre.

La conducta sexual, termine o no el embarazo, afecta a muchas personas más que a los involucrados.

MENTIRA 6: NO ME VOY A EMBARAZAR

Muchos adolescentes están mal informados acerca de la forma en que se puede producir un embarazo. El embarazo es un asunto realmente serio, y el riesgo de quedar encinta es mayor de lo que los adolescentes creen.

MENTIRA 7: NO ME VOY A ENFERMAR

En el pasado, cuando la mayoría de nosotros éramos adolescentes sólo había dos enfermedades venéreas principales: gonorrea y sífilis. Ahora existen entre veinticinco y cincuenta enfermedades venéreas y el número aumenta cada año. Una de las razones por la cual la enfermedad está proliferando es que cada vez más personas están teniendo relaciones sexuales fuera del matrimonio.

Las enfermedades venéreas suelen presentarse en forma de virus o bacteria, pero hay muchas otras que no caen en ninguna de estas dos categorías. Las infecciones por bacteria se tratan con antibióticos y suelen ser curables. No obstante, algunas cadenas de enfermedades venéreas bacterianas, incluyendo algunas formas de gonorrea, ya no responden a los antibióticos.

Lo difícil de las enfermedades venéreas es que cambian con el tiempo. Las enfermedades venéreas son como cualquier otra infección, los gérmenes que causan la enfermedad tratan de mantenerse vivos, por lo que, para no sucumbir ante los medicamentos, mutan para no ser afectados por los antibióticos, ¡qué gérmenes tan listos!

MENTIRA 8: NO ME VA A DAR SIDA

El virus de inmunodeficiencia humana (VIH) fue mencionado en público y se habló de él por primera vez en 1982. Muchos de nosotros que instruimos a los adolescentes de hoy crecimos en una época en que no se hablaba del VIH ni del SIDA. Hoy estamos enfrentando las consecuencias devastadoras en individuos, familias y culturas enteras.

En nuestra cultura, quizá no haya otra preocupación de salud que haya atraído tanta atención en los últimos veinte años como el VIH y el SIDA. Millones han muerto, millones han perdido a sus padres y millones más han sido infectados. Se han invertido miles de millones de dólares para encontrar la cura, pero todavía no hay ninguna a la vista. Aún y con toda esta atención, existe mucha mala información y confusión entre la gente. Tristemente, la Iglesia no suele hablar acerca del SIDA. Tendemos a ignorar este terrible asesino. Al no hablar la verdad, participamos de las mentiras y los conceptos equivocados.

DE VUELTA A LO BÁSICO; "PATERNIDAD I"

Los siguientes puntos sobre paternidad se aplican a este tema y a otros. Si quieres tener una conversación honesta y directa con tus adolescentes acerca del sexo, establece el fundamento para una conversación exitosa al comprender y seguir los principios básicos de la paternidad. Ve si estas ideas te parecen familiares. Deberían serlo. No hay nada nuevo acerca de ellas, pero los entrenadores de fútbol al parecer siempre "se van de vuelta a los básicos" cuando viene un partido importante. Si tienes en puerta un enfrentamiento importante con tus adolescentes, entonces sería bueno que tú también reconsideraras los fundamentos.

• Sé primero un padre, antes que un amigo

Cometemos un error cuando procuramos ser amigos de nuestros hijos primero. Nuestro papel como mayordomos de los hijos que Dios nos ha dado es la de enseñar y ser ejemplo de verdades espirituales y morales. En la Escritura, vemos que Dios toma esto bastante en serio:

> Oye, Israel: Jehová nuestro Dios, Jehová uno es. Y amarás a Jehová tu Dios de todo tu corazón, y de toda tu alma, y con todas tus fuerzas. Y estas palabras que yo te mando hoy, estarán sobre tu corazón; y las repetirás a tus hijos, y hablarás de ellas estando en tu casa, y andando por el camino, y al acostarte, y cuando te levantes. Y las atarás como una señal en tu mano, y estarán como frontales entre tus ojos. Deuteronomio 6:4-8

Si comenzamos a ceder en algunos aspectos, de tal forma que reduzcamos a los niños y los adolescentes a nuestro cuidado al estatus de amigos, seremos rápidamente tentados a suavizar la disciplina.

Tomaremos atajos y nos abriremos a la manipulación. Sé primero un padre. Cuando tus hijos tengan veinticinco años podrás cambiar el orden de la relación de manera sumamente natural.

• Entra en su mundo

Cuando nuestros hijos son pequeños quieren estar en nuestro mundo. Quieren irse a pescar con nosotros, no porque en realidad les guste pescar, sino porque quieren estar con nosotros. Van a salir al jardín para ayudarnos a barrer las hojas de otoño, nos van a acompañar a pintar la casa, nos va a ayudar con la lavandería, porque quieren estar con nosotros. De acuerdo con el desarrollo de nuestros hijos a través de las etapas de la vida, cada vez son más independientes, encuentran sus propios amigos, sus pasatiempos y las actividades que ellos disfrutan.

En ese momento, todo se invierte. En lugar de que ellos quieran estar en nuestro mundo por estar con nosotros, nosotros debemos estar en su mundo porque queremos estar con ellos. Sentimos la tentación de quejarnos y discutir diciendo: "¿Por qué ya no quieres ir a pescar conmigo? Siempre te encantó pescar. ¿Qué te pasa? ¡Has cambiado! ¡Sólo eres un hijo egoísta y mal agradecido!". Todo lo que ha sucedido en realidad es que ahora tienen su propia vida cuando antes solían tener sólo la nuestra. El amor de sacrificio nos pide que ahora entremos en su mundo, conozcamos su música, nos aprendamos el nombre de sus amigos, hablemos acerca de sus maestros y no tratemos de arreglarlo todo. Sólo necesitamos estar con ellos y demostrarles el "amor encarnado". Haz lo que Jesús hizo por nosotros; sacrifícate y entra en su mundo para probar tu amor por ellos.

• Sé justo, no seas equitativo.

Todo padre ha escuchado la airada acusación: "¡Eso no es justo!". Algunas veces nos hace reír, algunas veces nos hacer enojar. Ser equitativo significa que todos reciben lo mismo. Yo me como uno, tú te comes uno. No va en función de que se haya ganado el beneficio, la responsabilidad o la oportunidad; es sólo la idea de que todos somos iguales.

Los conceptos de equidad e igualdad se han entretejido de alguna forma en nuestra cultura. Pero hay otra forma de ver este concepto; una mejor forma. La Biblia le da prioridad a un concepto llamado justicia [rectitud]. En este esquema, las personas se ganan las oportunidades y las responsabilidades. Algunos de estos beneficios se adquieren inicialmente por la edad o la posición, pero el privilegio se puede perder o prohibir por un desempeño pobre. La manera justa de hacer las cosas es más parecida a la parábola de los talentos de Jesús en Mateo 25. En este relato se dice con claridad que necesitamos tratar lo que se nos ha dado con respeto y administrarlo con sabiduría. Si tratamos bien nuestras responsabilidades, podemos esperar mayores privilegios y recompensas. Si malgastamos nuestras oportunidades, perderemos incluso lo que ya teníamos. Esto es justicia. Si consideras hacer de este tipo de justicia la marca de tu hogar y ministerio, en lugar de la simple equidad, te vas a dar cuenta de que ¡vale la pena!

• La comunicación clara es un requisito indispensable

A veces tenemos expectativas tácitas acerca de nuestros adolescentes. Presumimos que todo ser humano pensante (¡aquí está el problema!) tendría las mismas expectativas. Cosas como guardar la leche en la heladera antes de que se caliente o llenar el carro de gasolina después de haberlo usado. La paternidad eficaz sabe que el adolescente promedio tiene prioridades y valores distintos al adulto promedio. Así que *antes* de que algo malo suceda, debemos decir claramente cuáles son nuestras expectativas ("te estás llevando el coche con el tanque lleno; antes de que regreses vuélvelo a llenar"), y cuáles serán las consecuencias si esas expectativas no se cumplen ("si no llenas el tanque de vuelta a casa no vas a poder usar el coche el viernes en la noche o el día en que tengas tu cita de esta semana"). Demasiado a menudo establecemos una ley, pero olvidamos decir las consecuencias de romper esa ley. Es la segunda mitad de esa ecuación lo que afecta la conducta y no la primera mitad. Además, hablar de ello por anticipado nos libra de tener que inventar un castigo después del hecho, o que estemos tan alterados emocionalmente que dictemos un castigo que no corresponda con la gravedad del crimen ("¡tienes prohibido volver a salir con tus amigos de por vida!").

• Ayúdalos a tener éxito.

Los psicólogos nos dicen que debemos guardar una proporción de siete felicitaciones por cada castigo. El mundo de los adolescentes ya es bastante duro sin que los padres añadan crítica sobre crítica. Todos los días, la mayoría de los adolescentes toman miles de decisiones; la mayoría de ellas son sumamente buenas. Pero como no los estamos siguiendo con una cámara de vídeo para revisar sus acciones más tarde, tendemos a ver sólo las malas decisiones. La buena paternidad es un ministerio de exhortación y palabras de edificación. Es semejante al dicho de administración que dice: "Sorprende a tus empleados haciendo algo bien", los padres, los maestros, y los líderes de jóvenes pueden utilizar el mismo axioma: "Sorprende a tu adolescente haciendo algo bien". Eso va a demostrar que sabes lo que está pasando, que aprecias sus esfuerzos por ser productivo y que te estás dando cuenta de que su carácter se está conformando a la imagen de Cristo. ¡Algunas veces realmente tenemos que esforzarnos por encontrar algo bueno de qué felicitarlos! Los adolescentes pueden relajarse demasiado cuando se sienten seguros, como cuando están en casa o en la iglesia. ¡Aun así, nuestra responsabilidad es animarlos, y no exasperarlos!

•La confianza se gana. El amor se da.

Se han escrito muchos libros acerca de este concepto; sin embargo, parece que no son buenos libros, o que no los hemos leído. ¡Todavía estamos bastante confundidos! Todo el tiempo confundimos la confianza con el amor. Si le decimos a nuestro adolescente: "No vas a poder llevarte el coche al centro el próximo viernes", la respuesta suele ser: "Es que no me amas".

El razonamiento de los padres, y que los adolescentes no ven, es que el coche sólo tiene espacio para cuatro personas y el muchacho quiere llevar a seis amigos. Además, el adolescente en cuestión apenas lleva tres meses que le otorgaron su permiso de conducir y no tres años; y nunca ha ido al centro solo, y mucho menos de noche. Por si fuera poco el centro de la ciudad el viernes por la noche está lleno de conductores ebrios que cometen todo tipo de estupideces. La verdad es: "Como padre, te amo, pero no confío en ti, ni en tus amigos ni en el ambiente".

Por otro lado, el adolescente vive en un mundo que lo obliga a ganarse el amor todo el tiempo. A menos que seas de los más apuestos, listos, graciosos, atractivos, acaudalados y fuertes entre tus compañeros, no eres amado. La conversación acerca del coche se siente como cualquier otra ocasión en la que el adolescente se tiene que ganar el amor.

De acuerdo con los valores del mundo, el amor se gana y la confianza se da:

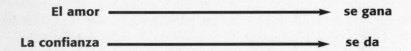

El amor ⟶ **se gana**

La confianza ⟶ **se da**

¡Pero eso está mal! Es el resultado de vivir en un mundo de mentira. De acuerdo con el plan de Dios para nuestra vida, el amor siempre se da sin condición o sin requisitos, incluso a nuestros enemigos. La confianza, por otro lado, se gana a través de una conducta responsable, y no de acuerdo con el género, la edad o la posición. El plan de Dios se parece a esto:

Ayúdales a tus adolescentes a comprender que la confianza siempre se gana y que el amor es un regalo. ¡No permitas que los engañe el mundo diciéndoles que el asunto es al revés!

> **¿Cómo les puedes ayudar como padre a tus adolescentes a comprender este concepto crucial?**

PIDE SABIDURÍA

Dios nos ha prometido la gracia y la sabiduría para llevar a cabo la difícil tarea de hablar con nuestros hijos acerca del sexo.

> *Hermanos míos, tened por sumo gozo cuando os halléis en diversas pruebas, sabiendo que la prueba de vuestra fe produce paciencia. Mas tenga la paciencia su obra completa, para que seáis perfectos y cabales, sin que os falte cosa alguna.*
>
> *Y si alguno de vosotros tiene falta de sabiduría, pídala a Dios, el cual da a todos abundantemente y sin reproche, y le será dada. Pero pida con fe, no dudando nada; porque el que duda es semejante a la onda del mar, que es arrastrada por el viento y echada de una parte a otra. No piense, pues, quien tal haga, que recibirá cosa alguna del Señor. El hombre de doble ánimo es inconstante en todos sus caminos.* Santiago 1:2-8

Dios reconoce la tarea tan difícil que nos ha pedido que llevamos a cabo de hablar con nuestros jóvenes acerca del sexo. Él más que nadie, conoce el poder del sexo. Él lo diseñó de esa manera; sabe que es íntimo y personal. Por eso, Él planeó que nosotros, quienes conocemos mejor a nuestros hijos, les hablemos de esto. Los muchachos están escuchando mentiras a su alrededor; tú tienes la oportunidad de desafiar las mentiras al decirles la verdad. Hablar de sexo no es biología, así que no te sientas intimidado de no saber lo suficiente. Gracias a Dios, tenemos un Salvador que comprende nuestros problemas y nuestras tribulaciones y nos da la sabiduría para enfrentar la tarea con arrojo, determinación y amor.

¡Pero ten cuidado! No tomes esta responsabilidad a la ligera, como otros lo han hecho. Tener dudas acerca de que Dios nos pueda dar la sabiduría necesaria nos lleva a estar abiertos a las mentiras: "¿Quién soy yo para hablarle a mi hijo acerca de sexo? He cometido tantos errores, y hay tantas cosas que no conozco. Además, me siento incómodo. Estoy seguro de que la escuela hará un buen trabajo. Además, así fue como yo aprendí, creo".

Esta mentalidad de "doble ánimo" es una mentira que proviene del corazón de Satanás. ¡Padre, ten valor! ¡Pastor, resista con firmeza! Ustedes son la última y mejor esperanza que tienen sus hijos para llevarlos a través de estas aguas difíciles sin ser destruidos. ¡Perseveren! Planeen lo que van a hacer desde hoy, comiencen a orar hoy y empiecen a llevar a cabo su plan desde hoy. Nunca es demasiado tarde para ser honesto y sincero. Dios está de su lado. No teman. Él les va a dar las palabras. ¡Confíen en Él!

el matrimonio:
diseñado para ser
bello

Los muchachos de hoy están creciendo en una cultura de divorcio. Están siendo bombardeados por imágenes que devalúan el regalo de Dios del sexo y del amor sacrificial que sostiene una relación matrimonial. Las parejas intercambian votos llenos de calidez y de buenas intenciones, pero se quedan cortos de "hasta que la muerte nos separe". En lugar de eso dicen algo semejante a: "Hasta que el amor dure". El poder legislativo de un estado tras otro está considerando la pregunta de si el matrimonio significa la unión de un hombre y una mujer, o la unión de dos personas sin importar su género. Muchas denominaciones llevan a cabo servicios para bendecir uniones homosexuales incluso en estados donde no se reconocen como matrimonios legales. Los niños reciben todo tipo de ideas de lo que el matrimonio es y de lo que no es a través de los medios de comunicación o dependiendo de la casa en la que pasarán la noche el día de hoy: en casa de papá o en casa de mamá.

¿Así que, cómo les enseñamos a los jóvenes el punto de vista de Dios acerca del matrimonio? Primero, no les podemos enseñar lo que no sabemos. Por lo cual necesitamos explorar lo que dice la Palabra de Dios acerca del matrimonio, incluyendo la dimensión sexual. Segundo, los niños aprenden mucho más de observar lo que hacemos que de escuchar lo que decimos. Hablamos con nuestra vida, no sólo con nuestras palabras. Así que tomemos unos minutos para escuchar lo que estamos diciendo antes de pedirle a nuestros hijos que hagan lo mismo.

LO QUE DICE LA BIBLIA ACERCA DEL MATRIMONIO

Veamos lo que dicen algunos pasajes clave de la Biblia acerca del matrimonio.

Y dijo Jehová Dios: No es bueno que el hombre esté solo; le haré ayuda idónea para él. Jehová Dios formó, pues, de la tierra toda bestia del campo, y toda ave de los cielos, y las trajo a Adán para que viese cómo las había de llamar; y todo lo que Adán llamó a los animales vivientes, ese es su nombre. Y puso Adán nombre a toda bestia y ave de los cielos y a todo ganado del campo; mas para Adán no se halló ayuda idónea para él. Entonces Jehová Dios hizo caer sueño profundo sobre Adán, y mientras éste dormía, tomó una de sus costillas, y cerró la carne en su lugar. Y de la costilla que Jehová Dios tomó del hombre, hizo una mujer, y la trajo al hombre. Dijo entonces Adán: Esto es ahora hueso de mis huesos y carne de mi carne; ésta será llamada Varona, porque del varón fue tomada. Por tanto, dejará el hombre a su padre y a su madre, y se unirá a su mujer, y serán una sola carne. Y estaban ambos desnudos, Adán y su mujer, y no se avergonzaban. Génesis 2:18-25

Dios creó a los seres humanos como seres sexuales. Ese es un hecho simple y llano. Pero desde el principio, Dios colocó a la sexualidad dentro del contexto de una relación. Cuando Dios creo a Eva como compañera de Adán, Dios dijo: "Por tanto, dejará el hombre a su padre y a su madre, y se unirá a su mujer, y serán una sola carne" (Génesis 2:24). El esposo y la esposa se entregan el uno al otro y toman la responsabilidad de protegerse y amarse. En la entrega íntima de la relación sexual se vuelven "una sola carne". El sexo no es meramente físico. Es principalmente fruto de una relación. Dios lo creó para la relación matrimonial.

Dios establece cuatro puntos en este versículo, y los reafirma a lo largo de la Escritura. El matrimonio tiene el propósito de ser:

Monógamo: Un hombre y una mujer. Desde el principio este fue el plan diseñado por Dios. Y Él vio que era bueno. En otras partes de la Escritura vemos que los hombres tomaron varias mujeres, sorprendentemente incluso David y Salomón; pero sólo porque la Escritura lo registra, no significa que Dios lo aprobara. Estas relaciones estaban sumamente lejos de ser el ideal de Dios. Su diseño divino para el matrimonio es un hombre y una mujer.

Heterosexual: La primera relación fue diseñada para complementar, equilibrar y satisfacer. Juntos tienen el poder de producir vida. La Escritura es clara no existen referencias a conducta homosexual o matrimonios homosexuales que se puedan interpretar como aprobados por Dios. Su plan siempre ha sido y siempre será "marido y mujer".

Apartado y permanente: La primera pareja fue diseñada especialmente el uno para el otro y estuvieron juntos a lo largo del resto de su historia registrada en los primeros capítulos de Génesis. A través de las dificultades de su pecado sus consecuencias, y más allá del dolor del asesinato de un hijo, se mantuvieron juntos. Estuvieron juntos "hasta que la muerte los separó". No tuvieron que intercambiar votos para comprender la verdad acerca de su relación. ¡Juntos para siempre! Ese es el diseño divino.

Íntimo: Los dos se hicieron una sola carne y no se avergonzaron. El sexo es bueno y natural en el contexto del matrimonio. En el mundo, antes del pecado de desobediencia a Dios de Adán y Eva, la culpa y la vergüenza no existían. ¡Qué idea tan maravillosa: intimidad sin rienda!

Ahora veamos un pasaje del Nuevo Testamento.

Las casadas estén sujetas a sus propios maridos, como al Señor; porque el marido es cabeza de la mujer, así como Cristo es cabeza de la iglesia, la cual es su cuerpo, y él es su Salvador. Así que, como la iglesia está sujeta a Cristo, así también las casadas lo estén a sus maridos en todo. Maridos, amad a vuestras mujeres, así como Cristo amó a la iglesia, y se entregó a sí mismo por ella, para santificarla, habiéndola purificado en el lavamiento del agua por la palabra, a fin de presentársela a sí mismo, una iglesia gloriosa, que no tuviese mancha ni arruga ni cosa semejante, sino que fuese santa y sin mancha. Así también los maridos deben amar a sus mujeres como a sus mismos cuerpos. El que ama a su mujer, a sí mismo se ama. Porque nadie aborreció jamás a su propia carne, sino que la sustenta y la cuida, como también Cristo a la iglesia, porque somos miembros de su cuerpo, de su carne y de sus huesos. Por esto dejará el hombre a su padre y a su madre, y se unirá a su mujer, y los dos serán una sola carne. Grande es este misterio; mas yo digo esto respecto de Cristo y de la iglesia. Por lo demás, cada uno de vosotros ame también a su mujer como a sí mismo; y la mujer respete a su marido. Efesios 5:22-33

Este pasaje se enfoca específicamente en la relación entre Cristo y la Iglesia, y en cómo se compara con la relación entre el marido y su mujer. Cuando metemos mano a la institución del matrimonio, estamos dañando la única imagen verbal viviente que describe el amor de Dios y su relación con la Iglesia. Estos cuatro aspectos de la relación entre Cristo y la Iglesia nos dan cuatro principios generales del matrimonio.

La unidad entre Cristo y la Iglesia: La unidad es importante para Dios. Poco antes de ser arrestado Jesús oró por la unidad de la Iglesia (Juan 17). Jesús y el Padre son uno; por lo tanto, su deseo es que nosotros en el Cuerpo de Cristo estemos unidos. En el matrimonio nos unimos en "una sola carne". Y como se dice en la ceremonia: "Lo que Dios juntó que no lo separe el hombre". El matrimonio se trata de unidad; está diseñado para ser permanente, tan permanente como el amor de Jesús por su novia, la Iglesia.

He recibido a muchas parejas para consejería matrimonial. Me gusta tener un tiempo especial a solas con el marido para ver cuáles son sus expectativas e identificar las mentiras en su concepto de lo que es un esposo. Cuando les digo estos hombres que deben sacrificarse por su mujer, que su propósito es servirla y hacer todo lo que esté en su poder para colaborar en presentarla como sin mancha y sin arruga, tienden a ponerse a la defensiva y se confunden; ya que eso no fue para lo que ellos se casaron. Los maridos de los matrimonios con problemas no suelen tratar así a su esposa.

Anécdota de Linda

El amor sacrificial de Cristo por la Iglesia: Las marcas de autenticidad de un matrimonio son el amor, el honor y el sacrificio.

Los maridos son la representación humana del amor de Dios por su Iglesia. Esto significa que la voluntad y los sueños del marido no son el aspecto más importante del matrimonio. Amar a su mujer es el aspecto más importante. Así como Cristo se despojó de toda autoridad y poder para sacrificarse por su novia, los maridos deben estar preparados para morir, en todos los aspectos, por el honor y la restauración de su esposa.

¡Este es un pensamiento nuevo y desafiante para la mayoría de los maridos!

El Señorío de Cristo sobre la Iglesia, y la sumisión de la Iglesia a Él: Así como el amor sacrificial es difícil para los hombres, someterse a su marido es difícil para las esposas. Desde un principio, se resisten a la idea. "Si una persona es sumisa a otra, entonces eso debe significar que no son iguales". En la cultura occidental el concepto de la igualdad y los papeles en el matrimonio se han vuelto difusos. La historia de la creación dice con claridad que Dios diseñó al hombre y a la mujer para reflejar la imagen de Dios en igualdad. En ese relato también es obvio que Dios diseñó que sus papeles en la relación fueran distintos. Así como Jesús y el Espíritu se someten al Padre y siguen siendo iguales, la esposa se somete al marido y aún así es igual a él. Nuevamente, esto es parte de la imagen verbal viviente de Dios, de su amor y de su plan para la Iglesia.

> **¿Crees que la mayoría de la gente se casa con un entendimiento firme de su papel en el matrimonio? ¿Por qué no?**
>
> **¿Saberlo desde antes de casarse produciría algún cambio en la relación?**

El deleite del esposo en su mujer y el deleite de la esposa en su marido: Esta idea se encuentra implícita en este pasaje de Efesios, pero es descarada en otros. ¿Recuerdas el mandamiento que le dio Dios a los israelitas en Deuteronomio?:

> *Cuando alguno fuere recién casado, no saldrá a la guerra, ni en ninguna cosa se le ocupará; libre estará en su casa por un año, para alegrar a la mujer que tomó.* Deuteronomio 24:5

¡Alegrar a su mujer! ¡Dios está hablando de algo más que de limpiar las ventanas y comprarle dulces! Este deleite del Creador incluye una perspectiva positiva de la sexualidad:

> *Sea bendito tu manantial, y alégrate con la mujer de tu juventud, como cierva amada y graciosa gacela. Sus caricias te satisfagan en todo tiempo, y en su amor recréate siempre.* Proverbios 5:18,19

De hecho, se les *manda* a los maridos que se deleiten físicamente en su esposa y que se dejen llevar por su amor. La relación sexual entre esposos es de abandono. Esta idea continúa en el Nuevo Testamento:

> *La mujer no tiene potestad sobre su propio cuerpo, sino el marido; ni tampoco tiene el marido potestad sobre su propio cuerpo, sino la mujer.* 1 Corintios 7:4

Nuestros cuerpos nos pertenecen a ambos, y deben ser usados dentro de la relación matrimonial para unirnos y para darle gran placer al otro. Así que el amor erótico no sólo está permitido por la Biblia, sino que además es un *mandamiento* dentro de los confines del matrimonio; ¡y todo para la gloria de Dios!

Este es el ideal, pero todo matrimonio se queda corto. Cometemos errores en cada fase de nuestra vida y el matrimonio no es la excepción. Dios desea que disfrutemos la plenitud del matrimonio por lo que, a pesar de nuestros errores, podemos comenzar hoy a acercarnos al ideal del matrimonio cristiano por medio de depender del poder de Dios. Mientras vamos obteniendo una comprensión más profunda del ideal de Dios para el matrimonio, muchos de nosotros comenzamos a ver el gran contraste que hay con nuestro propio matrimonio. Satanás va a tratar de utilizar ese contraste para hacerte pensar: "Esto no tiene solución. Soy un fracaso. Mi matrimonio nunca podrá reflejar este ideal". Dios nos manda que no nos desanimemos ni que tengamos miedo, porque Él mismo está con nosotros: "Y Jehová va delante de ti; él estará contigo, no te dejará, ni te desamparará; no temas ni te intimides" (Deuteronomio 31:8).

SEXO FUERA DEL MATRIMONIO

Dios diseñó el sexo para el matrimonio; para pareja casadas. La Escritura al sexo fuera del matrimonio le llama fornicación y al sexo con otra persona que no sea tu cónyuge le llama adulterio. Esta conducta es condenada como inmunda, impía, impura e inmoral. Aquí hay algunos versículos que te pueden ser útiles cuando hables con tu adolescente acerca de este tema.

Cuando metemos mano a la institución del matrimonio, estamos dañando la única imagen verbal viviente que describe el amor de Dios y su relación con la Iglesia.

No cometerás adulterio. Éxodo 20:14

Porque del corazón salen los malos pensamientos, los homicidios, los adulterios, las fornicaciones, los hurtos, los falsos testimonios, las blasfemias. Mateo 15:19

¿No sabéis que vuestros cuerpos son miembros de Cristo? ¿Quitaré, pues, los miembros de Cristo y los haré miembros de una ramera? De ningún modo. ¿O no sabéis que el que se une con una ramera, es un cuerpo con ella? Porque dice: Los dos serán una sola carne. Pero el que se une al Señor, un espíritu es con él. Huid de la fornicación. Cualquier otro pecado que el hombre cometa, está fuera del cuerpo; mas el que fornica, contra su propio cuerpo peca. ¿O ignoráis que vuestro cuerpo es templo del Espíritu Santo, el cual está en vosotros, el cual tenéis de Dios, y que no sois vuestros? Porque habéis sido comprados por precio; glorificad, pues, a Dios en vuestro cuerpo y en vuestro espíritu, los cuales son de Dios. 1 Corintios 6:15-20

SER EJEMPLO ES EL MEJOR TIPO DE PREDICACIÓN

Los hijos observan a sus padres con mucha atención. Los niños más pequeños los imitan como parte de su desarrollo normal. Los niños mayores y los adolescentes han aprendido hábitos y actitudes que quizá los tengan por el resto de su vida. Y la mayoría de los adolescentes han adquirido algunas técnicas bastante buenas para debatir, por lo que pueden refutar de una manera lógica muchas de las cosas que digas. Incluso pueden usar tu propia conducta como evidencia de que no crees lo que dices. ¡Ay!

El matrimonio no sólo es un convencionalismo social. No es sólo un estatus legal. ¡Es idea de Dios!

Las parejas casadas tienen la gran oportunidad de ser delante de sus hijos una imagen del amor que se autosacrifica. Muchos padres dirían que han sacrificado toda su vida por sus hijos, y a veces ciertamente así parece. Después de que un bebé nace, pasan cerca de veinte años antes de que podamos hacer algo solos en lugar de estar atendiendo las necesidades de nuestro hijo. Esperamos que algún día nuestros hijos reconozcan lo que hemos hecho por ellos; sin embargo, al interactuar cada día, los padres están pintando un cuadro de lo que es el matrimonio.

Consideración.
Autosacrificio.
Compañerismo.
Demostraciones de afecto.
Cuidado e interés.

¿Tus hijos ven estas cosas en la forma en que te relacionas con tu cónyuge? ¿Pueden identificar cuál es en realidad el contexto para la sexualidad?

Algunos de ustedes están diciendo: "Pero ya no estoy casado, y la relación fue tan mala que no hubo la manera de enseñarle a mis hijos nada acerca del matrimonio". Pues tienes la oportunidad única de enseñarle a tus hijos lo que es saber perdonar, y ser perdonado.

Si confesamos nuestros pecados, él es fiel y justo para perdonar nuestros pecados, y limpiarnos de toda maldad.

1 Juan 1:9

¿Has recibido el perdón de Dios por los fracasos que te llevaron al divorcio? ¿Has perdonado a la persona que fuera tu cónyuge? ¿De qué estás siendo ejemplo para tus hijos incluso en esta situación tan lejos de lo ideal?

Sea que estés casado o soltero en este momento de tu vida, tómate unos minutos para reflexionar en lo que te gustaría que tus hijos entendieran del matrimonio.

Cuando me casé, yo pensé que el matrimonio era...

Ahora sé que el matrimonio es...

Lo más importante que quiero que mis hijos entiendan acerca del matrimonio es...

El versículo que más me ha ayudado a entender el matrimonio es...

Puedo ayudarles a mis hijos a comprender el concepto que Dios tiene del matrimonio por medio de...

El matrimonio no sólo es un convencionalismo social. No es sólo un estatus legal. ¡Es idea de Dios! Él creó el matrimonio como el marco perfecto para su regalo de la sexualidad. ¡Eso es lo que los muchachos necesitan saber!

preguntas
y
respuestas

Se podría pensar que en la presente era de la información, encontrar una buena respuesta a una pregunta difícil debería ser sencillo. Podría ser, excepto por un simple defecto del sistema: "Más" no es necesaria-mente "mejor".

La filosofía cultural posmoderna actual ha puesta a la verdad y al conocimiento en la lista de las especies en extinción. Las filosofías relativistas (no existen las verdades morales absolutas) y el pluralismo (cada idea es igualmente válida que otra) están ganando aceptación de una forma acelerada en nuestro sistema educativo así como en la cultura popular. Los que se aferran a la idea de la verdad absoluta son etiquetados como intolerantes, fanáticos y de mente estrecha. A menudo se considera que el cristianismo está fuera de ritmo con la sociedad y que es demasiado estrecho para ser relevante en la cultura actual.

Estas ideas posmodernas están matando a nuestros adolescentes. No todas las ideas son iguales, y las verdades a medias pueden matar. Los adolescentes necesitan dirección, por lo tanto, necesitan respuestas directas, especialmente a sus preguntas acerca de la sexualidad, la intimidad y el amor. Tus hijos tienen preguntas; pero tu también tienes preguntas: "¿Qué necesito decir?". "¿Cómo empiezo?". "¿Y si...?". "¿Qué pasaría si...?". Está bien tener preguntas. Está bien admitir que no te sientes plenamente preparado para hablar con tus hijos acerca de sexualidad. Vas a tener nuevas preguntas dentro de algunos meses o años cuando tus hijos, especialmente los adolescentes, enfrenten situaciones en las cuales jamás has pensado.

En las siguientes páginas vas a encontrar preguntas y respuestas de como hablar con tus hijos acerca de sexualidad. Algunas de ellas están basadas en hechos y estadísticas. Otras son sugerencias acerca de cómo podrías manejar una situación en particular. Quizá estés de acuerdo o no con las respuestas, pero ya no vas a poder hacerte de nuevas. Es tiempo de que formes tu opinión, sobre hechos sólidos, sabiduría sana y verdad bíblica. Ya es tiempo de que hables con tus hijos.

Una tarde al final de una de mis clases de entrenamiento prenatal para adolescentes decidí preguntarle algo a Rebecca. Acababa de enseñar sobre contracepción, lo cual solía enseñar en esa época, ya que todas las niñas eran sexualmente activas (no estoy segura de que haría lo mismo hoy, pero en ese tiempo yo era muy joven). Le pregunté a Rebecca por qué estaba de nuevo en la clase. Este era el tercer bebé de Rebecca y ella apenas tenía 17 años. Había abortado los primeros dos bebés y el que estaba esperando sí lo iba a tener y a educar.

Anécdota de Linda

Le pregunté: "Rebecca, tú conoces este tema mejor que yo (información sobre contracepción), ¿por qué estás aquí otra vez? ¿Cómo es que estás embarazada de nuevo cuando tú sabes cómo usar todo esto?

Rebecca respondió: "Es que tengo una regla". Y se quedó callada, así que decidí aventurarme.

— ¿Una regla? ¿Qué tipo de regla? –pregunté.

—Si llego a estar en el apartamento o en la habitación de la persona con la que salí durante más de media hora, entonces tengo que hacerlo.

— ¿Te refieres a tener relaciones? –pregunté perpleja.

— Mjm –respondió Rebecca–. Así son las cosas; se lo debo por la cena.

Salí del hospital cerca de medianoche todavía perturbada. Fue así como Dios comenzó a prenderme el foco. Comencé a darme cuenta de que la información y el conocimiento por sí solos no significan nada porque las "reglas" del mundo pueden más que toda la información excelente. Si no se habla la verdad en amor, los muchachos van a creer todo tipo de mentiras. Solamente la verdad transmitida por medio de otra persona cambia vidas.

¿Cómo puedo comenzar esta conversación cuando siento tanta vergüenza?

La mayoría de los padres no hablan con sus adolescentes acerca del sexo porque les da vergüenza. Muchos no se sienten calificados para hablar con sus adolescentes acerca del sexo y la abstinencia porque ellos no lo practicaron antes de casarse. Es difícil hacerlo si nosotros mismos cuando éramos adolescentes tomamos decisiones que ahora consideramos que son incorrectas para nuestros propios hijos. No obstante, esto no significa que no podamos hablar con nuestros adolescentes acerca de la verdad y de tomar buenas decisiones. De hecho, esto le añade importancia a hablar con ellos. Los adolescentes necesitan tomar las decisiones correctas. Sus vidas dependen de ello.

No sientas como que tienes que hablar de sexo todo el tiempo. Usa un momento que puedas aprovechar para enseñar, como cuando estás viendo la TV con ellos. Con calma y de manera breve señala las mentiras que están siendo comunicadas en el programa. Haz lo mismo con las revistas o con otras formas de medios de comunicación que tus hijos usan. El sexo es un tema sumamente personal. Hablar de ello en una manera breve pero oportuna es una buena forma de asegurarte de que tus adolescentes conozcan tus valores y el punto de vista bíblico sobre el tema.

¿Y si encuentro condones en la habitación de mi adolescente?

Primero que nada, no entres en pánico. Habla de la situación con tu cónyuge, con un amigo de confianza o tu pastor. Decide cuál puede ser la mejor forma de abordar a tu hija o hijo. A menudo, una buena idea es esperar un día o dos para que tus emociones se enfríen.

Habla con tu adolescente en privado con tu cónyuge. Nunca confrontes a tu adolescente en frente de sus hermanos o de invitados en tu casa. Trata a tu adolescente con dignidad y amor, pero confróntalo directamente. Haz preguntas directas: "¿Estás teniendo relaciones sexuales?". "¿Cuánto tiempo tienes haciéndolo?". Pregúntale a tu hija si se ha hecho una prueba de embarazo, o a tu hijo si su novia lo ha hecho. Pregúntales si se han hecho análisis de enfermedades venéreas. Luego lleven a cabo cualquier acción que tú y tu esposa crean que es mejor para su familia.

Recuerda, muchos adolescentes se sienten aliviados cuando sus padres descubren que han estado activos sexualmente. Muchas veces ellos no quieren ser sexualmente activos y son atrapados o presionados para tener relaciones sexuales. Quizá al principio tengas que lidiar con un adolescente enojado, pero con el tiempo la persona experimentará gran alivio de estar fuera del círculo vicioso de la culpa, la vergüenza y las mentiras.

¿Firmar una tarjeta-compromiso de pureza produce algún efecto en la conducta de los adolescentes?

Sí. Las investigaciones muestran que firmar una tarjeta-compromiso puede reducir el riesgo de que un adolescente tenga relaciones sexuales fuera del matrimonio; pero mantener a un adolescente puro requiere mucho más que una tarjeta-compromiso. Las personas son influenciadas en sus decisiones por sus amistades. Los adolescentes necesitan que sus padres y otros adultos caminen a su lado cada día. Necesitan mentores con el carácter de Cristo que les enseñen y respondan sus preguntas. Los mentores necesitan estar presentes en la vida del adolescente y ser accesibles cuando el adolescente necesita consejo o simplemente hablar.

¿Cómo hablo acerca de las consecuencias de tener relaciones antes de casarse?

Prepárate para este tema por medio de pensar en los cambios que han surgido desde que tú eras joven. Algunas de las consecuencias de tener relaciones antes de casarse siguen siendo las mismas que cuando nosotros los padres éramos adolescentes. La gente sigue terminando con el corazón roto (consecuencias emocionales). La gente que ha tenido más de una pareja tiende a pensar en compañeros anteriores incluso cuando quiere ser fiel con su cónyuge (consecuencias mentales). Las adolescentes todavía quedan encintas. Y todavía terminan separados de Dios a causa del pecado (consecuencias espirituales). Sin embargo, algunas consecuencias físicas son sumamente distintas de los años sesenta. En esa época sólo había dos enfermedades venéreas. Hoy, hay más de veinticinco. La gente sufrirá consecuencias de por vida a causa de algunas de estas enfermedades porque no hay cura. Prepárate con información sólida y estadísticas para hablar con tu adolescente. Él o ella quizá no sepan toda la información necesaria para tomar buenas decisiones. Los capítulos 10 y 11 te darán más información acerca de las consecuencias de tener sexo antes del matrimonio.

¿Cómo puedo ayudar a mi hijo o hija si han sido expuestos a la pornografía?

Hay por lo menos tres cosas que debemos tener en mente cuando los niños son expuestos a la pornografía.

Como en todas las malas decisiones que nuestros hijos toman, la meta es restaurarlos y que experimenten el perdón de Dios. Para muchos padres, el tema de la pornografía es particularmente difícil de abordar con seguridad y amor. Eviten declaraciones airadas y que provoquen vergüenza.

Todos necesitamos límites y una forma de dar cuentas que vayan acorde con la persona. Cada niño es distinto, en edad y personalidad. Instala software de filtrado en las computadoras y limita el uso de la internet a cuando tú estés presente. Supervisa y pide cuentas de lo que hacen sus amigos y de lo que puede estar disponible en otros hogares. Comunica con claridad cuáles son las consecuencias de volver a hacerlo y hazlas cumplir sin lugar a dudas. Los niños que ya están lo suficientemente grandes para esconder pornografía también están lo suficientemente mayores para conocer los riesgos y las consecuencias.

Educar es importante. Pero la educación por sí misma no va a alejar a los niños de las conductas riesgosas.

Todo el tiempo, habla acerca de honrar a Dios y a nuestro cuerpo. Sé ejemplo de tomar buenas decisiones y sé perdonador todo el tiempo, no sólo cuando se descubran las malas decisiones de alguno de tus hijos.

El capítulo 9, Temas candentes, contiene más información acerca de la pornografía y sus efectos en los niños.

¿Cómo puedo determinar las consecuencias de la conducta inaceptable?

Un aspecto importante de cualquier castigo es que las consecuencias se conozcan de antemano y que concuerden con la falta. Establece las reglas básicas con tus hijos, individualmente o en una junta familiar durante su preadolescencia. Habla acerca de los límites para el noviazgo, el horario para regresar a casa, el uso del alcohol y de las drogas y cualquier otro tema importante. Sé claro acerca de cual será el castigo si se llegan a romper las reglas y siempre lleva a cabo lo que les advertiste que serían las consecuencias. Las reglas, y las consecuencias por romperlas, le dan al adolescente cierta medida de seguridad y le comunican con claridad que sus padres se preocupan por él.

¿Existe alguna manera divertida para demostrar los límites o hablar acerca de ellos?

Una manera de hablar acerca de límites de una forma ligera es una actividad llamada "la silla caliente". Una familia o varias familias pueden hablar acerca de límites siguiendo el formato de este juego. Acomoda varias sillas frente al grupo en forma de panel, pero deja una silla vacía.

Pídeles a varios voluntarios que sean los "expertos". Los expertos se sientan en las sillas de enfrente excepto en la silla extra que permanece vacía. Cualquier persona del grupo puede preguntarles a los expertos lo que sea acerca de amistades, sexo, límites, horarios, noviazgo, etc., y los expertos dan su respuesta. Si alguien del público quiere responder, debe levantarse de su lugar y sentarse temporalmente en la silla vacía, dar su respuesta y regresar a su asiento. Esta es una manera cómoda en que los padres y los adolescentes pueden externar sus opiniones y escuchar a los demás con respecto a un tema dado.

¿Cómo puede un niño que ha ignorado las reglas y ha violado los límites ganar de vuelta la confianza de sus padres?

La confianza siempre se gana y el amor siempre se da. Esta es una verdad importante, tanto para los padres como para los adolescentes. Si se pierde la confianza se requiere un largo tiempo de una conducta confiable para volver a obtenerla. La restauración de la confianza la determina la persona ofendida, no la persona que ha cometido la falta.

¿Las enfermedades venéreas pueden producir problemas de esterilidad?

De acuerdo con la American Society of Reproductive Medicine (Sociedad estadounidense de medicina reproductiva) la infertilidad tiene varias causas principales. La concepción depende de muchos factores que incluyen: 1) la producción de esperma saludable y de óvulos saludables; 2) que las trompas de falopio no estén obstruidas y que permitan que el esperma llegue al óvulo (las enfermedades venéreas pueden provocar que las trompas se obstruyan); 3) la habilidad del esperma para fertilizar el óvulo; 4) que el óvulo ya fertilizado pueda implantarse en el útero; 5) que la nueva vida formada tenga suficiente fuerza para sobrevivir. El mal funcionamiento de cualquiera de estos sistemas tiene el potencial de producir infertilidad. Las adolescentes son más susceptibles a las enfermedades venéreas por varias razones incluyendo la inmadurez del sistema reproductor; además de que en algunas enfermedades venéreas las mujeres no presentan síntomas, por lo que pueden sufrir una destrucción importante de sus trompas de falopio antes de que sepan que tienen una infección. A causa de la naturaleza asintomática de algunas de las enfermedades venéreas más comunes, las adolescentes sexualmente activas deben someterse a una revisión médica cada seis meses. Recuerda, estas enfermedades se pueden transmitir por muchas prácticas sexuales además del coito vaginal. El capítulo diez tiene más información acerca de las enfermedades venéreas.

¿Se puede contraer una enfermedad venérea a través del uso de un baño público?

La mayoría de los gérmenes que causan las enfermedades venéreas son sumamente frágiles y mueren fácilmente fuera del cuerpo. El aire seca estos gérmenes rápidamente y mueren pronto. Sin embargo, los estudios muestran que algunos gérmenes pueden permanecer con vida más tiempo en ambientes cálidos y húmedos fuera del cuerpo como en la superficie de las tinas de baño caliente. Siempre es una buena costumbre no sentarse en el asiento del retrete sin cubrirlo con papel o con plástico ya que aunque una persona no contraiga enfermedades venéreas, se puede contagiar de otros patógenos.

¿Cómo podemos convencer a los adolescentes de que el sexo oral también es sexo?

Sé directo. Es importante que cuando hables con tus preadolescentes y adolescentes ellos comprendan que toda actividad sexual es "sexo" o tener relaciones sexuales. Sea que las personas estén llevando a cabo coito vaginal, coito anal, sexo oral o masturbación mutua, todo esto se considera sexo. Cualquiera de este tipo de prácticas sexuales puede contagiar enfermedades venéreas. Todo esto está considerado como sexo a los ojos de Dios. Escucha la manera en que la palabra "sexo" se utiliza en las conversaciones de tus hijos o en el material que tus hijos escuchan o ven. Usa estas oportunidades como un trampolín para hablar del tema, Si nuestro cuerpo es verdaderamente el templo de Dios, entonces lo debemos honrar siempre con la manera en que lo usemos; y la Escritura es clara en que el sexo es un regalo que Dios nos ha dado para el matrimonio.

¿Cómo puedo hablar acerca de la abstinencia si los adolescentes están activos sexualmente?

Un concepto equivocado común en los padres y líderes cristianos es que los adolescentes que asisten a la iglesia o al grupo de jóvenes no son sexualmente activos. Sin embargo, no existe una diferencia estadística en la actividad sexual de los adolescentes cristianos y los adolescentes no cristianos. No obstante, es más común escuchar que los adolescentes cristianos practican formas alternativas de sexo en lugar del coito vaginal. Están interesados en ser vírgenes técnicamente para el matrimonio. Es importante que los adolescentes se enfoquen en honrar a Dios más que en ser vírgenes técnicamente. Si sus actividades no están honrando a Dios, necesitan detenerse, pedir perdón, y continuar con actividades que honren a Dios.

Siempre que estés hablando con un grupo de jóvenes, debes asumir que algunos de ellos han estado o están sexualmente activos. Junto con la enseñanza de las decisiones saludables y la verdad espiritual, es importante hablar del perdón de Dios y su gracia. La segunda virginidad es un concepto que permite que un adolescente que ya se involucró en actividades sexuales sea restaurado. No podrá volver a su anterior estado de virginidad, pero puede tomar la decisión de permanecer en abstinencia hasta el día en que se case. Es un nuevo comienzo y una forma de honrar a su futuro cónyuge.

¿Cuál es el tipo de información que más impacta a los adolescentes? ¿Las estadísticas? ¿Las consecuencias emocionales? ¿El miedo y la culpa?

Siempre es importante decirles la verdad a tus adolescentes acerca de las enfermedades, el embarazo a su edad y todas las consecuencias de las conductas sexuales. Los adolescentes tienden a prestarle más atención a las historias verdaderas que a las estadísticas. Se pueden identificar con las historias acerca de otros adolescentes y las consecuencias que sufrieron a causa de malas decisiones. Sea a través de estadísticas o a través de anécdotas, comunicar la verdad funciona bien con los mayoría de los adolescentes. Los padres conocen qué estilo de aprendizaje es más apropiado con su hijo. Usa ese estilo sin importar el tema de lo que estés enseñando y será más efectivo para ese individuo en particular.

¿Qué digo si mi hijo me pregunta acerca de mi primera vez?

Muchos padres de los adolescentes de hoy formaron parte de la generación de "el amor libre" ya que fueron adolescentes durante los años sesenta y setenta. Muchos padres no se guardaron sexualmente para el matrimonio. Si tu fuiste una persona activa sexualmente antes de casarte, es tu decisión si se lo comentas o no a tu adolescente. Es una de las partes más personales de tu historia y no es necesario hablar de ella.

Lo que debes tomar en cuenta si estás en medio de esta decisión es que una vez que hayas hablado de esto con tu adolescente lo puede usar como un arma en tu contra. Discierne con sumo cuidado si tu hijo puede manejar esta información sin echarte en cara las incongruencias cada vez que establezcas una regla o una norma. Segundo, también coméntale las consecuencias de tu conducta. Tu adolescente necesita conocer las consecuencias físicas, mentales, emocionales o espirituales de tus actos, de otra manera, a tu hijo le va a parecer que tú no sufriste consecuencias y, por lo tanto, que tampoco él las sufrirá.

Tú has sido perdonado por tus errores pasados a través de Jesucristo, no lo olvides. Cada cosa buena diseñada por Dios puede ser destruida y pervertida; eso incluye el regalo de la sexualidad humana. Esto es el resultado del pecado. Dios nos ha mostrado su gran amor por nosotros al darnos a su Hijo como pago o como rescate por nuestro pecado, incluso por el pecado de la inmoralidad sexual. En su Hijo, podemos ser santos y justos, sin importar nuestro pasado.

Porque si perdonáis a los hombres sus ofensas, os perdonará también a vosotros vuestro Padre celestial; mas si no perdonáis a los hombres sus ofensas, tampoco vuestro Padre os perdonará vuestras ofensas. Mateo 6:14,15

Y cuando estéis orando, perdonad, si tenéis algo contra alguno, para que también vuestro Padre que está en los cielos os perdone a vosotros vuestras ofensas. Marcos 11:25

En esto consiste el amor: no en que nosotros hayamos amado a Dios, sino en que él nos amó a nosotros, y envió a su Hijo en propiciación por nuestros pecados. 1 Juan 4:10

No os acordéis de las cosas pasadas, ni traigáis a memoria las cosas antiguas. He aquí que yo hago cosa nueva; pronto saldrá a luz; ¿no la conoceréis? Otra vez abriré camino en el desierto, y ríos en la soledad. Isaías 43:18, 19

AYUDA PARA PREGUNTAS DIFÍCILES

Buscar ayuda para responder las preguntas difíciles que tus adolescentes te hagan acerca del sexo es una buena idea. Buscar la ayuda apropiada es una idea todavía mejor. En estos días muchas personas se sientan frente a la computadora para buscar respuestas en la internet. Estos son algunos consejos importantes que te pueden ayudar a navegar en la red.

- Asegúrate de estar en el lugar correcto
  ¿Este sitio habla del tema que estás investigando? ¿La dirección es la correcta?

- Si tienes dudas, quizá sea por una buena razón
  ¿Tiene alguna buena razón para creer que la información del

sitio es verídica? ¿El material presentado está sustentado por evidencia suficiente?

- Considera la fuente
  ¿El patrocinador del sitio tiene un prejuicio político o filosófico que pueda influenciar la información presentada? ¿Se trata de un sitio comercial, público, personal o académico?

- Mira bien que es lo que te "están vendiendo"
  ¿Cuál es el propósito del sitio? ¿El propósito principal es informar, persuadir o venderte algo? ¿Entiendes lo que se dice o lo que no se dice?

Una vez que termines tu investigación, revisa dos veces tu información comparándola con la verdad de la Escritura. Si la información que obtuviste atenta contra las leyes espirituales y los absolutos morales de Dios, entonces no importa cuantas investigaciones la apoyen. Nuestros hijos son demasiado importantes como para confiárselos a una búsqueda rápida en la internet. ¡Es mejor estudiar la Escritura, buscar consejo sabio, orar sin cesar y caminar por fe no por vista!

Derribando argumentos y toda altivez que se levanta contra el conocimiento de Dios, y llevando cautivo todo pensamiento a la obediencia a Cristo. 2 Corintios 10:5

¿RECUERDAS LA "DIRECTIVA PRIMA"?

La directiva prima es un enunciado que sirve como el valor final no negociable en una travesía espacial tal y como la conocemos en la serie de televisión *Star Trek*. Si tú no fuiste aficionado al programa, quizá no sabías que era tan filosófico. Esta es la directiva prima tal y como se declara en la serie:

El derecho de que cada especie pensante viva de acuerdo con su evolución cultural normal se considera sagrado, ningún miembro del personal de la flota interestelar puede interferir con el desarrollo sano de la vida y la cultura alienígena. Tal interferencia incluye la introducción de conocimientos superiores, fuerza o tecnología a un mundo cuya sociedad es incapaz de manejar tales avances de una manera sabia. El personal de la flota interestelar no puede violar esta directiva prima, ni siquiera para salvar su vida o su nave a menos de que estén buscando remediar una violación anterior de esta directiva o una contaminación accidental de la cultura mencionada. Esta directiva tiene prioridad sobre cada una y todas de las demás consideraciones, y conlleva la obligación moral más alta.

Lo que las autoridades de la flota interestelar están diciendo en sus términos más fuertes es que bajo pena de muerte, ningún miembro de la tripulación puede entrometerse con la cultura de otras especies del espacio, ni siquiera para salvar la vida. Es la idea más sagrada de todas. Las creencias y la cultura de cada especie nunca deben ser cuestionadas. Esta es una cosmovisión profunda que es absolutamente contraria a la cosmovisión cristiana.

Cuando la serie original *Star Trek* salió al aire por primera vez, ¡los de la generación de la posguerra eran adolescentes! La continuación de la serie llamada *Star Trek*: *La siguiente generación* salió al aire en 1987. Los adolescentes de hoy no conocen otra cosa más que *Star Trek* y la directiva prima.

La mejor mentira es la mentira sutil; que se infiltra a través de la conversación casual, de una insinuación o de un programa de televisión aparentemente inocuo. La conclusión no tan sutil que le ha dado forma a toda la "siguiente generación" de adolescentes es que nadie tiene la propiedad de la Verdad. Nadie tiene el derecho de decirle a otra persona qué hacer, lo que es importante o lo que debe creer.

Revisión ortográfica

En septiembre de 2003, agentes federales arrestaron a un hombre quien presuntamente tenía un sitio en la internet que redirigía a los niños a sitios pornográficos. Se valió de las direcciones que los niños podrían utilizar para buscar Disneylandia o Teletubbies, al cambiar u omitir letras en las direcciones legítimas. Un niño que traspusiera las letras o que escribiera mal la dirección de uno de esos sitios podría terminar viendo pornografía. Ahí, el niño se enfrentaría a un laberinto de anuncios pornográficos autodesplegables que producirían más anuncios pornográficos cuando quisiera retirarse del sitio o cerrar las ventanas.

Una sección de la ley de la veracidad de los nombres de dominio dice que es un crimen utilizar un nombre de dominio con la intención de engañar a un menor para que observe material dañino.

La internet está llena de maneras para mentir, engañar y robar que no existían hace veinticinco años.

Vivimos en un mundo de mentira y la mentira que se ha estado difundiendo es que Dios no es la Verdad. Que Él no es la Vida. Que Él no es necesariamente el Camino. Quizá un camino, pero no *el* Camino. Los adolescentes y los alumnos universitarios escuchan esta mentira una y otra vez. No se pueden escapar de esta mentira sutil, está presente en su música, en sus salones de clases y, revisa bien, quizá en tu hogar o en tu grupo de jóvenes. Si tú crees esta mentira, entonces vas a creer la mentira de que cualquier persona lo suficientemente madura física y emocionalmente para tener relaciones sexuales podría disfrutar de ellas o incluso debería hacerlo; y que el sexo es un asunto personal entre dos individuos y que la manera en que lo lleven a cabo no tiene porque importarle a nadie más. ¿Te suena familiar?

Queridos amigos, creer esto no es libertad; es esclavitud. Ayudarles a tus hijos a comprender el plan de Dios para la sexualidad, así como la belleza y el misterio del matrimonio es un regalo mucho mayor. Así que haz las preguntas que necesites hacer y prepárate para esta tarea. Habla con amigos de tu confianza e investiguen juntos los temas difíciles. Anima a tus hijos a que hagan todas las preguntas que deseen hacer en un ambiente seguro y de confianza, o sea, en tu casa. Si te preguntan algo que no sepas responder, busquen juntos la respuesta. Sobre todo, caminen con firmeza en la verdad.

¿CONFÍAS EN LA INTERNET?

En una encuesta nacional realizada por Streaming Media, 1232 personas fueron encuestadas acerca de las fuentes en las que más confían para obtener información. De los 550 usuarios regulares de la internet en la encuesta, 76% dijo que podía aprender cualquier cosa que necesitara saber en la red; y 51% dijo que la internet contaba con la información más precisa. (Fuente: *Editor and Publisher* (Editor y publicador), 15 de mayo de 2000).

En una encuesta de Pew acerca de la internet y la educación, 71% de los adolescentes que suelen conectarse dijeron que usaban la internet como la fuente principal para la mayoría de sus proyectos o reportes escolares importantes.

En una encuesta de Pew acerca de la salud y la internet, 52 millones de adultos estadounidenses, o 55% de las personas que tienen acceso a la internet, han utilizado la red para obtener información médica o de salud. Muchos dicen que el material que encuentran en la red tiene un efecto directo sobre las decisiones que toman acerca del cuidado de su salud y la interacción con los médicos. De ellos, 10% ha adquirido medicamentos o vitaminas en línea.

Recibir educación sexual por medio de la internet es más que peligroso. Incluso los sitios que uno podría considerar dignos de confianza han sido acusados de omitir información a propósito, de distorsionar la información y de engañar de una forma descarada. Definitivamente, la internet tiene una gran abundancia de información, pero no toda es verdad.

capítulo **ocho**

intimidad
y
límites

De chico no solía asistir mucho a la escuelita dominical. Así que cuando tuve la oportunidad de llevar a mis hijas cuando estaban

Anécdota de David

chicas, ¡me encantaba acompañarlas! Hacían cosas tan divertidas; iluminar, cortar, pegar, comerse el pegamento; cosas así. Y por supuesto cantaban. A mí me gusta mucho cantar y quedé impresionado por la teología detrás de estas sencillas canciones para niños. Ve, por ejemplo, este clásico:

Cuidadito mis ojitos al mirar,

Cuidadito mis ojitos al mirar,

Por que nuestro Padre arriba está,

Y con amor hacia abajo mirará,

Cuidadito mis ojitos al mirar.

Y no contentos con dejar que esa estrofa sea la final, la canción continúa con una serie de "enunciados de realidad". La segunda estrofa exhorta a los oídos a tener cuidado con lo que escuchan, la tercera estrofa les advierte precaución a las boquitas por lo que digan, la cuarta estrofa les sugiere a las manitas que sean cuidadosas con lo que tocan y la estrofa final anima a los pequeños pies a tener cuidado con el camino por donde van.

Los psicólogos nos dicen que cada imagen, olor y sonido que experimentamos se registra en alguna parte del increíble cerebro humano. Aquellos que nos hemos mudado de la casa donde pasamos nuestra infancia y más tarde en la vida hemos vuelto a ella sabemos que esto es verdad. Ciertas imágenes, sonidos y olores que se habían desvanecido de nuestra conciencia de pronto regresan. Recuerdos que no sabíamos que teníamos de pronto nos inundan. Nuestras emociones giran a causa de los pensamientos que todo esto provoca. Es real. Así que vamos a estudiar nuestra pequeña canción con esto en mente.

"¡Cuidadito!"

La primera lección de teología que es evidente en la letra de esta canción es que tenemos una gran responsabilidad. El secreto para la salud mental, física, social y espiritual es... tomar decisiones con cuidado. ¡Dah! Y aparentemente tenemos que hacerlo por nosotros mismos. Nadie las puede tomar por nosotros; y no hay nadie a quien culpar, sino a nosotros mismos. Dios dice que podemos recibir sabiduría y verdad con tan sólo pedirlo. ¡Así que pídelas!

"Ojos, oídos, boca, manos y pies"

¿De qué se trata? La canción describe dos formas de aprender: Ver y oír. Y luego describe tres formas de reaccionar: Lo que decimos, lo que hacemos y a dónde vamos. En un mundo saturado de imágenes e insinuaciones sexuales, este es un consejo fabuloso. Necesitamos tener mucho cuidado con lo que nuestros ojos ven y con lo que escuchan nuestros oídos. Estas son las puertas a nuestro corazón y a nuestra mente.

"Por que nuestro Padre arriba está, y con amor hacia abajo mirará"

Finalmente, y quizá lo más importante es: ¡El motivo! Este no es un ataque cósmico de culpa, del que la mayoría de nosotros tenemos miedo. Dios es un padre amoroso, no un policía. Nos mira con amor y no con juicio. Quiere lo mejor para nosotros, y la gran "nube de testigos" que menciona Hebreos 11 nos está animando, y no tratando de encontrar nuestros errores. ¡Estas sí son buenas noticias!

Si del pecado sexual se trata, tener buenos límites acerca de lo que permitimos que entre a nuestra mente es crucial. Las imágenes clasificación X de la pantalla de cine, las letras explícitas de un rap que se nos queda pegado nunca se van. Simplemente se hunden más allá de nuestra conciencia, hasta que algo en el futuro, algo que veamos o que oigamos, las saque a flote. Nuestro Señor Jesús desafía fuertemente a sus discípulos para que tengamos oídos para oír, pero lo que implica es que tengamos oídos para oír solamente la verdad.

Comprender cómo recibimos información es sólo la mitad de la solución. Necesitamos responder a la verdad con la forma en que nos comportamos. Santiago nos exhorta a que no solamente oigamos la Palabra, sino a que hagamos lo que dice: "Pero sed hacedores de la palabra, y no tan solamente oidores, engañándoos a vosotros mismos" (Santiago 1:22). Santiago continúa y señala que demasiado a menudo: "La lengua es un fuego, un mundo de maldad. La lengua está puesta entre nuestros miembros, y contamina todo el cuerpo, e inflama la rueda de la creación, y ella misma es inflamada por el infierno" (Santiago 3:6). Las mentiras son como veneno. Así que verdaderamente necesitamos vigilar lo que decimos. Necesitamos tener cuidado con el camino que tomamos. Jesús dijo una y otra vez "sígueme". Él quiere que pongamos nuestros pulgares en las presillas espirituales de su pantalón y que nos colguemos, poniendo nuestros pies en sus pisadas. ¡Si caminamos donde Él camina y pisamos donde Él pisa, nuestros pequeños pies estarán a salvo!

CÓMO COMPRENDER LA INTIMIDAD

Intimidad, qué gran idea. ¡Todo el mundo la quiere; sin embargo, todos le temen! ¿Qué rayos significa? En una cultura saturada por el sexo como la nuestra, la intimidad y el sexo se han vuelto sinónimos. Pero en alguna parte en nuestra mente, sabemos que la intimidad es algo poderoso y elusivo. Los adolescentes tratan de forzar el asunto, las parejas casadas entran y salen de ella y los discípulos anhelan tenerla con su Dios. Nuestra meta como padres es enseñarles a nuestros adolescentes a encontrar la intimidad y al mismo tiempo a controlar sus deseos sexuales y su conducta. ¡No es una tarea sencilla! Vamos a tener que ayudarlos a comprender lo que es la intimidad y lo que no es, así como lo que sucede cuando la intimidad se va por mal camino.

> **Nuestra meta como padres es enseñarles a nuestros adolescentes a encontrar la intimidad y al mismo tiempo a controlar sus deseos sexuales y su conducta.**

Comencemos con lo que *no es* intimidad.

No es sólo sexo, aunque el sexo en realidad es un acto íntimo. Cuando se nos pregunta la definición de intimidad para muchos de nosotros lo primero que nos viene a la mente es la sexualidad. Pero un "acto íntimo" no es lo mismo que "intimidad". En Dinamarca, donde la pornografía explícita se vende abiertamente en las calles y la televisión pornográfica es sólo un canal más en la televisión por cable, el sexo es reducido a un acto biológico. La intimidad está ausente en el acto más íntimo de todos. Para Dios debe ser muy triste ver que el sexo se utilice de una manera tan casual. Fue diseñado por Dios para ayudar a unir el matrimonio, pero el sexo fuera del poder o del propósito del matrimonio es como sacarle el motor a un automóvil y encenderlo. Se puede hacer, incluso puede ser divertido, ¡pero no te va a lleva a ningún lado!

No es familiaridad, aunque en una relación íntima, es bastante probable que lleguemos a conocer sumamente bien a la otra persona. Suele suceder que tengamos familiaridad con alguien, pero que no tengamos intimidad. Quizá sean de la misma edad, tengan experiencias similares pasadas y presentes, vivan en la misma cultura, tengan hijos de la misma edad, y aun así no tengas intimidad con esa persona.

No sólo es compartir experiencias, aunque esto, también, sería de esperarse en una amistad íntima. Compartir experiencias es importante para desarrollar amistades, pero puedes tener muchas personas con quienes haces cosas y nunca haberte abierto en realidad con ellos ni haber compartido lo más profundo de quién eres. La mayoría de nosotros no somos íntimos, ¡sino bastante activos!

No es el matrimonio. Casarse nos garantiza la intimidad tanto como graduarte de la universidad puede garantizarte ser un experto en tu ramo. Es un buen comienzo, pero la intimidad en el matrimonio es un esfuerzo a largo plazo. Entre más tiempo se mantenga vivo en el matrimonio el verdadero objetivo de la intimidad, existe una mayor oportunidad de que la intimidad "se dé". Demasiados consejeros matrimoniales reciben a parejas que llevan muchos años de casadas y que todavía no son íntimas. ¡Qué tragedia!

> **¿Por qué piensas que tantas personas nunca han experimentado la intimidad? ¿Crees que la gente le tenga miedo al amor? ¿Cómo es posible?**

Algunos sociólogos creen que hemos borrado la intimidad de nuestra cultura a través de procurar la comodidad, el dinero, las posiciones de influencia y el prestigio. No tenemos muchos buenos modelos a seguir.

Dios nos diseñó para tener intimidad con Él. ¡Para ser conocidos plenamente y para ser disfrutados a plenitud por siempre! La Biblia sugiere que la clave espiritual para una vida sexual saludable es la *intimidad*. El segundo y tercer capítulo de Génesis describen el significado de nuestro aspecto sexual en la gran historia de Adán y Eva. Adán dice de Eva: "Esto es ahora hueso de mis huesos y carne de mi carne" (Génesis 2:23). Y el siguiente versículo dice: "Por tanto, dejará el hombre a su padre y a su madre, y se unirá a su mujer, y serán una sola carne" (Génesis 2:24). Esta es una unión profunda y poderosa de las almas. Luego, en Génesis 4:1: "Conoció Adán a su mujer Eva, la cual concibió y dio a luz a Caín".

Pero algo malo sucedió: el pecado. Ahora nosotros, como descendientes de Adán y Eva, buscamos la intimidad en los lugares equivocados. De cierta forma es un milagro que los jóvenes puedan controlar sus deseos sexuales, dado el hecho de que la tentación y las imágenes sexuales están por todos lados y existen pocos ejemplos de verdadera intimidad.

La verdadera intimidad se trata de ser conocido a plenitud como una persona completa. Incluye todos los aspectos de nuestra vida. El físico (y eso *quizá* incluya el sexo), pero también el mental, el social, el emocional y el espiritual. La intimidad significa riesgos, transparencia y vencer el temor de ser expuesto; es ser visto tal cual uno es verdaderamente. La intimidad llega al punto en el que pregunta: "Aquí estoy abierto y expuesto por completo, las cicatrices y las manchas, lo bueno y lo malo. ¿Me seguirás amando?". ¡Que momento tan atemorizante!

Marshall Hodge escribió un libro llamado *Your Fear of Love* (Tu miedo de amar). En él dice: "Anhelamos momentos en los que se exprese amor, cercanía y ternura, pero con frecuencia, en el momento crucial a menudo nos retractamos. Tenemos miedo de la cercanía. Tenemos miedo del amor". Más tarde en el mismo libro Hodge dice: "Entre más te acercas a alguien, mayor es el potencial de que haya dolor". Este temor al rechazo y al dolor muchas veces nos desvía de encontrar la verdadera intimidad.

Consideremos los aspectos de quiénes somos más de cerca.

La intimidad social se pregunta: "¿Conozco a tus amigos y a tu familia? ¿Sé por qué los amas o por qué no los amas? ¿Qué es lo que a ellos les gusta de ti y qué es lo que te gusta de ellos? El hacer de la intimidad social un valor importante le comunica a tu pareja que te preocupas por las otras personas importantes de su vida, las personas que ha influenciado y han moldeado esta vida que tanto deseas conocer.

La intimidad mental suena gracioso, pero la idea son la ideas. "¿En qué crees y por qué? ¿Qué es importante para ti, cuáles son tus valores más altos y aquello que no vas a negociar en tu vida? ¿Cuáles son tus sueños; qué quieres ser cuado seas grande?". Cuando sé lo que esta en tu cabeza, lo que te preocupa, te conozco mucho más. Cuando te dejo saber un sueño no realizado, quizá me ames y creas en mí lo suficiente para ayudarme a alcanzarlo ¡Esto es intimidad!

Intimidad emocional. Para la mitad de nosotros esto es lógico. Parece ser que las mujeres comprenden el lado emocional de las relaciones mejor que la mayoría de los hombres. Identificarse con los sentimiento de otro es un gran avance hacia la intimidad. "¿Cuáles son tus sentimientos y qué tan intensos son? ¿Provienen de un suceso en tu pasado o de una experiencia reciente? ¿Estos sentimientos te abruman o los has estado escondiendo para protegerte?". La Escritura dice que hay un tiempo para llorar y un tiempo para reír: "Tiempo de llorar, y tiempo de reír; tiempo de endechar, y tiempo de bailar" (Eclesiastés 3:4). Conectarse emocionalmente produce intimidad.

La intimidad física parece obvia, y en muchas formas entre más intimidad sexual tengamos con una persona, más la conocemos. De hecho, el término del Antiguo Testamento para las relaciones sexuales era "conocer"; pero hay otras maneras de edificar la intimidad en el plano físico. Ser parte de un equipo deportivo, aprender a trabajar juntos en un pasatiempo, trabajar al lado de otra persona, todos estos son aspectos físicos de quiénes somos y que pueden producir intimidad sin cruzar los límites de la conducta sexual. Sin embargo, tener relaciones sexuales con alguien no necesariamente produce intimidad.

La intimidad espiritual es dar a conocer la parte más vital y profunda de quién eres. Tu personalidad, tu esencia. Es la parte más íntima de ti, así como la parte más fiel. Pero también es la parte más misteriosa. Quizá ni siquiera conozcas tu propio espíritu después de todo. Y si eso es verdad, ¿cómo puedes esperar dejarlo conocer a alguien más? Nuestra cultura apenas ahora se está volviendo nuevamente "espiritual". La gente está comprando rosarios, fistoles de delfín, campanas de cristal y "atrapadores de sueños" (dream catchers), todo lo cual expresa un incremento en la atención de nuestro ser espiritual.

Dios quiere caminar en intimidad con su pueblo. Nuestro pecado nos separa de él y todas nuestras relaciones sufren. ¡Las buenas noticias son que tenemos un Salvador que nos ha rescatado de ese destino!

> **¿Para ti, qué tipo de intimidad es la más difícil de lograr? ¿Por qué crees que sea así?**

Esta verdad acerca de nuestro ser integral tiene impacto inmenso en nuestras relaciones. Si enfatizamos cierto aspecto de quienes somos y le invertimos todo nuestro tiempo a esa dinámica, las otras partes de nuestro ser quedan sin ser exploradas. Si el área en la que nos enfocamos es el lado sexual de la intimidad física, puede ser tan poderoso y consumir tanto que la relación se convierte en una cáscara vacía.

Algunos sociólogos creen que hemos borrado la intimidad de nuestra cultura a través de procurar la comodidad, el dinero, las posiciones de influencia y el prestigio.

En este tipo de relación, la intimidad está fuera de control, fuera de equilibrio y la relación no tiene casi oportunidad de madurar. Demasiado a menudo los adolescentes de la escuela superior consideran el noviazgo como si fuera un matrimonio. Una relación íntima y exclusiva, pero sin la protección comprometida del pacto matrimonial. Cuando la relación termina, como sucede con la mayoría, es como si esta pareja de 15 o 16 años se estuviera divorciando. Cada vez que tienen un novio, llegan a ser íntimos y luego rompen, por lo que cierta parte de su valor personal es destruido. O peor, comienza el hábito de creer que las "relaciones no duran" y esta mentira se infiltra en la relación futura del matrimonio. La impresión popular que Hollywood ha reforzado es que los matrimonios vienen y van, y cuando las cosas se ponen difíciles está bien hacerse a un lado. Los votos matrimoniales cada vez expresan menos con el fin de no hacerlos tan restrictivos.

Dentro del matrimonio la experiencia poderosa del sexo puede desarrollar confianza y compromiso, y puede ser alimentada de tal manera que el temor omnipresente del abandono sea aliviado. Puedo ser honestamente y plenamente "yo mismo". En las relaciones saludables entre jóvenes y adolescentes, Dios nos ha dirigido a que desarrollemos intimidad primero de otra forma y que reservemos la intimidad sexual para el matrimonio. La intimidad física se restringe a actividades integrales como hacer ejercicio, enseñarle al perro trucos nuevos, aprender juntos a tocar la guitarra u otro tipo de actividades físicas que propicien la intimidad sin tener relaciones sexuales.

Que un joven logre tener intimidad con otro es sumamente raro. Ya que, incluso, es bastante difícil para los adultos que estamos casados. Harriet Learner en *The Dance of Intimacy* (La danza de la intimidad) describe la danza delicada que se da entre el "nosotros" y el "yo". Por un lado necesitamos conectarnos mejor con nosotros mismos y establecer buenos límites personales. Por otro lado, necesitamos soltar nuestra preocupación por nosotros mismos, aprender a centrarnos más en los demás y estar presentes de una forma genuina con la otra persona. Si nos vamos demasiado hacia nuestra pareja, comenzamos a perdernos. Pero si nos contenemos y permanecemos concentrados en nosotros mismos, no es posible ningún contacto profundo. Learner sugiere que en una relación realmente íntima cada persona comparte, se sacrifica y es fiel consigo misma; y que cada uno expresa fuerza y vulnerabilidad, debilidad y competencia de una forma equilibrada.

Es difícil. Muchas de las personas a las que he aconsejado han sido heridas en el amor y han decidido nunca permitir que esto suceda de nuevo.

Estaba dando una serie de pláticas en un campamento familiar. Después de una de las reuniones, una muchacha se acercó y me dijo: "Tengo que hablar con usted acerca de los problemas que he estado teniendo con mi novio". Nos sentamos y comenzó a decirme sus problemas. Después de algunos minutos, ella dijo: "Ahora estoy haciendo lo necesario para nunca ser herida de nuevo". Yo le dije: "En otras palabras, estás haciendo todo lo necesario para no volver a amar". Ella pensó que no la había entendido bien, así que respondió: "No, eso no es lo que estoy diciendo. Lo único que quiero es no volver a ser lastimada. No quiero que vuelva a haber dolor en mi vida". Yo le dije: "Por eso, tu no quieres tener amor en tu vida. Mira, no existe el 'amor sin dolor'. Entre más nos acercamos a alguien, más crece el potencial de que nos lastimen".

Anécdota de David

La mayoría de nosotros podemos decir que fuimos heridos en relaciones anteriores. Si somos honestos, todos lo hemos experimentado. La pregunta es: ¿Cómo puedo manejar esa herida? Para poder esconder el dolor, muchos de nosotros expresamos mensajes verbales y no verbales confusos. Te coqueteo, porque quiero que te acerques, pero cuando te acercas, me cierro y te alejo. Le decimos a una persona: "Mira, quiero que te acerques más a mi. Quiero amar y ser amado pero... espera un minuto, ya me han herido antes. No, no quiero que te acerques tanto. No quiero volver a sentir estas emociones". Levantamos paredes alrededor de nuestro corazón para protegernos de que alguien pueda entrar y herirnos. Pero esa misma pared es la que evita que la gente entre y nos mantiene atrapados adentro. ¿Cuál es el resultado? La soledad se establece y la verdadera intimidad y el amor se vuelven imposibles. Como padres o adultos responsables, quizá sea tiempo de mirar dentro de nuestros corazones para ver si Dios nos puede sanar de adentro hacia afuera.

La intimidad es un riesgo, ¡un riesgo inmenso! Te digo un secreto y tú me dices otro. Si ninguno de los dos traiciona al otro, quizá nos arriesguemos a decirnos otro sueño, fracaso, victoria, tentación, frustración o remordimiento. En una relación íntima, tú me conoces sin máscara, pero el regalo es que todavía me amas, porque amas al verdadero yo, y no a un muñeco de cartón que se ha estado pavoneando por allí. ¡Ahora soy libre de amar y ser amado en verdad!

> **¿Quién además de Dios te conoce mejor? ¿Cómo es que esta persona llegó a conocerte tan bien?**

CÓMO COMPRENDER Y CONTROLAR LOS DESEOS SEXUALES

Ayudar a nuestros jóvenes a que controlen sus deseos sexuales significa que primero podemos comprender los pasos hacia la intimidad y luego que usemos el dominio propio para establecer límites firmes en términos de conducta sexual.

¿Cuántos pasos hay hacia la intimidad? John Trent identifica ocho pasos. Roberta Russel sostiene que hay veintidós pasos hacia la intimidad. Otros dicen cuatro o seis. Pero parece ser que nadie está en desacuerdo con que existan pasos hacia la intimidad.

Quizá el mejor estudio fue desarrollado por el zoólogo de Oxford, el doctor Desmond Morris, en 1967 en su libro *The Naked Ape* (El mono desnudo), que, por supuesto, se refiere a nosotros los humanos. Utilizando sus técnicas de observación, identificó doce pasos hacia la intimidad, un proceso por el cual pasamos todos al desarrollar conexiones románticas. Las enumera de la siguiente forma, y cada paso representa un riesgo mayor de exposición así como una intimidad cada vez más profunda.

Estas etapas representan la progresión de la intimidad física que va de sumamente modesta a bastante íntima.

1 ojo al cuerpo

2 ojo al ojo

3 voz a voz

4 mano a mano

5 mano al hombro

6 mano a la cintura

7 frente a frente

8 labio a labio

9 mano a seno

10 boca a seno

11 tocar debajo de la cintura

12 coito

Comprender este proceso es crucial para controlar los deseos sexuales en el contexto de una relación. Es importante recordar que una vez que una relación ha pasado a través de una de las puertas de la intimidad, la próxima vez que se conecten como pareja van a partir de donde se quedaron. En nuestro mundo instantáneo que quiere que el amor y la intimidad sean tan rápidos como nuestra comida o nuestros coches, acelerar el proceso de intimidad física puede ser desastroso. Sentimos la tentación de saltarnos algunas de estas puertas. En las películas lo hacen todo el tiempo. Nos apresuramos a través de cada paso, anhelando la intimidad del siguiente, sin contar los riesgos de saltarnos el proceso.

Los últimos cuatro pasos de este proceso son considerados por la mayoría como las caricias previas. Las caricias previas es la estimulación sexual mutua antes del coito.

En realidad, es cierto tipo de promesa. Cuando una pareja llega a estos pasos en el proceso de la intimidad, se están diciendo en esencia: "pretendo satisfacerte y pretendo ser satisfecho". Cada aspecto de nuestro ser (físico, emocional y psicológico) se está preparando para el sexo. Las acciones de las caricias previas no son acciones que se puedan confundir con amor platónico.

¿Pero entonces no estamos diciendo que la santidad se preserva a través de simplemente evitar las caricias previas? Demasiados adolescentes sólo quieren escuchar la respuesta a la antigua pregunta: "¿Qué tan lejos puedo llegar?". Cuando se hace esa pregunta, la meta es ver qué tan cerca puedo llegar del pecado sin pecar en realidad. Esta es la actitud de los saduceos y de los fariseos que hacía que Jesús se enojara tanto, es la actitud de legalismo miope y no de la santidad pura y sin adulterar. Jesús más bien esperaría que nosotros preguntáramos: "¿Qué necesito hacer para tener una relación íntima y desenfrenada con Dios?". Muchos jóvenes necesitan considerar seriamente establecer sus límites antes de besarse. Los besos, especialmente los que se dan con la lengua, es un acto íntimo que para la mayoría de nosotros nos comunica amor y entrega.

Una buena idea es establecer la frontera "final" antes de que siquiera comience el noviazgo. Comienza con la idea de que cualquier "caricia" en la zona que cubre el traje de baño está prohibida, y luego añádele a esa regla "que si algo se desabotona, si se abre un cierre, si algo se desfaja o si algo se deshace", ¡es tiempo de salir del lugar! ¡Rápido!

Jeff vino a mi oficina buscando consejería. Tenía dieciséis años de edad en ese tiempo y comenzó diciéndome: "Creo que soy adicto al sexo. Sé que necesito ayuda".

Jeff era un joven ordinario, de un gran hogar cristiano. Jugaba fútbol y tocaba la trompeta. Asistía regularmente al grupo de jóvenes de su iglesia, formaba parte del equipo de música del grupo de jóvenes, tenía buen aspecto, era apuesto y educado.

Anécdota de David

Jeff continuó: "Cada vez que comienzo a salir con alguien, la relación se vuelve sexual. Me digo a mí mismo que no volverá a suceder, pero siempre sucede. Me prometí a mí mismo sólo tener novias cristianas, pero parece ser que ellas tienen la misma obsesión que yo". Bajó la cabeza y también bajó la voz.

"Comencé a ver pornografía a los trece años. Un amigo tenía videos en su casa que tomaba prestados de la colección de su padre. Termine llevándome unos a casa y viéndolos una y otra vez. No podía quitar las imágenes de mi mente".

Jeff hizo una pausa y recuperó la compostura: "Nunca pensé que llegaría a estar en una situación como esta. Mi novia está embarazada. Apenas tiene catorce años. Nuestros padres aun no lo saben. Mi novia es hija única. Esto va a ser el infierno".

Levantó la cabeza y viéndome a los ojos repitió una y otra vez: "No soy un mal tipo. No soy un mal tipo. ¿Qué hago? ¿Qué hago?".

¿Si Jeff fuera tu hijo, qué le dirías?

¿Qué pasos podrían haber tomado los padres de Jeff para ayudarlo a prevenir esta situación?

Todas las respuestas suaves para Jeff se acabaron. Las decisiones fáciles se terminaron, aunque todavía puede tomar "decisiones correctas". En alguna parte, cayó víctima de dos mentiras mortales.

La primera mentira fue: "Esto sólo es entre ella y yo". Él tenía la intención de ser puro en su noviazgo, pero cuando sus novias lo presionaban, su determinación se desmoronaba como un castillo de naipes. Se sintió avergonzado y lo quiso mantener oculto. Fue demasiado orgulloso para buscar ayuda hasta que ya era tarde. ¿Te suena familiar?

Jeff ahora sabe que antes de comenzar el noviazgo se debe establecer un límite físico. También sabe que el límite tiene que ser público. Sus amigos necesitan saber, su pastor necesita saber y sobre todo, su novia lo debe saber. Si tu adolescente ya tiene novia o novio, aun así necesitas hablar con él o ella acerca de los límites en la relación. E incluso cuando ambas partes estén de acuerdo en que el sexo está prohibido, hay dos principios principales que uno debe recordar:

Mantente en control de tu cuerpo: "Pues la voluntad de Dios es vuestra santificación; que os apartéis de fornicación" (1 Tesalonicenses 4:3).

Siempre muestra respeto por tu cuerpo y por el de tu novio o novia: "Porque habéis sido comprados por precio; glorificad, pues, a Dios en vuestro cuerpo y en vuestro espíritu, los cuales son de Dios" (1 Corintios 6:20).

Al leer la siguiente sección sobre las técnicas para declinar y tener dominio propio, léelas como si fueras a aplicarlas, primero en tu propia vida como creyente en Dios y luego como padre o como alguien que quiere transmitirle estas verdades cruciales a un ser amado.

La segunda mentira que Jeff creyó fue: "Puedo dejarlo en el momento que quiera". Sin rendir cuentas y sin que otros lo animaran, Jeff era un blanco móvil. Su historial de sexo explícito lo dejó con una curiosidad intensa y un espíritu de creerse con derecho a ello. Por lo que su concepto de "hombría" quedó torcido, y sin alguien que lo guiara o que lo confrontara, terminó tratando de encontrar la salida por sí mismo. Si eso es ya bastante duro para nosotros los humanos mayores, es casi imposible para un joven de 16 años.

Las encuestas nacionales no muestran una diferencia estadística suficiente entre la conducta sexual de los adolescentes que van a la iglesia y la de los que no.

Nunca cometas el error de creer que tus hijos o que tu grupo de jóvenes están exentos de este tipo de tentaciones y conductas. Las encuestas nacionales no muestran una diferencia estadística suficiente entre la conducta sexual de los adolescentes que van a la iglesia y la de los que no. Los grupos de jóvenes y las actividades escolares son buenas porque mantienen a nuestros adolescentes participando en actividades integrales con la supervisión apropiada, pero no sustituyen a un mentor adulto que sea su confidente. Los adolescentes necesitan tener amistad con alguien que los guíe y que crea en ellos. La aprobación es la necesidad de desarrollo principal durante este tiempo de su vida. El asunto no es si buscarán aprobación, sino dónde la van a encontrar.

Y esta es una verdad-clave para cualquier padre que esté leyendo este libro. En el momento en que tu hijo entra en la adolescencia, se pone en marcha una dinámica natural diseñada por Dios, en la que *tú hijo se aleja de tu dirección e influencia*. No lo podemos expresar de una forma más sencilla o más veraz. Pero este es el chiste: ¡Es algo bueno!

La responsabilidad de los adolescentes es probar las enseñanzas de la niñez contra la experiencia del mundo real, con el fin de ver si son verdad. Necesitan *hacerlo* para apropiarse de la verdad. Algunos aprenden rápido y a través de los errores de los demás. Pero no te equivoques, todos los jóvenes se alejan, prueban los valores familiares y luego, si toman buenas decisiones, la Verdad los lleva de vuelta al hogar, con más fuerza que nunca.

Esa fue la "verdad"; esta es la "clave". Acepta este hecho y reconoce que la influencia que tendrás en lo sucesivo será distinta. No va a terminar, pero va a ser distinta. Tu responsabilidad ahora es ser ejemplo de la verdad en tu vida diaria. Permite que tus hijos vean que no sólo hablas, sino que haces lo que dices. Permite que tus hijos vean que tu vida funciona bien al vivir comprometido con los valores de la Escritura y bajo el cuidado de Jesús. Sigue hablando la verdad y siendo ejemplo de la verdad, pero recuerda que la eficacia de que sermonees a tus propios adolescentes se ha ido.

Si conoces a un joven universitario que pueda hablar con eficacia de su experiencia con las citas y el noviazgo en la escuela superior, y que te pueda ayudar a respaldar puntos clave y valores, este es un buen momento para pedirle que hable con tus adolescentes. ¡Los adolescentes sí escuchan a los jóvenes universitarios aunque les digan exactamente lo mismo que tú les dirías!

Aquí hay un desafío para ti. Conviértete en el mentor del adolescente de otro. Participa en la vida de la hija de tu vecino o del mejor amigo de tu hijo. Sé un tutor o un entrenador; instruye o invita; pero participa. Sé la influencia paterna y el amigo maduro en la vida de un adolescente a través de programas y ministerios cristianos ya establecidos que se dediquen a eso o por medio del grupo de jóvenes de tu iglesia. Las oportunidades son infinitas. Luego, ora para que otro adulto con un espíritu semejante al tuyo se acerque a tu hijo o a tu hija y sea un mentor para ellos también.

CUANDO DECIR "HASTA AHÍ"

Estos son cinco límites que los padres (y los responsables del grupo de jóvenes) necesitan discutir antes de que sus hijos comiencen a salir con alguien. Tener una política sobre las citas y el noviazgo, así como un conjunto de valores bien definido es indispensable para la salud de tu adolescente en el noviazgo y en las citas. Contrario a lo que sientes, los adolescentes escuchan a los adultos que los aman. ¡Nada más que no siempre demuestran que te están escuchando! Nuestra responsabilidad es encontrar maneras creativas y eficaces de comunicarnos.

1. Deja las citas para después

Las encuestas y los estudios muestran que es más probable que un adolescente permanezca virgen si deja las citas para cuando tenga 16 años, y todavía es más probable si las deja para cuando cumpla 18 años. A la inversa, los adolescentes que comienzan a salir con otros a los 13 años, es más probable que se vuelvan sexualmente activos y para cuando se casen habrán tenido ocho parejas sexuales. Un estudiante normal que deje las citas para los 18, tendrá en promedio tres parejas sexuales antes de casarse.

2. No bebas cuando salgas a solas con alguien

Parece obvio, pero el alcohol entumece tu cerebro, tu fuerza de voluntad y tu sano juicio, así como el de la persona con la que estás. Muchas veces los adolescentes dicen: "¿No confías en que puedo ir a una fiesta y tener buen juicio?". La respuesta usual debe ser: "Te amo, y eso es para siempre. Pero soy tu padre y mi responsabilidad es protegerte. Confío en ti, la mayor parte del tiempo, pero cuando hay alcohol de por medio no puedo confiar en el ambiente que te rodee". ¡No mezcles el alcohol con las citas! ¡Es tan letal como mezclar el alcohol con el volante!

3. Deja el noviazgo para después

Salir exclusivamente con alguien desencadena el proceso de las "relaciones monógamas secuenciales". Los adolescentes practican el matrimonio al participar de una relación exclusiva y comprometida, pero suelen ser de corta duración. El noviazgo promedio durante la escuela de enseñanza superior dura seis semanas. Esto no los prepara para un noviazgo comprometido, sino que les enseña que aunque es difícil romper un noviazgo, está bien y es algo que se espera que suceda. Después de todo "¿quién permanece casado en esta época?".

4. No estén a solas; reúnanse en público

Estar en un lugar con otras personas añade factores de protección a aquellos que quieren permanecer puros.

En un programa de radio en vivo, recibí la llamada de una adolescente que dijo: "No entiendo por qué mi novio y yo siempre estamos teniendo sexo. Los dos hemos hecho la promesa de mantenernos puros, pero no está funcionando. Cuando estamos solos en la casa y nos recostamos en el sofá para ver una película, siempre termina convirtiéndose en algo sexual. ¿Qué me pasa?".

Anécdota de David

¡Lo que pasa es que no tienen límites claros!

> **Estar a solas**
>
> **+ Estar recostados en el sofá**
>
> **+ Ver una película (en especial una que contenga escenas de sexo)**
> **= Problemas para cumplir tu promesa de abstinencia**

¡No necesitas ser matemático para entender esta ecuación!

5. Salgan más con otras parejas o en grupo, pero sigan teniendo cuidado

Suele haber seguridad en la presencia de más personas. La fuerza de la presión positiva de los demás puede ser útil al salir con otras parejas o en grupo. Contrarresta la presión de centrar la atención en la pareja y hace que disfrutemos los beneficios emocionales y sociales de conocer a otras personas del sexo opuesto, además de que el ambiente ofrece protección en contra de las tentaciones sexuales.

Sin embargo, no pienses que esta situación es segura todo el tiempo. Existen demasiadas historias de terror en que las parejas a pesar de estar acompañadas se centran solamente en ellas mismas y que beben alcohol. En este escenario la presión de los demás funciona a la inversa y se dan experiencias sexuales por coerción. ¡Necesitas saber quién va a acompañar a tus hijos y por qué!

EL DOMINO PROPIO Y LAS TÉCNICAS PARA DECLINAR

El dominio propio es un concepto interesante. Adelgazar, ahorrar, hacer ejercicio, hacer los pagos, mantener la casa limpia y el jardín aseado requiere dominio propio. Lo que se te ocurra, requiere dominio propio. El dominio propio es la decisión de hacer lo correcto, no de hacer lo que es fácil. La persona con dominio propio escoge lo correcto, no porque alguien más lo esté forzando, sino porque le conviene. Es un fruto del Espíritu y la Escritura nos dice que lo que sembremos lo vamos a cosechar si no desmayamos en la lucha por la justicia: "Porque el que siembra para su carne, de la carne segará corrupción; mas el que siembra para el Espíritu, del Espíritu segará vida eterna" (Gálatas 6:8). Dios nos dice: "¡Confía en mí, vale la pena!".

Tenemos una impresión equivocada de la forma en que adquirimos dominio propio, como si fuera un acto de la voluntad. La verdad es que nadie puede esperar lo mejor, caer, luego esforzarse más y de pronto, "puf", estar en perfecto control de sí mismos. Es mejor considerar la idea de un árbol. Cuando el árbol está en buena tierra, recibe agua de calidad y abundancia de luz del sol, el fruto aparece de forma natural. El árbol saludable no cae, sino que se llena de esperanza y decide que ya es el momento apropiado para dar fruto. El fruto del Espíritu, incluyendo el fruto del dominio propio, es el resultado de permanecer en Cristo, nuestra Vid verdadera (ver Juan 15). Si quieres que el dominio propio sea un rasgo del carácter de tu familia, así como del tuyo, primero observa que el prerrequisito es tener primero una relación de permanencia con Dios. ¡Todo comienza con estar enraizados en Cristo sobre todo lo demás!

El dominio propio no se forja en el calor de la batalla. Todos los militares profesionales saben que los soldados que son capaces de pelear con valentía, precisión y dominio propio en la guerra, aprendieron estas disciplinas meses y años antes de ser llamados al frente. La autodisciplina no está ausente en un momento y presente en el siguiente. Se alimenta y se fortalece a lo largo del tiempo, primero en situaciones fáciles y luego en situaciones más desafiantes. Los soldados aprenden primero a obedecer, a seguir lo que se les pide y a hacer su mejor esfuerzo. Primero lo demuestran en lo más pequeño como con su manera de vestir y al marchar. Luego cuando demuestran capacidad y disciplina, se les dan oportunidades para exhibir ese carácter en otros aspectos de la vida militar. Es lo mismo en tu caso y en el de los jóvenes que amas.

Como padres tenemos la responsabilidad de enseñar dominio propio y autodisciplina. Nuestra estrategia es fomentar en nuestros hijos varios hábitos y habilidades que los sigan a la edad adulta. Las lecciones de música, las tareas importantes en la casa y los límites sobre la TV y la música, en el corto plazo, no hacen de los padres los "buenos de la película". Sin embargo, esas disciplinas (en tareas relativamente sencillas) desarrollan actitudes y rasgos de carácter de por vida. Los padres deben ser padres primero; la amistad viene después.

El dominio propio no se forja en el calor de la batalla.

Identifica las circunstancias que a menudo te hacen salirte de tus casillas, así como las señales físicas de que la tentación y la ira te están acechando. Una parte del domino propio es removerte a ti mismo del camino de tentación antes de que la situación crezca. Enséñales a tus hijos a tomar buenas decisiones antes de que sobrevenga la tentación esperada. Ayúdalos a conocer su ruta de escape incluso antes de que la tentación comience. Si ciertos amigos o lugares suelen provocar problemas, diseñen un "Plan B" en el que un código de palabras durante una llamada telefónica o cierto número de timbrazos comuniquen un mensaje que diga "sáquenme de aquí". ¡No pongas la seguridad de tus hijos en manos de un mundo inseguro!

LOS CINCO "TEN CUIDADO"

Estas son cinco ideas sencillas que les puedes transmitir a tus adolescentes cuando te encuentre en uno de esos momentos enseñables impredecibles.

Ten cuidado con las "frases". Ya sabes cuales: "Si me amas...". "Un hombre tiene necesidades...". "Quiero hacerte hombre...". "Todos lo están haciendo...". "Traigo con qué protegernos...", ¡y muchas más!

Estas "frases" son una señal segura de chantaje emocional y de un ataque de culpa. Si alguien comienza a insultarte o a tratar de chantajearte, es una señal de que no te ama. Su propósito es tomar, en lugar de dar, ¡y la persona no está velando por tus intereses!

Ten cuidado con tus sentimientos. Tienes derecho a tener tu propia opinión y tus propios sentimientos. Si no sientes que la situación esté bien, desacelera. Tú sabes cómo se siente cuando alguien trata de aprovecharse de ti. Quizá tengas que salir en ese momento del lugar. Sólo vete.

Ten cuidado con el alcohol. Entumece tus sentidos y hace que se te dificulte pensar con claridad. El alcohol es el componente número uno del sexo por coerción. ¡No bebas en una cita!

Ten cuidado con los malos consejos. Tus amigos no te conocen tanto como tú te conoces a ti mismo. Quizá te impulsen de una manera equivocada. La impresión que dan la TV y las películas es una mentira. No la creas. Habla con personas que te conozcan, que te amen y que quieran lo mejor para ti, como tus padres, los consejeros de la escuela, tu pastor o tus entrenadores. Es tu vida. ¡Trátala como si fuera especial!

Ten cuidado con quedarte a solas con la persona con quien estás saliendo. No vayas a esa habitación a conversar. El riesgo de que la situación se ponga fea es demasiado grande cuando estás a solas con alguien.

INTRODUCCIÓN A LAS TÉCNICAS DE DECLINACIÓN

Con toda probabilidad, tu adolescente ya pasó por el "Simulacro de técnicas de declinación" en su escuela, ya que en la actualidad es un tema regular de la clase de salud. Sin embargo, la mayoría de los padres, sacerdotes y pastores no tomaron esa clase. Este es un breve repaso que puede ser útil incluso para los padres y los colaboradores de los grupos de jóvenes para controlar las tentaciones en su propia vida. La Providencia sabe que también a nosotros se nos presentan oportunidades.

Las metas de conocer y utilizar técnicas eficaces para declinar son:

No perder a tus amigos / tu trabajo / tu cónyuge

Divertirte

No meterte en problemas

Mantener el control

Hay mucho en juego, y aprender a decir que no sin perder al novio o a la novia es una buena habilidad que podemos tener. Ayuda a tus adolescentes a seguir estos "tips".

1. Déjalo para después. Quizá no necesites usar esta técnica todo el tiempo, pero es útil: "Déjame pensarlo y luego te digo". "Necesito consultarlo con mis padres (jefe, entrenador, etc.)".

2. Pregunta. Asegúrate de saber a qué te están invitando. "¿Adónde vamos a ir?". "¿Quién va a estar allí?". "¿Qué vamos a hacer?". "¿Van a dar alcohol?". "¿Van a estar los padres de alguno de nosotros?".

3. Menciona el problema. Di qué es lo que no quieres hacer. "Yo no fumo (bebo, veo películas para adultos, etc.)". "Porque estoy entrenando (estudiando, trabajando, etc.)".

4. Menciona las consecuencias. ¿Qué sucedería si hicieras algo en contra de tu conciencia? "Perdería mi trabajo (mi beca, mi lugar en el equipo, decepcionaría a mis padres). Para mí no vale la pena hacer eso".

5. Sugiere alternativas realistas. Sugiere algo divertido y seguro que puedan hacer. No condenes ni juzgues. Sugiere actividades que hayan hecho juntos antes y que hayan disfrutado: jugar algún deporte, ir de compras, etc.

6. Apártate. Remuévete de esa situación. "Llámenme cuando terminen". "Ya me tengo que ir". "Aquí me tengo que bajar. Llámenme. ¡Adiós!".

Luchar por desarrollar un ambiente en que los jóvenes puedan crecer en salud y en sabiduría, es crucial que desarrollemos un espíritu de anticipación, un tipo de sexto sentido, que los ayude a percibir lo que está "a la vuelta de la esquina". Esto es especialmente cierto cuando tratemos de ayudarlos a esquivar las tentaciones sexuales que llenan su mundo. Necesitamos ser sobrios y pensar con claridad, porque nuestro adversario, el diablo, los está acechando como león rugiente, buscando a un inocente o a un débil que devorar (1 Pedro 5:8).

Comprender la intimidad, especialmente la intimidad con Dios, es sumamente importante. Jesús dijo: "Permaneced en mí, y yo en vosotros. Como el pámpano no puede llevar fruto por sí mismo, si no permanece en la vid, así tampoco vosotros, si no permanecéis en mí" (Juan 15:4). Este es el secreto máximo de una vida de dominio propio y decisiones positivas. Es mucho más fácil convencer a tu voluntad de tomar buenas decisiones si no estás rodeado de oportunidades para el desastre 24 horas del día, 7 días de la semana, 365 días del año.

Exhorta a tus adolescentes a conocer los pasos de la intimidad y ponte al tanto de dónde están en ese proceso. Haz que tus adolescentes establezcan límites concretos y realizables que tengan en común con otros. Comunica los aspectos no negociables de ciertas actividades sexuales que deben ser reservadas para el matrimonio. Reconoce que desarrollar dominio propio es un proceso. Solamente gritarle a alguien: "No tienes dominio propio", en realidad no funciona.

Mientras les vayas comunicando las verdades de las técnicas para declinar y para desarrollar dominio propio a tus adolescentes, considera el ser transparente acerca de tus propias decisiones buenas y malas del pasado de una forma apropiada. No presumas ni vayas demasiado lejos y digas todo. Pero identifícate con tus adolescentes al contarles una parte de tu historia.

Ora sin cesar, teniendo en mente que tus adolescentes están tomando miles de decisiones al día y que la mayoría de ellas son fabulosas.

Felicítalos.

Protégelos.

Perdónalos.

Cree en ellos.

Disciplínalos.

Espera lo mejor de ellos.

¡Asegúrate de que todo esto se lleve a cabo!

"TEST" DE INTIMIDAD PARA PAREJAS CASADAS

Piensa en el significado de intimidad que te gustaría que tus hijos aprendieran. Si quieres busca la palabra en un diccionario, lee un libro o un artículo sobre intimidad o busca el concepto en la internet. Si llevas a cabo este ejercicio podrás tener un marco "de la vida real" para hablar de intimidad con tu adolescente.

¡Etapa uno!

Pregunta: Define la intimidad en tus propias palabras: ¿qué conductas, situaciones, sucesos o interacciones identificas más con la intimidad?

Pregunta: ¿Cuáles son las tres palabras que para ti definen la intimidad?

Pregunta: ¿Cuáles son las tres palabras que definen la intimidad para tu cónyuge?

¡Etapa dos!

Pregunta: ¿De qué manera ha cambiado la naturaleza de la intimidad en su relación desde que se casaron?

Pregunta: ¿Cuál era la parte más íntima de su relación cuando se conocieron?

Pregunta: ¿Cuál es la parte más íntima de su relación actualmente?

Pregunta: En términos de intimidad, ¿qué ha cambiado y por qué?

Pregunta: Menciona tres dinámicas que podrían ayudar a mantener o a recuperar la intimidad en su relación.

¡Etapa tres!

Pregunta: ¿De qué forma acercas a tu cónyuge y tratas de atraerlo concientemente? Piensa en dos cosas que podrías hacer para hacer que tu pareja se acerque más a ti.

Pregunta: ¿Qué haces para que tu cónyuge se aleje? Piensa en dos cosas que haces para alejar a tu cónyuge de ti.

temas
candentes

En 1989, el bloque comunista comenzó a derrumbarse bajo las presiones de una economía en declive y el atractivo de la democracia. En 1991, la imponente Unión Soviética también se colapsó. ¡La Guerra Fría terminó!

Y frente a la nueva Glasnost, los cristianos alrededor del mundo comenzaron a orar para que las oportunidades misioneras que habían estado cerradas durante tantos años se abrieran. En todos lados surgieron esfuerzos por llevar Biblias a Rusia. Los grupos de misiones de corto y largo plazo comenzaron a reclutar y a entrenar misioneros. Los ministerios que evangelizan con su profesión comenzaron a planear como penetrar la antigua Unión Soviética con maestros de inglés y especialistas en negocios. Fue un tiempo de gran esperanza y optimismo para la evangelización.

Al mismo tiempo, mientras que esta apertura representaba una gran oportunidad para Cristo, estas mismas condiciones representaban una oportunidad para Satanás. Recuerda, cualquier gran oportunidad o regalo que Dios nos ha dado puede ser contaminado y destruido por el maligno. Así que junto con estos planes de bien, vinieron los codiciosos y los inmorales para aprovecharse. Y la maldad, cual los rusos no habían visto desde los días del déspota Stalin, llegó como un maremoto sobre todo el continente.

Las drogas sintéticas y toda forma de alcohol cayeron a cántaros. Rusia se volvió el líder en el tráfico de mujeres. Las apuestas a nivel internacional y los mercados negros despegaron. El país no estaba preparado para vislumbrar tanta inmoralidad e impiedad. Al importar la cultura occidental, con ella también vino una fuerte infusión de la inmoralidad occidental. No tenían leyes que gobernaran el tráfico de mujeres o que controlaran la depravación de la pornografía en la internet. Estas proezas malignas se contagiaron como un virus terrible y letal sin cura a la vista, sólo víctimas.

Cierto aspecto de este declive cultural es particularmente aterrador. Una nota de Associated Press revela que Rusia, junto con Indonesia, se está volviendo el centro de producción de pornografía infantil. AP reporta que en Moscú "cierto círculo de pornografía infantil trabaja en conexión con otro círculo de pornografía en Texas. Los pederastas rusos están produciendo cerca de $1.4 millones de dólares al mes y sus operaciones no están restringidas virtualmente por la ley rusa, ya que no hace distinción entre la pornografía que utiliza a adultos y la que usa a niños. Delante de la ley rusa, esta explotación demoníaca de niños es considerada un delito menor", de acuerdo con las declaraciones de Dimitry Chepchugov, ministro del interior en Rusia. El mismo Chepchugov también señaló que aunque a los diez pederastas rusos que están siendo investigados por las autoridades rusas se les levantaran cargos, recibirían "no más de dos años de prisión si fueran condenados". Los funcionarios de la policía rusa se quejan del caos legal que ha permitido que Rusia se vuelva el centro internacional de la producción de pornografía infantil. Chepchugov declara: "Lamentablemente, Rusia se ha convertido en el basurero mundial de la pornografía infantil". Esas son palabras del ministro ruso del interior.

Pablo en su carta a la iglesia de Éfeso escribió una advertencia que parece ser profética en la actualidad.

> *Mirad, pues, con diligencia cómo andéis, no como necios sino como sabios, aprovechando bien el tiempo, porque los días son malos.*
> Efesios 5:15-16

Cuando hay una gran oportunidad para el bien, tristemente el mal tiene la misma gran oportunidad. Para cada defensor del matrimonio hay un "modernista" propagando la unión libre. Por cada testimonio de pureza, otros están vendiendo pornografía. Y por alguna razón, las líneas cada vez son menos claras y cada vez más grises. Vivimos en una tierra de sombras, dudas y confusión. Vivimos en la tierra de las mentiras.

Ciertamente reconocemos que nuestra cultura tiene problemas para hacer distinciones y no quiere opiniones acerca de lo que es absolutamente correcto y de lo que es innegablemente malo. Algunas veces es difícil estar seguros. Nuestra cultura es compleja y diversa. El techo de una persona es el piso de otra.

No obstante, Dios ha llamado a la Iglesia para que se levante con valentía y firmeza, y hable en contra del mal, confronte la injusticia y la impiedad donde quiera que la vea. Estados Unidos está a sólo a unas pocas malas decisiones de unirse a Rusia en su caída libre moral.

El filósofo Edmund Burke dijo: "Lo único necesario para el triunfo del mal es que los hombres buenos no hagan nada". Es tiempo de que la Iglesia aborde los temas difíciles y declare la verdad. Jesús predijo que en los últimos tiempos: "Y por haberse multiplicado la maldad, el amor de muchos se enfriará. Mas el que persevere hasta el fin, éste será salvo" (Mateo 24:12-13).

¿Cómo te sientes con respecto a la condición moral de tu país?

( ) Me siento tan desanimado que no puedo hacer nada.

( ) Me siento determinado a ser la persona que cambie las cosas.

( ) Estoy cansado.

( ) Yo tiendo a ver solamente las necesidades de mi familia y las mías propias.

( ) Tengo la confianza de que Dios puede hacer algo y que lo va a hacer.

( ) Yo oro; no sé que más hacer.

( ) Otro _____

¿En realidad hay esperanza?

( ) Me siento determinado a ser la persona que cambie las cosas.

LAS PAPAS CALIENTES Y LAS OPORTUNIDADES PARA ENSEÑAR

Los temas candentes son controversiales. Los temas acerca de la salud sexual y la conducta sexual por naturaleza son íntimos y personales. Pueden estar cargados políticamente como el tema del aborto. Pueden estar cargados moralmente como el tema de la homosexualidad. La forma en que se aborden estos temas puede tener un impacto tremendo en nuestras comunidades, nuestras iglesias y nuestras familias. ¿Qué le vas a decir a tu hijo o a tu hija cuando se dé una oportunidad para enseñar sobre alguno de estos temas? ¿Tienes alguna opinión que quieras enfatizar? ¿Tienes algunas preguntas con las cuales quieres desafiar a tu adolescente para que reflexione?

La tentación de tratar estos temas candentes como papas calientes es sumamente real. Los papás sueltan la papa diciendo: "Ve y pregúntale a tu mamá". Las mamás la lanzan de regreso diciendo: "Espérate a que tu papá llegue a la casa". Los pastores de jóvenes dicen: "Nosotros no hablamos de eso aquí". Muy pronto los niños y los adolescentes llegan a creer que estas preguntas están prohibidas. El lugar al que los adolescentes deberían acudir para obtener respuestas parece que está cerrado.

Como adultos que se preocupan por sus hijos necesitamos ser capaces de ver estos temas como oportunidades para enseñar y no como papas calientes. Toma en cuenta lo que tu adolescente te está preguntando. Si no estás listo o no prestas atención, es fácil responder de más o responder de menos a una pregunta inocente.

Estas son algunas claves que dan los niños que están listos para hablar acerca de uno o más de estos temas difíciles:

- Comienzan a hacer preguntas acerca de imágenes que han visto o de lo que han escuchado en la escuela.
- Comienzan a burlarse de las palabras que escuchan cuando se tratan temas como la masturbación o la homosexualidad.
- Comienzan a insultar a sus amigos diciéndoles "mari", "gay", "homo", "sexy".
- Hablan con frecuencia de este tema con sus amigos en tu presencia.
- Te hacen preguntas directas acerca de estos temas.

Quizá te preguntes por qué tienes que tomar tus propias decisiones sobre estos temas candentes. "¿Con todas las sutilezas que se manejan en estos temas, no sería mejor depender de los profesionales? ¿Los teólogos, los psicólogos, los filósofos; no saben más que yo?". Quizá pienses que si ponemos a todas estas personas eruditas y dedicadas en una sola habitación podrían llegar a desarrollar políticas de salud sexual con las que todos estuvieran de acuerdo. ¡Piénsalo bien! No sólo jamás tendríamos una sola política, sino que probablemente se desatara una pelea a golpes de proporciones de peso completo. Incluso se han cometido asesinatos por los desacuerdos alrededor de estos temas. Así como los psicólogos no se pueden poner de acuerdo, muchos líderes de la Iglesia tampoco. En muchas denominaciones estos temas están dividiendo a los creyentes. ¡Son temas candentes!

Estas son algunas de las situaciones que necesitamos tener en mente mientras nos preparamos para finalmente saber qué opinar de estos temas importantes y volátiles:

1. Como lo hemos estado diciendo, las mentiras que rodean la salud sexual están cargadas emocionalmente. Algunas veces se siente como si lo correcto sería calmar la confrontación con el fin de mantener la paz y el amor. A Satanás le encanta esta respuesta. Si no hacemos nada, ¡él puede hacer cualquier cosa!

2. "Las personas pensantes disienten". Esto es verdad, pero no pienses que porque las personas que piensan disienten, no existe una respuesta verdadera. No sólo las personas pensantes disienten, sino que muchas veces están equivocadas.

3. Las políticas de cierta denominación quizá no estén basadas en la verdad, sino en sus tradiciones. Muchas denominaciones así como las familias están cimentadas sobre generaciones de tradición. La tradición está bien para muchas cosas. El estilo de la comida y las celebraciones, por ejemplo; pero temas tan importantes para Dios exigen nuestras oraciones más profundas y nuestro compromiso con la sana doctrina.

4. En un sentido práctico, estos temas no van a desaparecer porque los ignoremos. La gente que no defiende nada cae presa de cualquier cosa.

UNIÓN LIBRE

Vivir juntos es un estilo de vida cada vez más popular. En las décadas de los años sesenta y setenta cerca de medio millón de personas en los Estados Unidos estaban viviendo juntas sin haberse casado. Cerca de 1980 el número era de un millón y medio. En 1990 el número rondaba los tres millones. Y en 2000 eran ya casi cinco millones.

Los investigadores estiman que cerca de 50% de los estadounidenses viven en unión libre en un momento u otro antes del matrimonio. También parece ser que los Estados Unidos están cambiando su actitud hacia la unión libre. George Barna reportó que 60% de los estadounidenses creía que la mejor manera de establecer un matrimonio exitoso era vivir con la otra persona antes de casarse. Otro estudio descubrió que dos tercios (66%) de los muchachos que se gradúan de la escuela superior estaban de acuerdo con la siguiente declaración: "Suele ser una buena idea que una pareja viva junta antes de casarse con el fin de descubrir si en realidad se llevan bien".

La unión libre no es lo mismo que el matrimonio. No en todos los países está reconocida como matrimonio por el estado. La pareja está viviendo junta porque su propósito no es estar casados; por lo menos en ese momento. Algunas personas dicen que una pareja que vive en unión libre esta "casada ante los ojos de Dios", pero eso no es verdad. No están casadas ante los ojos de Dios porque están viviendo en contra de lo que dice la Biblia; y no están casados en sus propios ojos porque han decidido en específico no casarse.

El matrimonio es el plan de Dios para el compañerismo íntimo de por vida: "Y dijo Jehová Dios: No es bueno que el hombre esté solo; le haré ayuda idónea para él" (Génesis 2:18). Es el marco para la procreación y crianza de los niños: "Hijos, obedeced en el Señor a vuestros padres, porque esto es justo. Honra a tu padre y a tu madre, que es el primer mandamiento con promesa" (Efesios 6:1-2). Y finalmente, el matrimonio provee el canal de parte de Dios para la expresión del deseo sexual: "Pero a causa de las fornicaciones, cada uno tenga su propia mujer, y cada una tenga su propio marido" (1 Corintios 7:2).

Las relaciones sexuales fuera del matrimonio también tienen consecuencias. Cuando el apóstol Pablo le escribió a la iglesia en Corintio dijo que cuando un hombre se une a una prostituta, se vuelve un cuerpo con ella: "¿O no sabéis que el que se une con una ramera, es un cuerpo con ella? Porque dice: Los dos serán una sola carne" (1 Corintios 6:16). El contexto de la discusión era un problema que había en la iglesia. Un hombre estaba teniendo relaciones sexuales con la esposa de su papá (ver 1 Corintios 5:1-3). Pablo dice que esta relación es pecaminosa. Primero, era incestuosa, lo cual estaba condenado por el Antiguo Testamento (ver Levítico 18:8 y Deuteronomio 22:30). Segundo, no estaban casados, lo cual es un ejemplo de vivir juntos. La exhortación que nos hace Pablo es que huyamos de la inmoralidad sexual: "Huid de la fornicación. Cualquier otro pecado que el hombre cometa, está fuera del cuerpo; mas el que fornica, contra su propio cuerpo peca" (1 Corintios 6:18).

La unión libre no es lo mismo que el matrimonio. La pareja está viviendo junta porque su propósito no es estar casados.

La inmoralidad sexual es condenada más de doce veces en el Antiguo Testamento. La palabra griega que la Escritura utiliza para describir el pecado sexual es "porneia", una palabra en la que se incluye toda forma de relación sexual ilícita. Pablo escribió:

Pues la voluntad de Dios es vuestra santificación; que os apartéis de fornicación; que cada uno de vosotros sepa tener su propia esposa en santidad y honor; no en pasión de concupiscencia, como los gentiles que no conocen a Dios.

1 Tesalonicenses 4:3-5

Vivir juntos sin estar casados no sólo viola los mandamientos bíblicos, sino que pone en riesgo a la pareja y a su futuro matrimonio.

Establece límites y expectativas claras para tus adolescentes. Entre más fuerte sea tu relación con ellos y más fuerte sea tu determinación para comunicarles con exactitud lo que piensas que es santo y saludable, tus adolescentes tendrán una mejor oportunidad de procurar la pureza como estilo de vida.

¿Qué piensas acerca de la experiencia de vivir juntos?

¿Cuáles crees que sean los mayores riesgos a los que se exponen los que viven en unión libre?

PORNOGRAFÍA Y MASTURBACIÓN

Marcus le entregó su vida a Cristo a los cinco años. Él y su familia asistían a la iglesia cada semana y con el paso del tiempo su entrega a Cristo creció. Asistió al campamento de la iglesia en su primer año de la escuela intermedia y ahí volvió a consagrar su vida a Dios y sintió al Señor en su vida con más fuerza que nunca. Ese fue un gran año.

Anécdota de David

En la escuela superior, Marcus comenzó a dirigir el grupo de jóvenes de su iglesia y comenzó a participar en viajes de misiones. Entró al equipo de música del grupo de jóvenes y participó en los servicios de Semana Santa como el organizador principal.

El mismo año en que Marcus volvió a consagrar su vida a Cristo también fue un año malo. Todo comenzó de una forma normal. Fue a casa de un amigo y ahí su amigo sacó una caja con las revistas para

adultos de su papá. Desde ese momento comenzó a tener una simple curiosidad adolescente; pero la curiosidad siguió creciendo.

Cuando todavía estaba en la escuela intermedia, Marcus descubrió la pornografía en la internet. La pornografía en la internet podía llevar a un visitante de un sitio de pornografía explícita a otro sitio con imágenes sexuales cada vez más depravadas. Como era una actividad anónima, Marcus no se preocupó demasiado por ser sorprendido. La internet también le dio a Marcus el acceso a los servicios instantáneos de mensajería que lo conectaron con personas reales que estaban buscando una experiencia sexual similar. Comenzó a tener conversaciones sexualmente explícitas con varias muchachas.

Marcus estaba terriblemente decepcionado con esta parte de su lado oscuro. Pasó a través de varios ciclos en los que se deshacía de todo el software y de las conexiones y los sitios en la internet que lo tentaban. Se consagraba nuevamente a la oración y buscaba ser sanado de su adicción; pero en momentos de estrés volvía a cargar los programas y a visitar los sitios pornográficos.

Entonces se volvió cada vez más real. Marcus comenzó a tener conversaciones que lo podían llevar a encontrarse en la realidad con la persona que estaba del otro lado de la conversación ciberespacial. Se reunían para compartir sus intimidades sexuales, y él volvía a casa antes de que sus amigos o su familia se dieran cuenta de que había salido.

La tragedia comenzó. Una jovencita quería reunirse con Marcus y él estuvo de acuerdo. Ella dijo tener dieciocho años. Marcus tenía veintidós y aunque parecía un poco joven para él, él pensó que tenía la mayoría de edad. Se encontraron en un estacionamiento vacío y se involucraron en conductas sexuales. En ese momento se acercaron unos policías, para averiguar qué estaba haciendo ese coche en un estacionamiento oscuro. Y los sorprendieron. La muchacha le dijo a la policía que tenía dieciséis años.

Marcus estaba aterrorizado. Sabía que su adicción estaba mal, pero su intención jamás fue arrastrar a una joven adolescente a esta tristeza.

Resulto que la niña ni siquiera tenía dieciséis años, tenía catorce.

Marcus fue arrestado por cargos de estupro. Se le han levantado cargos de crímenes sexuales serios y quizá tenga que ser registrado bajo la ley federal como un ofensor sexual.

Él está arrepentido, por el dolor que le ha causado a su familia y a sus amigos, Arrepentido por la manera en que esto ha repercutido en su ministerio y en la reputación de Dios. Arrepentido por la manera en que esto pueda impactar su futuro. Esta especialmente arrepentido por haber dañado a esta jovencita y a su familia. Está participando activamente en sesiones de consejería y si termina su tratamiento tendrá la oportunidad de seguir adelante con su vida.

Le pregunté a Marcus si durante el tiempo de su adolescencia en la iglesia nadie se le acercó para ofrecerle el tipo de ayuda que le pudiera haber dado esperanza de salir de este estilo de vida adictivo. Dijo que una vez al año su pastor de jóvenes daba una enseñanza acerca del pecado del sexo fuera del matrimonio, pero nunca hubo un mensaje de esperanza para el adicto o un desafío para buscar ayuda. Me dijo: "Estaba tan avergonzado y me sentía tan solo. No estoy seguro de que si me hubieran ofrecido ayuda la hubiera podido aceptar. Pero me hubiera gustado que alguien se me hubiera acercado, porque posiblemente no estaría donde estoy ahora, estoy seguro".

> **¿Cómo te hizo sentir esta historia?**
>
> **¿Cómo sueles sentirte acerca de los ofensores sexuales?**

Durante la década de 1980 la pornografía experimentó un declive sustancial en los Estados Unidos. Todas las recomendaciones de la comisión sobre pornografía del fiscal general en 1986 fueron aprobadas como leyes. Las librería para adultos tuvieron que ser removidas de la ciudad o reubicadas hacia los perímetros de la ciudad en muchas comunidades y el material dañino para los niños era supervisado de una forma bastante consistente.

La industria pornográfica ha encontrado un avivamiento en el ciberespacio. Mucha de la industria del entretenimiento ha sido impactada por la pornografía. La palabra escrita, la televisión, los videos y las películas. Y cada una de estas áreas de entretenimiento está siendo explotada por el negocio de la pornografía. Todos los elementos tradicionales de la pornografía (librerías para adultos, las exhibiciones secretas en vivo y las películas sucias) ahora han levantado su tienda en la internet. No sólo aquellos que están buscando pornografía han sido capaces de conectarse a una provisión infinita en línea, sino que a través de la publicidad por correo electrónico y en los salones de charla virtuales, la industria pornográfica está reclutando miles de espectadores que jamás hubieran puesto un pie en una librería para adultos.

¿SABÍAS QUÉ...

... el consumo de pornografía puede alterar el ánimo y provocar tanta adicción como los narcóticos. De hecho, algunos estudios han indicado que la pornografía puede tener el mismo efecto en el cerebro que la cocaína. Las imágenes se "queman" en la memoria por la epinefrina, un químico del cerebro?

... de acuerdo con los conteos de visitas de Nielsen para la internet, diecisiete millones y medio de personas visitaron sitios pornográficos en enero de 2000? (*U.S. News and World report*, 27 de marzo de 2000).

... hay más centros de distribución de pornografía en Estados Unidos que restaurantes de McDonald's?

... las estadísticas de violación son proporcionalmente mayores en los estados de mayores ventas de pornografía y menores en los estados con ventas más bajas de pornografía?

... las ventas de pornografía cibernética, incluyendo videos y accesorios comprados en la internet, constituyeron 8% de los dieciocho mil millones de dólares que reportó el comercio electrónico en 1999? (*U.S. News and World report*, 27 de marzo de 2000)

... que los muchachos de 12 a 17 años son los principales consumidores de pornografía, y que los productores de pornografía se dirigen a ellos por esa misma razón, ya que si pueden lograr que el joven se vuelva adicto, aseguran un flujo de ingresos constante?

(Información recibida de *Enough is Enough, Morality in Media* y *la National Coalition for the Protection of Children and Families*).

La masturbación se suele hacer acompañar por el uso de pornografía o las fantasías sexuales, en especial en los hombres. Los defensores del "sexo seguro" han sugerido que la "masturbación mutua" es una forma aceptable de conducta sexual para los adolescentes que no se han casado. Esta conducta va en contra de la Escritura, la cual nos exhorta a que mantengamos nuestra mente, nuestro corazón y nuestro cuerpo libres del pecado sexual. La masturbación puede amenazar con reducir el placer y la intimidad del sexo que Dios diseñó para las parejas casadas.

La masturbación y la pornografía han demostrado ser adictivas por naturaleza, y consumen los pensamientos y las fantasías de la persona. Varios estudios muestran una progresión de cuatro pasos ente muchos hombres que acostumbran ver pornografía.

Paso uno

Cuando las personas se involucran con el material pornográfico, quedan enganchadas y siguen volviendo por más con el fin de obtener su "estimulo" sexual. El material produce un efecto estimulante poderosamente sexual o un efecto afrodisíaco, seguido de una liberación de la energía sexual que se produce, regularmente a través de la masturbación. La pornografía provee imágenes que son frecuentemente traídas a la mente y sirven como base para desarrollar fantasías sexuales.

Paso dos

Segundo, la necesidad del estímulo aumenta su fuerza, por lo cual se requiere material cada vez más fuerte e impactante con el fin de obtener el mismo efecto que antes. Si su esposa o su pareja están participando de lo mismo, llegan a presionarlos para que se involucren en actividades sexuales cada vez más desviadas y perversas. Su adicción y la necesidad de un mayor estímulo se deben principalmente a las poderosas imágenes sexuales de su mente, que han sido implantadas por el uso de la pornografía. A menudo prefieren este mundo de fantasía sexual acompañado de masturbación, que el coito mismo.

Paso tres

Tercero, con el tiempo se llega a perder la sensibilidad al efecto del material. Lo que al principio parecía obsceno, impactante y perturbador se convierte en algo aceptable o común. El material que al principio se percibía como fuerte, que rompía tabúes, ilegal, repulsivo o inmoral aunque excitante en el aspecto sexual, con el tiempo se vuelve aceptable y común, sin importar las creencias morales previas y los estándares personales.

Paso cuatro

Y cuarto, aparece una tendencia cada vez mayor de comenzar a "realizar" las actividades sexuales que se han visto en el material pornográfico.

Lo que comenzó como una fantasía con el tiempo se vuelve una realidad. Lo que se observó, primero se lleva al plano de la fantasía acompañado de la masturbación y luego se lleva acabo en la vida real. En esta etapa casi siempre el matrimonio de la persona o su equilibrio psicológico es perturbado.

Las mujeres adictas a la pornografía cargan con cierto estigma. La vergüenza es común entre los adictos a la pornografía, pero especialmente entre las mujeres que son adictas. Después de todo, se supone que ellas deben ser propias y pudorosas sin propensión a la conducta ilícita. Los productores de pornografía siempre han retratado a la mujer como un objeto de deseo. Se supone que las mujeres deberían ser aquello que se busca, y no el sujeto que desea. O eso es lo que la sociedad dice tácitamente.

Cuando tus hijos tengan la edad suficiente para pasar tiempo a solas con sus amigos sin una supervisión cercana por parte de los adultos, asegúrate de enseñarles como salirse de una situación que pueda ser dañina.

Tristemente, una gran cantidad de la pornografía dirigida a las mujeres es producida por mujeres; mujeres que han decidido atrapar a otras mujeres. Estas productoras comprenden las diferencias entre el cerebro masculino y el femenino y producen películas con el mercado femenino en mente.

Las mujeres normalmente ven el sexo a través del filtro del romance y de una relación; de ambas formas. Disfrutan los abrazos y los besos así como otras formas de cercanía física mientras que los hombres son seducidos por las imágenes del acto mismo del sexo (sin importar la forma que tome). Los productores de pornografía conocen estas diferencias y han comenzado a producir películas que incluyen retratos finamente velados de relaciones.

En su excelente libro *The Drug of The Millennium: The Science of How Internet Pornography Radically Alters the Human Brain and Body* (La droga del nuevo milenio: La ciencia detrás de la forma en que la pornografía en la internet altera de forma radical el cerebro y el cuerpo humano), el escritor e investigador Mark B. Kastleman dice:

Los productores de pornografía para la internet a menudo utilizan mujeres "de aspecto promedio" para que las espectadoras femeninas se puedan identificar con mayor facilidad y se imaginen o tengan la fantasía de que ellas son las que están representando ese papel. Asimismo retratan tanto al varón como a la mujer dándose placer el uno al otro en igualdad [...] en esencia, los productores de pornografía para la internet han tomado el exitosos género de la "novela romántica/telenovela" y lo han llenado de pornografía con el fin de seducir a la espectadora femenina. Es crucial que los padres lleguen a un punto en el que se sientan cómodos con el fin de hablar de estos temas con sus hijos. También puede ser útil conversar con su consejero, su sacerdote, su pastor, su rabino u otro asesor familiar o espiritual. Cuando los niños tienen la edad suficiente para pasar tiempo a solas con sus amigos sin una supervisión cercana por parte de los adultos, asegúrese de enseñarles como salirse de una situación que pueda ser dañina. Si usted rehuye demasiado hablar de este tema, su curiosidad quizá los venza cuando un amigo saque una revista o un video. Y eso sucede a una edad más temprana de la que la mayoría de nosotros quisiera pensar.[1]

EL ABORTO Y LA CONTRACEPCIÓN

El aborto es un tema sumamente candente. Hasta hace treinta años virtualmente todas las denominaciones estaban de acuerdo en que el aborto era sinónimo de asesinato y que estaba en contra de la ley; también existía un acuerdo general en que el plan de Dios esta traer vida, y no, muerte. La Escritura considera que la vida humana es un regalo sagrado de Dios. Sólo Dios tiene el derecho de determinar el momento en que la vida comienza. Aunque en la sociedad estadounidense el aborto es una opción *legal*, delante de la Escritura no es una opción *moral*. El aborto se ha convertido en un mal social global que amenaza de una manera significativa la salud psicológica, espiritual, física y moral de sociedades enteras.

El aborto produce heridas emocionales, psicológicas y espirituales profundas tanto en la madre, el padre, otros miembros de la familia y en los amigos. Cada vez más, el cuerpo de Cristo está volviéndose conciente de los problemas que surgen después de un aborto y está diseñando ministerios con el fin de ayudar a los que han sido traumatizados por el aborto, para comunicarles el perdón, la sanidad y el amor de Jesucristo.

Es importante que los padres y los pastores estén concientes de las consecuencias serias que vienen por practicar el aborto. Los defensores del aborto tienden a rebajarlo a un procedimiento quirúrgico simple. Y aunque en la mayoría de los casos el aborto se lleva a cabo sin consecuencias médicas serias, las complicaciones pueden ser profundas y a largo plazo.

Las mujeres que se han practicado abortos tienden a tener un nivel mayor de promiscuidad y a contagiarse de enfermedades venéreas. Las complicaciones durante el aborto es la quinta causa de muerte en mujeres parturientas en los Estados Unidos. Dos por ciento de las mujeres que se han practicado un aborto sufren complica- ciones amenazantes como hemorragias, fiebre e infecciones. Las infecciones, incluyendo la enfermedad inflamatoria pélvica, suceden en 30% de los abortos; si no se detiene a tiempo, la EIP puede dejar estéril a una mujer. Los embarazos ectópicos (embarazos que se desarrollan en una de las trompas de falopio) han ido en aumento a causa de que algunas veces el útero tiene cicatrices como consecuencia de un aborto. El óvulo ferti- lizado, el cigoto, no puede implantarse en el útero. Las complicaciones como la perforación uterina, la laceración cervical y la placenta previa, no sólo pueden provocar problemas al interrumpir un embarazo, sino que pueden conducir a problemas en embarazos futuros como abortos espontáneos, nacimientos prematuros, muerte fetal y niños con defectos congénitos. Cualquier problema o cambio en los órganos reproductores de la mujer puede afectar el desarrollo de sus hijos futuros. Las mujeres que se han practicado un aborto tienen un riesgo 127% mayor de sufrir partos prematuros en los embarazos subsiguientes; el riesgo aumenta después de múltiples abortos.[2]

LOS TEMAS CANDENTES Y TU IGLESIA

Estos temas no son los únicos que hay. Tu grupo de jóvenes debería considerar establecer una política sobre lo que constituye un com- portamiento adecuado durante una cita y lo que constituye una forma de vestir adecuada. Confronta el contenido de las películas y de los programas de la TV; el uso del doble sentido o de las continuas referencias al sexo, así como las palabras altisonantes ya que la forma en que se usa el humor también es importante. Alguien necesita denunciar la pornografía rosa de las novelas románticas y de las revistas femeninas que les dicen mentiras descaradas a las jovencitas acerca de la naturaleza del amor, el matrimonio y la entrega.

Como un padre y un ministro preocupado a veces es difícil discernir cuando armarse de valor y sacar a la luz tus preocupaciones. Haz de ello un tema de oración. Habla con las personas de tu grupo en casa o de tu clase dominical para ver si se sienten de la misma forma que tú y si tienen algunas ideas. Juntos, con la ayuda de Dios, ustedes también pueden confrontar estos temas candentes con el fin de que pueda avanzar la enseñanza sólida y los ministerios dirigidos por el Espíritu Santo.

Un grupo de investigadores cada vez mayor ha demostrado una relación definitiva entre el aborto y el cáncer de mama. El riesgo incrementa cuando un embarazo hormonalmente normal es interrumpido antes de las treinta y dos semanas. Aunque los defensores del aborto gustan dar una imagen de estar preocupados por la salud de la mujer, han ocultado esta información.[3]

Las mujeres que sufren abortos también experimentan consecuencias psicológicas. Tienden a tener un respeto menor por la vida humana. El síndrome posaborto, una serie de efectos psicológicos experimentados por 19 a 60% de las mujeres, se presenta desde el extremo de una depresión suave hasta el suicidio o intento de suicidio. A menudo experimentan sentimientos abrumadores de remordimiento o culpa durante los embarazos subsiguien- tes. Los recuerdos y las pesadillas las persiguen.[4] Algunas mujeres entran en una fase de negación, en lugar de dar cabida a las emociones naturales de alivio, seguidas de culpabilidad, tristeza y duelo por la perdida de un hijo.[5] Las mujeres que se han practicado un aborto experimentan más de cien reacciones psicológicas diferentes incluyendo alcoholismo, fumar, adicción a las drogas, desórdenes alimenticios, adicciones sexuales y comportamiento autodestructivo.[6] Los padres de niños abortados también experimentan sentimientos de culpa y remordimiento.[7] (Para obtener la dirección de sitios en la internet acerca de las consecuencias del aborto consulte: http://afterabortion.org).

¿Por qué piensas que muchas mujeres que se han practicado un aborto se sienten incómodas al hablar de su experiencia en la iglesia?

¿Por qué crees que tantas iglesias no tienen un ministerio de sanidad posaborto?

LA DISTRIBUCIÓN DE LOS ANTICONCEPTIVOS ENTRE LA POBLACIÓN QUE NO SE HA CASADO

Durante más de treinta años, los educadores del "sexo seguro" han defendido la distribución de anticonceptivos como la forma de reducir los embarazos fuera del matrimonio y las enfermedades venreas. Los resultados de estos programas de "educación sexual exhaustiva" y similares han sido devastadores. El mensaje implícito en muchos programas de educación sexual es. "Como no te puedes controlar, por lo menos usa estos anticonceptivos". El ministerio Worth Waiting For no está de acuerdo ni con esta filosofía y ni con esta metodología.

Worth Waiting For no distribuye, promueve ni fomenta el uso de los anticonceptivos como método para reducir la conducta sexual o los índices de embarazo en la conducta sexual de los que no se han casado.

La contracepción dentro del matrimonio también puede ser un tema controversial. Algunos cristianos ven la contracepción como un hecho que devalúa a la mujer y que es una interferencia al diseño de Dios para la fertilidad. Los adultos que están casados necesitan hablar abiertamente del uso de los anticonceptivos. Algunos anticonceptivos producen el aborto espontáneo de un embrión humano y los demás conllevan riesgos de salud profundos asociados con ellos. Cada pareja debería buscar consejo y consultarle a su pastor, a su sacerdote o a su médico antes de usar anticonceptivos.

LA HOMOSEXUALIDAD

El tema de la homosexualidad es uno de los temas que los padres enfrentan que más causan división. El que un hijo o una hija confiese que está luchando con la homosexualidad, o que ha abrazado el estilo de vida homosexual es una de las experiencias más perturbadoras por las cuales puede atravesar una familia cristiana. Conduce rápidamente a una tensión entre el amor incondicional y el compromiso con la verdad de la Escritura. Una vez más nuestro estudio sólo puede ser sumamente breve, pero quizá sea suficiente para propiciar que investigues más y busques más a Dios en oración.

El Antiguo Testamento prohíbe de forma clara la homosexualidad y la práctica de la sodomía o del sexo anal.

No te echarás con varón como con mujer; es abominación.
Levítico 18:22

Si alguno se ayuntare con varón como con mujer, abominación hicieron; ambos han de ser muertos; sobre ellos será su sangre.
Levítico 20:13

Levítico del 18 al 20 contiene una gran cantidad de mandamientos con respecto a varias prácticas sexuales condenadas, incluyendo el incesto, el adulterio (sexo entre dos personas casadas que no son pareja), la fornicación (sexo entre personas que no se han casado) y la bestialidad. Dios diseñó el sexo para que se realizara entre esposos en el marco del matrimonio. Este es el principio que gobierna lo anterior.

Las Escrituras del Nuevo Testamento son igual de firmes. Cuando el cristianismo comenzó a difundirse entre las naciones gentiles, la homosexualidad solía ser una práctica maligna en los templos paganos. Pablo tuvo que referirse específicamente a esta práctica ya que varios pensamientos religiosos paganos comenzaron a infiltrarse en la vida religiosa de las iglesias de Roma y Corinto.

Por lo cual también Dios los entregó a la inmundicia, en las concupiscencias de sus corazones, de modo que deshonraron entre sí sus propios cuerpos, ya que cambiaron la verdad de Dios por la mentira, honrando y dando culto a las criaturas antes que al Creador, el cual es bendito por los siglos. Amén.

Por esto Dios los entregó a pasiones vergonzosas; pues aun sus mujeres cambiaron el uso natural por el que es contra naturaleza, y de igual modo también los hombres, dejando el uso natural de la mujer, se encendieron en su lascivia unos con otros, cometiendo hechos vergonzosos hombres con hombres, y recibiendo en sí mismos la retribución debida a su extravío [...] quienes habiendo entendido el juicio de Dios, que los que practican tales cosas son dignos de muerte, no sólo las hacen, sino que también se complacen con los que las practican. Romanos 1:24-27

¿No sabéis que los injustos no heredarán el reino de Dios? No erréis; ni los fornicarios, ni los idólatras, ni los adúlteros, ni los afeminados, ni los que se echan con varones, ni los ladrones, ni los avaros, ni los borrachos, ni los maldicientes, ni los estafadores, heredarán el reino de Dios. 1 Corintios 6:9-10

Worth Waiting For considera que la homosexualidad y los matrimonios homosexuales no son saludables mental, emocional, física y socialmente, además de que están prohibidos espiritualmente.

Al mismo tiempo, también entendemos que algunos adolescentes, jóvenes, sus amigos y familiares quizá luchen con problemas de identidad sexual y probablemente no les guste la idea de un matrimonio heterosexual. El celibato, la determinación de abstenerse de tener relaciones sexuales de por vida, es el plan de Dios para tratar con la conducta sexual de los homosexuales y los solteros maduros.

Es crucial decir un último pensamiento.

Hemos estado hablando de temas sumamente importantes, pero necesitamos distinguir entre los problemas y las personas. John Frey lo dijo bien en su libro *Jesús, the Pastor* (Jesús, el Pastor).

> Los problemas son problemas. Las personas son personas. Los problemas necesitan ser abordados. Las personas necesitan ser amadas. Mantenerse al margen del enredo lastimoso de mezclar a las personas con los problemas sociales requiere tener nuestra vista puesta en Jesús. Él es el Maestro en mantenerse fuera del desastre moralista impulsado por el ego que a menudo desencadenamos con las mejores de las intenciones.[8]

Jamás olvides las mismas palabras de Jesús cuando dijo que Él vino a "buscar y a salvar lo que se había perdido". Nuestra responsabilidad es caminar sobre la fina línea entre decir la verdad y juzgar a la persona. El comportamiento puede ser saludable o dañino, funcional o disfuncional, santo o inmundo. Pero Dios ama sin límites a las personas. Todos hemos sidos comprados por precio.

cómo manejar el
embarazo
y las enfermedades sexuales en los adolescentes

Las consecuencias físicas del sexo fuera del matrimonio a menudo duran de por vida y pueden ser devastadoras. No hay razón por la que nuestros hijos sufran estas consecuencias. Nuestros hijos no se merecen quedar encintas fuera del matrimonio. Nuestras hijas no merecen enfermedades venéreas que les pueden robar la capacidad de tener hijos en un matrimonio futuro lleno de amor. Deseamos todo lo que es bueno para nuestros hijos y las generaciones por venir. ¿Pero qué sucede si sus vidas son cortadas antes de tiempo a causa de enfermedades destructoras como el virus del papiloma humano (VPH) o el VIH? ¿Entonces qué sucede? ¿Qué le sucede a la familia cuando una adolescente se embaraza? Vamos a tomar unos minutos para considerar las consecuencias con el fin de que podamos tener la información lista cuando hablemos con nuestros adolescentes de estas realidades.

LOS HECHOS ACERCA DE LOS EMBARAZOS EN ADOLESCENTES

Comencemos con algunos datos sobre los embarazos en adolescentes en los Estados Unidos:

- 35% de las jovencitas activas sexualmente quedan encintas por lo menos una vez antes de los 20 años.[1]
- Estados Unidos tiene los índices más altos de embarazos y nacimientos en adolescentes en el mundo occidental industrializado.[2]

- Cerca de 840,000 adolescentes se embarazan cada año. Un tercio de estos bebés son abortados. Más de 75% de las adolescentes que dan a luz no están casadas.

La responsabilidad más importante que tenemos como padres es tomar seriamente estas estadísticas. Estos son los verdaderos hechos con sus consecuencias reales. Nuestra sociedad saturada por el sexo ha hecho sumamente poco en hablar con los adolescentes o con sus familias acerca de las consecuencias de la actividad sexual. Cuando las adolescentes se embarazan fuera del matrimonio, afectan a todas las personas a su alrededor, especialmente a sus familias. Enfrentan decisiones que tienen consecuencias a largo plazo o de por vida.

La parte emocional del embarazo puede ser una sorpresa para todas las mujeres, pero en especial para las adolescentes. ¡Los cambios hormonales en el cuerpo durante el embarazo provocan que las emociones se aceleren! En principio, la adolescencia ya es un tiempo de emociones sobrecargadas y el embarazo hace que las emociones sean todavía más intensas. Esto puede confundir a las personas que rodean a la mujer embarazada y es una fuente de tensiones con el padre, quien necesita recordar que hay una razón física por la que la mujer está tan emocional (las hormonas). También, el hecho de que lleva al bebé en su vientre, hace que sienta mayor presión para tomar decisiones con respecto al futuro. Al mismo tiempo, la mamá tiene que darse cuenta de la inmensa presión que está sobre el padre del bebé, quien a menudo es visto como el villano y que necesita apoyarlo al permanecer a su lado. Por estas razones se requiere paciencia y comprensión de parte de todas las personas importantes en la vida de los padres adolescentes. Esta nueva vida que viene al mundo va a cambiar la vida de la mamá, del papá, de ambos juegos de abuelos, hermanos, hermanas, maestros, entrenadores, amigos y virtualmente de todas las personas en la vida de los próximos padres.

De acuerdo con el *American Journal of Public Health* (Gaceta estadounidense de salud pública), "Quienes crían a dos tercios de los hijos de madres en edad escolar son hombres que ya no están en edad escolar. Estos hombres en promedio son 4.2 años mayores que las madres que dieron a luz en el último año de la escuela superior y 6.7 años mayores que las madres que dieron a luz en el primer año de la escuela superior".[4]

Algunas decisiones se tienen que tomar de forma rápida al enterarse del embarazo, y algunas otras se pueden ir procesando durante varios meses.

¿TENDRÉ A ESTE BEBÉ?

Esta es una de las decisiones más importantes de la vida de una jovencita. ¿Llevará la madre al bebé y lo dará a luz o escogerá el aborto? En medio de la crisis de un embarazo no planeado, la tentación es hacer que el problema "desaparezca" rápidamente. Los adolescentes pueden ver el aborto como la manera de ocultarles a sus padres acerca del embarazo. Después de todo, desde Roe contra Wade, el procedimiento es seguro, legal y confidencial. En las décadas desde Roe contra Wade, millones de mujeres han escogido el aborto, y millones de mujeres han enfrentado consecuencias de las que nadie les advirtió de antemano. Muchas mujeres, especialmente las adolescentes, enfrentan esta decisión sin conocer las consecuencias profundas y permanentes emocionales y psicológicas de practicarse un aborto. La muerte de un hijo nunca es fácil, y algunas mujeres nunca se recuperan de la decisión de abortar.

Caleb era un muchacho de 15 años que estaba distraído dibujando en la iglesia un domingo en que se celebraba lo sagrado de la vida. La oradora que era una conferenciante reconocida en todo el país sobre el tema de lo sagrado de la vida, relató su propia experiencia cuando abortó en sus años universitarios. La madre de Caleb se asomó para ver lo que estaba dibujando y se sorprendió al ver un dibujo detallado de un bebé dentro del vientre de su madre. Caleb le obsequió el dibujo a la conferenciante, quien todavía lo lleva en su Biblia. Esa fue la primera vez en que Caleb dijo: "Creo que está mal matar a un bebé que Dios formó".

Uno de los debates más controversiales acerca del aborto es si este procedimiento está matando a un ser humano o simplemente es la extracción de tejido del útero. En los centros cristianos de atención a las jóvenes embarazadas, las adolescentes pueden recibir ayuda para comprender lo que está sucediendo dentro de su cuerpo y encontrar la respuesta a esa pregunta. Es importante que todos los involucrados en la decisión busquen consejería, incluyendo a la pareja que está embarazada, los padres de los adolescentes, sus pastores y, posiblemente también, sus consejeros profesionales para que tomen una decisión que honre a Dios.

¿Qué dice Dios acerca del aborto? Aunque la Escritura no habla directamente sobre el aborto, dos pasajes nos ayudan a comprender la perspectiva de Dios sobre la vida que ha creado.

Porque tú formaste mis entrañas; Tú me hiciste en el vientre de mi madre. Te alabaré; porque formidables, maravillosas son tus obras; Estoy maravillado, Y mi alma lo sabe muy bien.

No fue encubierto de ti mi cuerpo, Bien que en oculto fui formado, Y entretejido en lo más profundo de la tierra. Mi embrión vieron tus ojos, Y en tu libro estaban escritas todas aquellas cosas Que fueron luego formadas, Sin faltar una de ellas. Salmos 139:13-16

No matarás.

Éxodo 20:13

Dios da la vida y la valora. Sabe todo acerca de nosotros incluso antes de que comencemos a ser formados como un ser humano. Ya estaban planeados todos nuestros días sobre la tierra antes de ser concebidos. Estas son palabras asombrosas y poderosas acerca de la maravilla y el misterio de la vida.

> **Detente unos minutos y escribe lo que piensas acerca de Salmos 139:13-16 y Éxodo 20:13.**
>
> **¿De qué forma te pueden ayudar estos pasajes para hablar con tu adolescente acerca del aborto?**

¿Y el servicio médico?

Una de las decisiones más importantes es quién será el médico de la madre adolescente. Muchas madres adolescentes dan a luz de forma segura y tienen bebés saludables, pero mucho depende de lo rápido que la madre se ponga en contacto con su médico.

La madre adolescente necesita asistir a consulta con un médico o con una enfermera partera tan pronto como se entere que está encinta. Una de las razones por las que las mamás adolescentes tienen más complicaciones que las mujeres mayores es que tienden a dejar para después el asistir a consulta, por lo que no reciben un buen cuidado prenatal (antes del parto). Otra razón por la que ella y su bebé pueden tener más problemas de salud es la nutrición. Si una mamá no "alimen-

En 1996, la Robin Hood Foundation llevó a cabo un estudio largo y revelador acerca de las mamás y los papás adolescentes, así como los efectos de la paternidad de un sólo padre sobre los niños. El MISH escribió: De acuerdo con el reporte de la fundación *Robin Hood Kids Having Kids* (Niños teniendo niños):

- Siete de cada diez madres adolescentes abandonan sus estudios en la escuela superior.
- El poder adquisitivo del salario a largo plazo de los papás adolescentes se reduce grandemente.
- Los hijos adolescentes de madres adolescentes tienen probabilidades 2.7 veces mayores de pasar tiempo en prisión que los hijos de madres que dejan el tener hijos para los primeros veinte años.
- Las hijas adolescentes de madres adolescentes tienen 50% más de probabilidades de tener hijos fuera del matrimonio.
- Más de 80% de las madres solteras menores de dieciocho años terminan en la pobreza y dependiendo de la asistencia social del gobierno.[5]

ta" a su bebé y a su propio cuerpo con buenos alimentos, ambos tendrán dificultades para desarrollarse apropiadamente. Tanto el bebé como la madre adolescente tienen necesidades especiales de nutrición. La mamá adolescente también necesita que la revisen que no tenga enfermedades venéreas. Estas enfermedades pueden provocar parto prematuro y daño permanente o muerte del recién nacido. Los doctores y las enfermeras pueden identificar problemas en el embarazo de una manera rápida. Tienen numerosas herramientas para ayudar tanto a la mamá como a su bebé. En general, entre más temprano se localice un problema, es más fácil de remediar. Así que llevar a la joven mamá a consulta con el médico tan pronto como sea posible es sumamente importante.

¿DEBERÍA CONSIDERAR DARLO EN ADOPCIÓN?

¿Los padres adolescentes criarán a su hijo o lo darán en adopción? Las agencias de adopción, a veces llamadas agencias de servicios familiares, pueden ser una fuente valiosa de información para tomar la decisión. Los profesionales de estas agencias ayudan a la mamá a tomar la mejor decisión para ella misma y su bebé. Los consejeros entrenados ofrecen sus servicios gratis para ayudarla a comprender las opciones. Muchas mamás solteras que reciben consejerías de una agencia de adopción no dan su bebé en adopción. Esto está perfectamente bien y no existen costos extra si ella decide quedarse con su bebé y criarlo. Estas agencias son uno de los mejores recursos de ayuda para la madre que tiene que tomar esta decisión tan difícil.

Esta es una palabra de advertencia con respecto a los planes de dar en adopción. Dios le dio a las mujeres hormonas especiales que provocan que amen al bebé que crece dentro de ellas con intensidad, incluso antes de que el bebé nazca. Y justo después del nacimiento, la mujer puede ser demasiado protectora con su recién nacido. Incluso la mamá con una determinación firme por darlo en adopción, experimenta dudas en los primeros días posteriores al parto. Una de las tareas más importantes de la gente que la ama es apoyar su decisión.

Una vez, trabajé con una madre adolescente durante cuatro meses y me aseguré de que recibiera la mejor consejería con respecto a si daba su bebé en adopción o quedarse con el bebé y criarlo sola. Jennifer acudió a una agencia de adopciones excelente donde los consejeros eran de primera calidad. También trabajé con ella como su instructora del curso prenatal, y hablábamos hasta tarde después de cada clase acerca del estatus de sus decisiones. Después de meses de una difícil toma de decisiones que incluía a su familia, al padre del bebé y a la familia de este, todos estuvieron de acuerdo en una decisión.

Anécdota de David

El bebé iba a ser dado en adopción. Tanto Jennifer como su novio comenzaron a escoger posibles familias adoptivas de los perfiles que les proporcionó la agencia. Yo atendí el parto de Jennifer y se comportó de una manera excelente. Se había cuidado y no hubo complicaciones al dar a luz una saludable beba de 3.632 Kg. ¡Estaba absolutamente preciosa (la mamá y la beba)!

Dos días después, volví cuando Jennifer estaba programada para dejar el hospital y firmar los papales de adopción. Cuando entré en su habitación su cara estaba roja y tenía los ojos hinchados de llorar. Jennifer tenía lágrimas rodando por sus mejillas, pero eso puede ser normal para cualquier mamá dos días después del parto. Entonces Jennifer comenzó a decirme lo que había sucedido la noche anterior.

Mientras hablaba, lloraba y sus hombros temblaban. Ella estaba lista para enfrentarse al día en que firmara los papeles y saliera del hospital sin su bebé; y estaba lista para hacerlo porque su novio y

todas las demás personas importantes para ella habían estado de acuerdo en que esta era la mejor decisión para el bebé. Los padres adoptivos eran perfectos y su consejero la había ido a ver varias veces los últimos dos días para hablar con ella. Se sentía en paz y llena de amor por la decisión que había tomado. Pero entonces llegó la última noche.

La mucama que fue a su cuarto la noche anterior, para hacer la limpieza le dijo que se veía realmente joven como para haber tenido un bebé. Y le preguntó por qué la beba no estaba con ella en la habitación. Cuando Jennifer le dijo que la beba estaba en la cuna del hospital porque la iba a dar en adopción la mucama comenzó a gritarle.

"¿Qué tipo de madre odia a su bebé tanto como para regalarlo?", le preguntó la mucama, entre otras cosas. Eso fue suficiente. Eso fue todo lo que Jennifer necesitaba para cambiar de opinión. Se quedó con la beba y la crió sola. Después de todo el proceso de toma de decisiones que pasaron Jennifer y las personas cercanas a ella, fue la mucama del turno de la noche quien tomó la decisión final a través de sus palabras de condenación. Necesitamos proteger a las mamás que acaban de dar a luz de aquellos que pueden presionarlas a cambiar de decisiones, que quizá Dios no quería que cambiaran.

Una de las consecuencias negativas potenciales del embarazo adolescente es la reacción de los amigos. Una de las partes más importantes de ser adolescente es tener compañerismo con los amigos. Cuando una jovencita se embaraza, sus amigas suelen comprometerse a ayudarla cuando nazca el bebé. Cuando nace el bebé, muchas veces las amigas cumplen su promesa y se ofrecen para ayudar; pero conforme el bebé va creciendo, comienza a caminar y a tomar cosas en las manos, la ayuda es menos frecuente.

Otra parte difícil de ser un padre adolescente es que los amigos quizá no comprendan que un padre adolescente no puede salir el viernes o el sábado por la noche sin planearlo por adelantado. Los amigos pueden realmente ofenderse por esto y dejar de llamar al padre adolescente. La mamá adolescente para salir tiene que llamar a una niñera. Además, tiene que regresar temprano para tener la energía de levantarse a atender al bebé durante la noche y alistar al bebé para llevarlo a la guardería en la mañana antes de llegar a la escuela o al trabajo. Después de tener al bebé su vida es totalmente diferente de la de sus amigas. Tiene que responsabilizarse por alguien más. Esto a menudo conduce a tener sentimientos de aislamiento, porque sus amigas no pueden entender sus nuevas necesidades.

En muchas ciudades existen grupos de apoyo para madres adolescentes que pueden ser un salvavidas emocional. Ya que pueden conectarlas con organizaciones y servicios que la ayudarán en su nuevo papel en la vida. Para encontrar un grupo, pregunta en los centros de orientación del embarazo, en las agencias de adopción, en las agencias de servicio social y en los hospitales. Habla con franqueza con tus adolescentes acerca de las realidades del embarazo; es un riesgo real de la actividad sexual, y cambia muchas vidas para siempre.

Si tu hija queda encinta o tu hijo se ha convertido en padre, no es momento de decirle "hubieras...". Recuerda y recuérdale a tu hijo que el amor siempre se da. Sigue dándolo incluso en estas circunstancias difíciles. Recuerda y recuérdale a tu hijo acerca del perdón de Dios y su gracia. Acompañar a tu hijo a través de los momentos dolorosos les va a permitir a ambos participar en decisiones sólidas que honren a Dios.

LA REALIDAD ACERCA DE LAS ENFERMEDADES VENÉREAS

El embarazo se vuelve notorio. Las enfermedades no siempre se descubren. Millones de adolescentes contraen enfermedades venéreas cada año y nadie lo sabe, incluyendo a sus padres. Muchos ni siquiera se dan cuenta ellos mismos. Hablar acerca de las enfermedades venéreas en las conversaciones cotidianas puede salvarle la vida a tu hijo.

El sida y el VIH reciben atención en los medios de comunicación y en las investigaciones, y así debe ser a causa de su seriedad; pero no es la única enfermedad venérea que los adolescentes enfrentan hoy. Muchas enfermedades presentan serios riesgos a la salud. Estas enfermedades a menudo no presentan síntomas y se propagan en proporciones epidémicas entre nuestros jóvenes. Las mentiras y los mitos asociados con ellas todavía prevalecen. Incluso a nuestros médicos se les hace difícil estar al día con las últimas investigaciones.

Los estadounidenses, en la actualidad, están infectados con aproximadamente 68 millones de casos. Cada año se infectan 15 millones de personas por primera vez. Las enfermedades venéreas más comunes, como el herpes y el VPH se acreditan 65 de los 68 millones de casos actuales de infección.[6] Cerca de 12 millones de personas en los Estados Unidos se infectan de alguna enfermedad venérea cada año y 3 millones de estas personas son adolescentes.[7] Los adolescentes y los jóvenes (15-24 años) son el grupo de edad en un riesgo mayor de infección. Aproximadamente dos tercios de toda la gente infectada tiene menos de veinticinco años.[8]

Cuando muchos de los padres de hoy eran adolescentes, sólo existían dos enfermedades venéreas importantes. ¿De dónde obtenía esta generación la información pertinente? La mayoría de nosotros recibimos un poco de instrucción en la clase de educación física en la escuela superior. Algunos de nosotros recibimos algún tipo de curso sobre salud en la escuela superior. Pero principalmente nos informábamos con nuestros amigos ya que la televisión no hablaba de estos temas, las computadoras personales no existían ni tampoco MTV. Se podría decir que teníamos que arreglárnoslas nosotros mismos.

¿De dónde obtienen la información los adolescentes de hoy acerca de las enfermedades venéreas? Los adolescentes casi siempre responden "de los medios". Los adolescentes de hoy tienen acceso a una fuente casi inagotable de información en la internet. Lamentablemente, en la internet hay fuentes buenas y malas, y es difícil para los adolescentes y para los adultos diferenciarlas. La radio, la televisión, la televisión por cable y la televisión vía satélite tienen fuentes casi ilimitadas de contenido sexual.

Otras de las respuestas a esta pregunta de parte de los adolescentes: Los amigos, la escuela, los doctores, las películas y las revistas. De vez en cuando se menciona la palabra "mamá" como fuente de información sobre el sexo y las enfermedades venéreas. La palabra "papá" casi nunca se menciona; y eso es sumamente triste. Quienes han sido llamados a ser los líderes de su familia casi nunca hablan con sus adolescentes acerca del sexo y sus consecuencias.

¿LOS DOCTORES PUEDEN CURAR LAS ENFERMEDADES VENÉREAS?

Existen tres categorías principales de enfermedades venéreas:

- Infección por bacteria.
- Infección por virus.
- Infección por otros organismos.

Las enfermedades venéreas suelen presentarse como virus o bacteria, pero también hay muchas otras formas que no caen en estas dos categorías. Los doctores combaten las enfermedades bacterianas con antibióticos y estas enfermedades suelen ser curables. Sin embargo, ciertas cadenas de enfermedades venéreas bacterianas, incluyendo alguna formas de gonorrea no se pueden curar con antibióticos comunes. Las enfermedades virales no son tan fáciles de combatir, aunque ahora existe una vacuna para prevenir el contagio de hepatitis B.

Los adolescentes, especialmente las mujeres, son mucho más susceptibles a las enfermedades venéreas que los adultos. Las razones para esta susceptibilidad mayor son:

- Tienen mayor probabilidad de tener múltiples compañeros sexuales.
- Tienen mayor probabilidad de tener relaciones sexuales sin protección.
- Las adolescentes tienen una susceptibilidad fisiológica mayor a contraer algunas enfermedades venéreas incluyendo clamidia.
- Durante las últimas dos décadas, la edad de iniciación sexual ha descendido constantemente y la edad del primer matrimonio ha aumentado.[9]

La información de las siguientes páginas contiene datos sobre las principales enfermedades venéreas que incluyen a la clamidia, el herpes genital, la gonorrea, la hepatitis B, el VPH, la sífilis y el VIH. Usa esta información para estar preparado para hablar con tus hijos y darles información en la que puedan confiar.

¿LOS CONDONES PROTEGEN DE LAS ENFERMEDADES VENÉREAS?

Los centros de control y prevención de enfermedades de los Estados unidos declararon en 1997 que se tienen que usar los condones de una manera consistente y correcta para prevenir con eficacia las enfermedades venéreas. Y continuaron: "¿Qué significa de una manera consistente y correcta? Consistente significa que se use un condón cada vez que se tengan relaciones sexuales (100% de las veces) sin excepciones. Correcta significa llevar a cabo los pasos siguientes..."

Muchos adultos no usan los condones "de una manera consistente y correcta". Pensar que un adolescente va a usar algo de forma consistente y correcta es casi ridículo. Pero otro reporte publicado en 2001 fue quizá el reporte más importante con respecto a la eficacia de los condones para prevenir las enfermedades venéreas.

El reporte surgió como resultado de un taller en junio de 2000 copatrocinado por la Agencia estadounidense de desarrollo internacional, la FDA, los centros de control y prevención de enfermedades y los institutos nacionales de salud, en el cual el panel evaluó estudios revisados por sus colegas para determinar la eficacia de los condones para reducir la proliferación de las enfermedades venéreas [...] En un reporte con fecha de julio, el panel confirmó que el uso consistente y correcto de los condones puede reducir el riesgo de contraer VIH/sida y puede prevenir que los hombres contraigan gonorrea de parte de las mujeres. Sin embargo, el panel presidido por los institutos nacionales de salud, concluyó que la evidencia epidemiológica actualmente es insuficiente para determinar la eficacia de los condones para prevenir el contagio de la clamidia, la sífilis, los chancros, la tricomoniasis, el herpes genital y el virus del papiloma humano.[10]

Cuarenta años después de que los sistemas de salud y de educación de los Estados Unidos han enseñado que los condones son eficaces para la prevención de las enfermedades venéreas, las investigaciones muestran que sólo son eficaces contra el contagio de VIH y de gonorrea de la mujer al hombre. Esta investigación dice que no existe evidencia de que los condones prevengan con eficacia el contagio de otras enfermedades venéreas. Sin duda, habrá muchas investigaciones y debates en el futuro sobre este tema vital.

¿Y EL SIDA?

Se cree que Kansensero, Uganda fue el lugar donde nació el sida. Fue en Kansensero y en las aldeas vecinas de Rakai, Distrito de Uganda, que despegó la pandemia global moderna del sida en algún momento alrededor de 1973. Los expertos en medicina estiman que 80% de los últimos 12,000 residentes son seropositivos.

Las estadísticas pintan una imagen escalofriante de lo que el sida ha hecho a nivel mundial. Ha matado a 18.8 millones de personas y ha infectado a otros 34.5 millones, de los cuales 85% son africanos, de acuerdo con el programa de sida de las Naciones Unidas. Cada uno de los países debajo del desierto del Sahara tienen cierto grado de infección, pero en 16 países los índices exceden 10% y en siete países más, uno de cada cinco adultos son seropositivos.

Varios factores contribuyen con el rápido aumento de la pandemia de sida/VIH en Uganda y en el África centro-sur.

- Las transfusiones sanguíneas con sangre infectada en zonas azotadas por la guerra.
- El tratamiento médico pobre y la inadecuada esterilización de agujas debido a la pobreza.
- La carencia de un sistema de salud profesional, así como mitos e ideas equivocadas alrededor del contagio y la cura del sida.
- El trato predatorio sexual que reciben las mujeres en las culturas dominadas por los hombres.

Estos factores se combinan para producir un tipo de "Tormenta Perfecta de Sida" y las consecuencias son graves.

Hay dos razones adicionales por las que la pandemia está fuera de control a lo largo de África que no suelen mencionarse. Una es que los líderes internacionales y africanos de la Iglesia han ignorado la epidemia y han fracasado en guiar o mostrar compasión. El segundo, y el más trágico, es que los expertos alrededor del mundo le han vendido al continente una política en bancarrota de distribución de condones como la última y mejor esperanza de salvación.

Hay un poco de esperanza; una esperanza sumamente brillante. Uganda, el lugar donde nació el sida, quizá esté en camino de deshacerse de la epidemia. A través de volver a los valores tradicionales de la familia y de la Iglesia de la abstinencia antes del matrimonio y de la fidelidad en el matrimonio, conducidos por un liderazgo valiente que no se tragó la mentira del "sexo seguro" con condón, Uganda ha tenido éxito en dominar al virus. De acuerdo con un estudio académico comisionado por la USAID (Agencia estadounidense de desarrollo internacional) que fue publicado en julio de 2002, el país de 24 millones de personas ha sido "considerado como el primero y mejor caso de éxito en vencer al VIH". En este estudio, la educación de la abstinencia ha demostrado una importante eficacia para reducir el sida en Uganda, haciendo disminuir 50% el índice de infección de VIH entre 1992 y 2000.

Algunos han tratado de darle el crédito a los condones por la mejoría, pero el doctor Edward C. Green del centro Harvard de población y estudios de desarrollo, no.

El doctor Green, quien investigó el fenómeno de Uganda con objetividad científica declaró: "Muchos de nosotros en las comunidades del sida y de la salud no creíamos que la abstinencia o el dejar el sexo para el matrimonio, y la fidelidad fueran metas realistas. Ahora parece ser que estábamos equivocados".

Cuando el presidente de Uganda, Yoweri Kaguta Museveni, comenzó a reclutar la ayuda de organizaciones religiosas en 1992, muchos trabajadores seculares de la salud y el sida pensaron que los programas de educación sexual de abstinencia tendrían pocos resultados medibles, si es que daban algún resultado. La mayoría de los que dictaban la política de estado pensaron que la educación sexual de abstinencia no sólo sería una pérdida de tiempo, sino que sería peligrosa.

De acuerdo con el doctor Green, los índices del VIH disminuyeron 70% entre 1992 y 2000. Uganda se convirtió en el único país del mundo que ha visto un descenso importante en los índices de infección de sida. Y en el centro de todo ello estaba la educación sexual de abstinencia. Cuando en las encuestas se les preguntó a los habitantes de Uganda que identificaran la acción más importante que hayan tomado para evitar el sida, la fidelidad fue la abrumante respuesta número uno en todos los grupos, excepto en las edades de 15 a 19 años. En ese grupo de edad, la respuesta número uno fue abstenerse de tener relaciones sexuales o dejar la actividad sexual para el matrimonio, seguida de cerca por la fidelidad.[11]

La política de la comisión de Uganda sobre el sida recomendó los siguientes pasos específicos, y el uso del condón no estaba en la lista de las recomendaciones de la comisión:

- Busque tratamiento expedito de cualquier infección venérea y lleve a cabo revisiones periódicas.
- Desarrolle habilidades de autoestima y de seguridad propia como un método para la prevención del sida.
- Practique una conducta segura, la cual incluye:
- Abstenerse de tener relaciones sexuales antes y fuera del matrimonio.
- Evitar las drogas y el alcohol.
- Evitar a las personas que sean una influencia negativa.

Aunque se recomendaba el uso de los condones a aquellos "que no quisieran practicar la abstinencia", el doctor Vinan Nantulya, un especialista en enfermedades infecciosas, señaló en su análisis del plan de Uganda: "Los de Uganda nunca se refugiaron en el condón".

La "Tormenta Perfecta del Sida" todavía no termina, pero ¡Dios nos ha mostrado una salida! La pregunta es: ¿tendremos el valor, el carácter y el liderazgo para escoger bien?

Los adolescentes de todo el mundo pueden aprender de lo que sucedió en Uganda. Los condones no detuvieron el contagio del sida. Lo que ha ayudado a detener la enfermedad en eses país es que más personas se abstuvieron de tener relaciones sexuales fuera del matrimonio. En un momento oportuno, nárrale la historia de Uganda a tu adolescente. Descubre lo que tu hijo o hija piensan acerca de estos datos.

¡SOCORRO! MI HIJO TIENE UNA ENFERMEDAD VENÉREA

Este es un tiempo difícil para un padre. Dependiendo de si estás al tanto de la conducta de tu hijo, quizá ni siquiera sabías que tu adolescente era sexualmente activo. Como padre tendrás todo tipo de emociones: tristeza, ira, culpa, temor y, sin duda, una gran decepción. Todas estas emociones son reales y fuertes.

Cuando confrontes a tu adolescente recuerda: *¡Se siente igual que tú!* Lo más probable es que tu adolescente también tenga miedo de perder el amor y la confianza de mamá y papá. Se siente asustado y quizá también enojado. Si tu hijo o tu hija contrajeron una enfermedad venérea de su primera relación sexual, quizá les hicieron creer que ellos eran "el primer" compañero sexual, y ahora saben que no es verdad. Las emociones en esta situación están al rojo vivo. Tu mejor amigo en este momento es la verdad y tu mente va a funcionar mejor si está controlada por el Espíritu de Dios.

Si te encuentras en esta situación:

Primero considera buscar una segunda opinión médica. Asegúrate de que le apliquen todos los análisis disponibles. Algunas veces las pruebas están equivocadas y otras veces las pruebas detectan una enfermedad, pero fallan en detectar una segunda infección. Busca buena información. También considera el que tu adolescente se someta a estos análisis otra vez cada seis meses o cada año. Es triste, pero algunas enfermedades tardan meses o incluso años en aparecer en las pruebas médicas.

Mantente en oración y en conversación con tu cónyuge en lo posible. Trabajen primero en sus diferencias lo mejor que puedan, para que puedan reunirse con su hijo con una actitud de sanidad y esperanza.

Tengan una buena conversación con su hijo. Si necesitan un moderador para ayudarlos, hagan esta inversión. Su pastor, un anciano o un diácono de confianza en su iglesia quizá sea la persona correcta. Concéntrense en el problema y eviten todo tipo de frases que produzcan culpabilidad ("¿En qué estabas pensando?" "¿Cómo pudiste hacernos eso?" "¿No te das cuenta de que acabas de arruinar tu vida?" "¿Y ahora qué van a pensar los demás de nosotros o de ti?"). ¡Nada de eso ayuda!

Lee el apartado de la enfermedad que le hayan diagnosticado aunque sea atemorizante, conseguir la mejor información posible puede ser útil en el largo plazo. Obtén asesoría de personas dignas de confianza, no sólo de la internet, sino de sitios de la internet confiables. Revisa nuestro sitio de Worth Waiting For en www.worthwaitingfor.com o visita www.mediaclinstitute.org

También recuerda que este no es el fin del mundo. Existen tratamientos médicos sumamente buenos que pueden curar muchas de las enfermedades. Algunas son incurables, pero también pueden recibir tratamiento. Es un tiempo difícil, pero es un tiempo que puede restaurar y profundizar relaciones si le permiten a Dios que haga su obra.

No te aceleres. Dale a Dios la oportunidad de hacer un milagro en la vida de todos ustedes, un milagro de amor y esperanza.

LO QUE HACE LA GENTE QUE AMA

Todo este tema ha versado sobre el embarazo no planeado, las enfermedades venéreas, la fuerza de las epidemias y la muerte y la destrucción del sida en todo el mundo. ¿Qué debe pensar una persona que se preocupa por los demás? ¡Una persona pensante debe preocuparse por los demás!

Dios nos está pidiendo que participemos. ¡Dios nos está pidiendo que cambiemos las cosas! Se nos promete tribulación en este mundo. Podemos ir y resignarnos a ello. Pero también se nos promete que Jesús ha vencido de manera final a este mundo y sus tribulaciones, y Él nos promete su presencia para siempre. Así que hazte una promesa a ti mismo. Investiga si tu iglesia está ministrando a las personas afectadas por el sida en tu comunidad, y si no lo están haciendo, ayuda a que se lleve a cabo. Ofrécete como voluntario en un centro de crisis de embarazo. Da tus recursos financieros a cualquiera de las docenas de ministerios cristianos internacionales con proyectos para ayudar o dona tus recursos para el cuidado médico de las víctimas de estas enfermedades. Ora por las naciones que han sido arrasadas por la enfermedad. ¡Ora que Dios levante obreros para la cosecha que está por venir!

Ahora que conoces la verdad acerca de las consecuencias de tener sexo fuera del plan de Dios, has sido comisionado oficialmente, ¡para formar parte de la solución! ¡Es momento de poner manos a la obra!

Clamidia

La clamidia es una infección provocada por la enfermedad venérea bacteriana más común en los Estados Unidos. Se puede contagiar por sexo oral, anal y vaginal. Esta bacteria infecta principalmente el útero, las trompas de falopio y los ovarios de la mujer. En el hombre puede infectar el epidídimo y la uretra y causa esterilidad. Los estudios muestran que entre 8 y 25% de los alumnos universitarios tienen esta infección bacteriana. Los adolescentes tienen entre dos y tres veces más clamidia que los adultos.

Si no se trata esta infección, hasta 30% de las mujeres experimentaran la enfermedad inflamatoria pélvica (EIP). La EIP puede llevar a un embarazo ectópico (que el bebé crezca en una trompa de falopio en lugar de en el útero), infertilidad (incapacidad de embarazarse) y dolor pélvico crónico.

Una de las partes más engañosas de esta enfermedad es que 75% de las mujeres y 25% de los hombres ni siquiera saben que la tienen; esta enfermedad a menudo es asintomática (una enfermedad sin síntomas). Si se presentan síntomas, pueden incluir flujos genitales anormales y ardor al orinar. Las mujeres también pueden experimentar dolor abdominal o dolor al tener relaciones sexuales. Los hombres pueden experimentar inflamación o dolor en los testículos.

Un embarazo ectópico es peligroso. Esto significa que la trompa de falopio está bloqueada por la EIP, por lo tanto el óvulo fecundado no puede pasar por la trompa al útero. El tubo es demasiado pequeño para alojar el embarazo, y después de tres o cuatro semanas puede rasgarse. Esto provoca pérdidas masivas de sangre, o hemorragia, y es la principal causa de muerte entre las adolescentes embarazadas.

La clamidia es una de las principales causas de la esterilidad. Una mujer infectada tiene 25% de probabilidades de quedar estéril, por lo que no podrá embarazarse cuando así lo quiera. Después de cuatro infecciones las probabilidades de esterilidad casi llegan al 100%.

La forma de combatir la clamidia es tomando antibióticos. Es una enfermedad curable. Pero sólo si la persona sexualmente activa consulta al médico o va a la clínica a efectuarse análisis regularmente y toma los medicamentos. Si esta enfermedad no se trata, puede tener consecuencias devastadoras en el no nato o en el bebé recién nacido que incluyen parto prematuro (que nazca demasiado pronto), neumonía infantil e infecciones oculares.

Herpes genital

El herpes genital es una infección viral. Se contrae el virus a través del contacto directo de la piel en el área afectada. Esto puede suceder durante el sexo oral, vaginal y anal. Los primeros síntomas pueden ser suaves e incluyen comezón o sensación de ardor, dolor en las piernas, en las nalgas o en la zona genital y flujo vaginal. En los hombres se presentan ampollas o dolorosas llagas abiertas en el pene, el escroto o el ano. En las mujeres las ampollas y las llagas pueden aparecer en la vulva, dentro de la vagina, en el cuello cervical y en la zona del ano. El herpes puede contagiar a otra persona aun y cuando las ampollas no estén presentes. Esto hace que sea muy difícil saber si la pareja está infectada.

El virus del herpes no vive en la zona genital del cuerpo, sino que invade el cuerpo y viaja a lo largo de los nervios y se aloja en las células nerviosas cerca de la médula espinal. Periódicamente el virus de desplaza por los nervios a los genitales y produce un nuevo brote.

No hay cura para el herpes. Sin embargo, el médico puede recetar medicamentos para ayudar a aliviar el sufrimiento a causa de esta enfermedad.

Una de las consecuencias más devastadoras del herpes es que es una enfermedad de por vida. Las llagas aparecen y desaparecen de por vida, especialmente en momentos de estrés. Los brotes tienden a aparecer cuando menos se los espera, como durante los exámenes finales, en los preparativos de una boda o en las vacaciones en que se ha planeado llevar un nadador ajustado.

Un riesgo bastante alto que se corre con esta enfermedad es el VIH. Las llagas abiertas incrementan el riesgo de que una persona contraiga VIH. Los riesgos durante el embarazo incluyen parto prematuro, muerte del recién nacido o daño cerebral serio.

Gonorrea

La gonorrea es una infección bacteriana que se contagia vía vaginal, anal u oral. Para contagiarse de gonorrea el hombre tiene que eyacular. Como la clamidia, algunas personas no saben que tienen gonorrea porque no presentan síntomas durante varios días o meses después del contagio. Es sumamente infecciosa. Si se han tenido relaciones sexuales sólo una vez con una persona infectada, se tiene 40% de probabilidades de contraer la enfermedad. Los primeros síntomas son suaves y aparecen entre 2 y 10 días después de haber tenido relaciones sexuales o haber sido expuesto a la bacteria. Los síntomas incluyen un flujo semejante a la pus en la vagina, el pene y el recto con ardor o comezón al orinar. Algunas veces es imposible orinar a causa del dolor.

Cuando la gonorrea infecta el útero, las trompas y los ovarios, la mujer desarrolla EIP. La pus de esta enfermedad puede provocar que estos órganos y los intestinos se peguen provocando un intenso dolor abdominal. Incluso la mujer puede quedar estéril por las cicatrices de la infección. Los varones también experimentan estas cicatrices, y si la infección es severa el hombre no podrá orinar. Se requerirá cirugía plástica para reconstruir la uretra.

La infección suele ser combatida con éxito con antibióticos. Una de las preocupaciones con este organismo es que es resistente a la penicilina. Lo cual significa que el tratamiento de la gonorrea quizá sea cada vez más difícil.

Algunas veces la gonorrea puede provocar consecuencias severas en otras partes del cuerpo cuando la bacteria invade el torrente sanguíneo. Todos los bebés en los Estados unidos reciben tratamiento de nitrato de plata o antibióticos en sus ojos poco después de nacer para prevenir la ceguera causada por la gonorrea.

Hepatitis B

La hepatitis B es una de las enfermedades venéreas más comunes en el mundo hoy. Esta infección es provocada por un virus extremadamente infeccioso que está presente en la sangre, las secreciones sexuales y la saliva.

El virus ataca el hígado y es lo suficientemente severa como para producir la muerte. Los síntomas de la hepatitis b incluyen que la piel y los ojos se pongan color amarillo, cansancio, náusea, fiebre, dolor de cabeza, dolores musculares, pérdida del apetito, vómito, diarrea, orina oscura y evacuaciones grises. O la persona quizá sea sólo un portador de la enfermedad sin saber que está contagiando a todas sus parejas sexuales. De las personas infectadas por el virus 33% son asintomáticas (no tienen síntomas pero le pueden transmitir la enfermedad a otros).

La única cura para la enfermedad es el descanso. La mayoría de las infecciones desparecen por sí mismas entre cuatro y ocho semanas. Algunas personas quedan infectadas de manera crónica lo cual lleva a la cirrosis hepática, cáncer hepático y desórdenes en el sistema inmunológico. Las mujeres embarazadas pueden transmitirles la enfermedad a sus hijos no natos y 90% de los niños infectados se volverán portadores crónicos con riesgo de presentar cirrosis y cáncer hepáticos. En estos niños, entre 40 y 50% desarrollarán cáncer hepático.

Los médicos aplican la vacuna contra esta enfermedad en tres partes para prevenir la hepatitis B. Muchas escuelas para admitir nuevos alumnos ahora requieren que los niños estén vacunados.

Virus del papiloma humano (VPH)

El VPH es un virus que se transmite a través del sexo oral, anal o vaginal. El virus se desarrolla en lugares húmedos y se mezcla con las secreciones sexuales para vivir con facilidad en la piel húmeda. Se contagia a través del contacto, incluso sin tener relaciones sexuales. Esta es una enfermedad contra las cuales el condón ofrece una protección bastante pobre; el contacto físico es lo único que se necesita para contagiar el virus. Tanto los hombres como las mujeres pueden estar enfermos y no presentar síntomas durante meses. Esto significa que se puede contagiar con facilidad a través de cualquier actividad sexual sin que incluso la persona sepa que tiene la enfermedad.

Entre 33 y 45% de las personas solteras sexualmente activas se contagian de VPH. Se desarrolla más favorablemente en la mujer que en el varón. Vive en la vagina y en el cuello uterino de la mujer. Los síntomas incluyen verrugas semejantes a una coliflor que no provocan dolor dentro y fuera de los genitales, el ano y la garganta. No existe cura para esta enfermedad, pero las verrugas pueden ser removidas a través de dolorosos procedimientos quirúrgicos, de químicos, de congelación y de terapia con láser.

La complicación más seria del VPH es que se relaciona con la aparición del cáncer cérvico-uterino, así como con el cáncer de vulva, vagina, pene y ano. *OB-GYN News* (vol. 24, núm. 6), una revista para los profesionales de la salud, declara que las infecciones de VPH matan más mujeres cada año que el sida. Cerca de ocho mil mujeres mueren cada año por cáncer genital asociado con el VPH. Las adolescentes son más propensas a contraer VPH que las mujeres adultas; su cuerpo es más susceptible a la enfermedad.

Los bebés expuestos al virus en el canal del parto pueden desarrollar verrugas en la garganta que obstruyan (bloqueen) sus vías aéreas. Se requieren varias cirugías para remover las verrugas, las cuales pueden provocar cicatrices permanentes en las cuerdas vocales del bebé.

Sífilis

La sífilis es una enfermedad bacteriana transmitida a través del sexo anal, oral y vaginal. Se puede contagiar de manera no sexual si la persona entra en contacto con las llagas relacionadas con esta enfermedad que otra persona presente. Esta enfermedad pasa por varias etapas que incluyen: incubación, primaria, secundaria, latente y terciaria. En las primeras fases de la enfermedad, las llagas conocidas como chancros aparecen en los genitales y en otras partes del cuerpo. Los chancros no producen dolor y desaparecen por sí solos. Esta es una parte difícil de la sífilis. La primera parte de la sífilis aparece entre diez días y tres meses después de haber sido expuesto a la bacteria. Cada etapa termina y los síntomas desaparecen incluso si la persona no es tratada con medicamentos. Lamentablemente, la persona se está enfermando cada vez más al pasar del tiempo.

La sífilis secundaria se desarrolla entres seis semanas y seis meses después de la infección inicial. Los síntomas incluyen jaqueca, fatiga, fiebre leve, urticaria e hinchazón de los ganglios. También aparece urticaria en todo el cuerpo. Estos síntomas también desaparecen con el tiempo seguidos de un tiempo de latencia (periodo en el que parece que nada está sucediendo), que puede durar entre varios meses y veinte años.

La sífilis terciaria produce problemas devastadores en todas las partes del cuerpo, incluyendo aneurismas del sistema cardiovascular, deterioro del sistema nervioso central, involución de los huesos y daño a los nervios periféricos. Debido a estas consecuencias serias puede incluso sobrevenir la muerte.

El tratamiento para la sífilis es la penicilina, la cual es 100% eficaz. El médico les puede recetar otro antibiótico a las personas que sean alérgicas a la penicilina.

Si esta enfermedad no es tratada en la mujeres embarazadas, puede pasarse al bebé; el bebé puede nacer muerto o morir poco después de su nacimiento. De los bebés que sobreviven el embarazo, 15% mueren después del primer mes de vida. Del resto de los bebés que sobrevivan, un tercio llevara defectos congénitos permanentes que incluyen la obstrucción de las vías nasales, alargamiento del hígado y del bazo, así como daños en sus ojos y oídos.

Sida/VIH

Llegando al final de 2002 se estima que entre 980,000 adultos y niños estén viviendo con sida en los Estados Unidos y 42 millones a nivel mundial.[12] Sida, son las siglas de una condición llamada síndrome de inmunodeficiencia humana adquirida. Es el proceso de una enfermedad que inhibe al sistema inmunológico para que no pueda atacar las infecciones del cuerpo. La gente se muere de enfermedades que su sistema inmunológico podría vencer normalmente. El sida es causado por un virus llamado VIH que son las siglas para virus de inmunodeficiencia humana.

El VIH se transmite *únicamente* cuando el virus entra en contacto con el torrente sanguíneo de la persona. Esto puede suceder principalmente de cuatro maneras: a través del coito, a través de usar agujas infectadas para inyectarse drogas o esteroides, de una madre infectada a su bebé no nato o por recibir transfusiones o productos de sangre infectada.

Cuando una persona se infecta de VIH, el virus estará presente en uno o más de sus fluidos corporales. Los fluidos corporales que suelen contener VIH son la sangre, el semen, las secreciones vaginales y la leche materna.

Los primeros síntomas de la infección del VIH son similares a los síntomas que acompañan a las enfermedades comunes. La diferencia es que los síntomas que presenta una persona infectada por VIH duran más tiempo y son más severos. Por ejemplo, tener diarrea es común, pero la gente infectada con VIH puede presentar diarrea sumamente seguido sin causa aparente. Que se inflamen las glándulas es síntoma común de la gripa, pero tener las glándulas inflamadas en varias partes del cuerpo por ninguna razón aparente puede ser un síntoma de haber sido infectado por el VIH. Los siguientes son los síntomas comunes de la infección por VIH:

- Fiebres demasiado altas que duran más de tres o cinco días.
- Tos con flemas que dura varias semanas.
- Manchas moradas en la piel que no son el resultado de haber estado en contacto con químicos irritantes.
- Llagas e infecciones que no desaparecen después de tratamiento médico.
- Cansancio o debilidad que dura muchas semanas sin explicación.
- Ganglios inflamados en por lo menos dos lugares del cuerpo y que crecen al tamaño de una canica o mayores.
- Rápida pérdida de peso (cinco kilos o más) que no viene como resultado de estar a dieta.
- Recubrimiento blanquecino de la boca o el recto sin causa aparente.
- Resfriados, gripa y síntomas de gripa repetitivos que duran muchos días por vez y que se repiten con frecuencia.
- Diarrea frecuente sin causa aparente.

Como el SIDA sólo se ha estudiado durante dos décadas es difícil decir que las personas diagnosticadas con sida completamente desarrollado van a morir. A causa del largo periodos de incubación del sida, es difícil incluso saber quién tiene sida. El tiempo mayor que ha sobrevivido una persona con sida es de 17 años. Pero como la información sobre el sida está cada vez más disponible, la gente se está haciendo pruebas más pronto y ha comenzado el tratamiento antes. Y al desarrollarse nuevos tratamientos, la gente con sida va a vivir más tiempo y con más salud.

consecuencias
y
sanidad

¿Cuántos adolescentes conoces que son buenos para planificar?

La mayoría de los adolescentes viven en el presente, en el momento corriente. Las consecuencias futuras de las decisiones que tomen ahora, desde su desempeño escolar hasta la selección de amigos o parejas sexuales, están demasiado lejos de sus pensamientos. Los padres luchan, se esfuerzan y se arrancan los cabellos tratando de hacerle ver a sus hijos las consecuencias entre el "si" y el "entonces". Luego, algunos de nosotros metemos la cabeza en la arena esperando que la adolescencia simplemente termine.

Cuando hablamos de salud sexual, es mucho más difícil deshacer las decisiones equivocadas de lo que los adolescentes se imaginan, incluso cuando intentan hacerlo.

Como terapeuta durante más de doce años, he visto de todo. Desórdenes alimenticios, matrimonios quebrantados y quebrados, desorden bipolar, adicción al alcohol, adolescentes enviados por la corte acusados de robo, jóvenes en recuperación por una muerte en la familia, niños en recuperación a causa del abuso sexual, etcétera. No obstante, me sorprendí un poco cuando Paul entró a la habitación.

Anécdota de David

Había visto a Paul cerca de la iglesia durante casi tres años. Tenía poco más de treinta, era exitoso, recién se había casado por primera vez con Staci. Eran el tema de conversación de la iglesia ya que

Staci y su familia habían asistido a la iglesia toda su vida. Ella se había graduado de una universidad cristiana y ahora era maestra en una escuela primaria. Antes de conocer a Paul había salido pocas veces. Tenía facilidad de palabra, era graciosa, participaba con la comunidad y tenía la belleza y el porte de una concursante de un certamen de belleza. Staci y Paul salieron durante un tiempo antes de casarse y su boda fue una celebración de primera clase. A Staci se le notaba el enamoramiento y brillaba al ir del brazo de Paul. Solían reñirlos diciéndoles que se parecían a "Barbie y a Ken". ¡Y así era!

Paul comenzó lentamente. Pasamos cuatro sesiones hablando acerca de su niñez. Su trabajo, su reciente conversión a Cristo y lo lejos que había llegado en su caminar con Él en sólo pocos años. Por fin, me cansé del juego del gato y el ratón. Así que me arriesgué: "Paul, ya has estado viniendo durante casi un mes y todavía no puedo identificar que tengas algún problema. Si sientes que puedes confiar en mí, ¿por qué no simplemente me dices lo que está pasando?".

Paul miró el piso. Le tomó varios minutos recomponerse. "Sé que puedo confiar en ti", comenzó a decir, "pero aun así es difícil hablar de ello". Se quedó en silencio de nuevo.

— ¿Tiene algo que ver con Staci?

—No, no, ella es increíble. Realmente me ama y somos sumamente felices.

—Entonces, ¿qué pasa?

Paul comenzó: "Staci y yo comenzamos a salir hace dos años. Ella es tan hermosa y yo estaba sorprendido de que se hubiera interesado en mí. Había sido cristiano sólo un par de años y ella había sido cristiana toda su vida, así que no lo quería arruinar, por lo que desde el principio hablé con ella acerca de los límites en nuestra relación mientras estuviéramos saliendo. Tú sabes, límites físicos, cosas que pudiéramos hacer cuando fuéramos tentados a pecar y lo que no podíamos hacer. Ella reaccionó de maravilla, ya que ella ya se había puesto límites bastante claros, pero creo que yo fui el primero en hablar con ella del asunto. Siento que esto le dio gracia y poder a nuestra relación al mismo tiempo. Con los límites físicos firmemente establecidos, comenzamos a hacer todo tipo de actividades. Comenzamos a leer obras de teatro juntos. Nos ofrecimos como voluntarios mientras estuvimos saliendo. Pasé una cantidad inmensa de tiempo con su hermano y sus padres. Comenzamos a llevar diarios de oración y a compartirlos entre nosotros. Nos fue bastante bien". Se detuvo un minuto y yo luché por no romper el silencio.

Luego, se recompuso, sonrió y comenzó a hablar de nuevo: "Cuando nos casamos habíamos cumplido nuestras promesas por completo. Podía sentir que Staci estaba satisfecha. Me dijo que si podía controlarme antes de casarnos, que ella se encargaría de hacerme sentir que valió la pena al casarnos, y ella ha cumplido su promesa". Ambos nos reímos, pero después de unos minutos todo volvió al silencio.

"Mira, Paul me está siendo demasiado difícil encontrar cuál es el problema en tu vida. Estás casado con la mujer de tus sueños, te comportaste como un caballero durante tu tiempo de cortejo y tienes amigos y familiares que creen en ti y en Staci. Déjame entender en qué te puedo ayudar".

"Antes de conocer a Staci, antes de venir a Cristo, antes de asistir a esta iglesia, era un tipo distinto. Estaba fuera de control y bebí mucho y salí con muchas mujeres, especialmente cuando estaba en la universidad, y luego durante diez años después de eso seguí cometiendo las mismas estupideces. Aunque Staci era virgen el día que nos casamos, yo no lo era. Antes de ser cristiano estuve con muchas mujeres. No sabía hacer otra cosa".

De nuevo se quedó en silencio. Así que traté de conectarme con lo que podría ser su problema: "Paul, ¿Staci sabe acerca de tu historial?".

"Claro, ella lo sabe todo". Paul me miró a los ojos: "Cuando vine a Cristo todo cambió para mí. Dejé de beber de un día para otro y nunca volvía a tocar a una mujer. Regresé a la escuela y obtuve mi maestría en administración de empresas. Ella sabe que he cometido errores y me ha perdonado. Yo sé que Dios me ha perdonado".

Paul continuó: "Este es el asunto, tan hermosa como es Staci, y tan enamorados como estamos, cuando estamos en la cama parece ser que no puedo quitarme de la mente a los otras mujeres con las que me acosté. Daría lo que fuera por cambiar mi pasado, pero no puedo. Y no puedo sacarlas de mi mente. Esto no lo sabe Staci. Tengo la esperanza de que me puedas ayudar a hacer que eso se vaya. ¿Puedes ayudarme?".

> ¿Cómo te sentirías si estuvieras en el lugar de Paul? ¿O en el lugar de Staci?
>
> ¿Crees que Paul deba hablar con Staci acerca de lo que está sucediendo?
>
> ¿Cómo crees que se va a sentir Staci cuando Paul le confíe esto?

Las decisiones de Paul cuando era joven tuvieron consecuencias después de mucho tiempo; consecuencias que él no pudo prever. En la superficie, su vida era maravillosa. Debajo de la superficie, se sentía miserable. Cuando hablamos con nuestros hijos acerca de la sexualidad, necesitamos estar listos para hablar acerca de lo que yace debajo de la superficie. Los muchachos que han estado activos sexualmente quizá ya estén sufriendo consecuencias psicológicas, emocionales, sociales o espirituales por sus decisiones.

CONSECUENCIAS PSICOLÓGICAS

Las consecuencias psicológicas afectan la mente. Cambian la manera en que pensamos acerca de la vida y sus circunstancias. Muchos psicólogos creen que todo lo que entra en la mente, cada imagen, pensamiento, sonido es archivado en una carpeta de memoria a corto o a largo plazo. Algunos no están de acuerdo en que todo se archiva, o que por lo menos se archive lo suficientemente bien como para volverlo a encontrar. Muchos creen que la mente inconsciente hace las funciones de un tipo de "archivo" de recuerdos. En términos de una oficina, estas serían carpetas almacenadas en cajas y pilas, sin rótulo y sin fecha, por lo tanto sin ninguna utilidad.

Esta memoria inconsciente tiene un propósito útil. Los recuerdos difíciles los momentos o los episodios terriblemente estresantes pueden ser enviados a este archivo inconsciente para nuestra protección. Es casi como si Dios nos estuviera protegiendo de una sobrecarga de información al crear un lugar para las cosas que necesitan ser hechas a un lado por un tiempo. Luego podremos procesar esos datos cuando estemos mejor de salud. Los psicólogos cognitivos quizá lo describan de otro modo, pero esa es la idea general.

Parece ser que no puedo quitarme de la mente a las otras mujeres con las que me acosté. Daría lo que fuera por cambiar mi pasado.

No obstante, lo que sucede es que nos podemos conectar con estos recuerdos de una manera casi arbitraria a través de sonidos e imágenes que de alguna forma provocan que un archivo específico en nuestra mente inconsciente pase a la conciente. Esto es lo que le estaba sucediendo a Paul. Las imágenes perdidas que él creía que ya habían sido perdonadas y olvidadas, sólo habían sido perdonadas. En los casos del pecado sexual (y de otros episodios traumáticos de la vida que quizá incluyan o no la experiencia sexual), las imágenes permanecen dormidas hasta que un evento o sensación dispara la recuperación de esa experiencia a la mente conciente. Muchos terapeutas creen que estos recuerdos atrapados pueden provocar problemas en la mente del cliente si no se procesan estos recuerdos.

Ese es el problema con las experiencias sexuales. No sólo el cuerpo no está listo para el trauma, la mente tampoco lo está. Como en otras áreas del cuerpo, nuestra mente toma tiempo para madurar. Acomodar las experiencias arbitrarias y al parecer desconectadas de la vida en un orden razonable toma tiempo. Es posible que la mente se sobrecargue, y hemos llegado a llamar a esto "colapso mental", cuando la confusión es tan profunda que los recuerdos y la capacidad de pensar se pierden en el alboroto.

Las consecuencias psicológicas que sufren los adolescentes sexualmente activos son profundas. Algunos de los síntomas psicológicos asociados con la conducta sexual riesgosa incluyen depre- sión, pensamientos suicidas, desordenes disasociativos y desordenes alimenticios. Los síntomas también pueden incluir el desorden de la personalidad bipolar que se caracteriza por enojo y pensamientos o sentimientos de temor y pánico indiscriminado.

El proyecto "Add-Health" (Añade-Salud) es un estudio nacional que examina las conductas relacionadas con la salud de los estudiantes de la escuela superior. El estudio cuenta con respuestas de más de 10,000 adolescentes que representan a los adolescentes de toda la nación. Fue fundado por el Nacional Institute of Child Health and Human

Development (Instituto Nacional de Salud Infantil y Desarrollo Humano) y otras diecisiete agencias federales. Es el estudio más importante y más extenso de su tipo. Y ha descubierto algunos problemas perturbadores.

Las consecuencias psicológicas que sufren los adolescentes sexualmente activos son profundas.

Todo un cuarto de niñas adolescentes que están sexualmente activas reporta que están deprimidas todo el tiempo, la mayor parte del tiempo o mucho tiempo. En contraste, sólo 7.7% de las adolescentes que no son sexualmente activas reportaron haber estado deprimidas todo el tiempo, la mayor parte del tiempo o mucho tiempo. Las niñas sexualmente activas tienen tres veces o más probabilidades de estar deprimidas.

Más de 8% de los muchachos adolescentes que son sexualmente activos reportaron haber estado deprimidos todo el tiempo, la mayor parte del tiempo o mucho tiempo. Sólo 3.4% de los muchachos adolescentes que no están sexualmente activos se han deprimido todo el tiempo, la mayor parte del tiempo o mucho tiempo. Los muchachos sexualmente activos tienen más del doble de probabilidad de deprimirse.

El estudio hace una clara conexión entre la actividad sexual y los intentos de suicidio. Más de 14% de las niñas y 5% de los muchachos sexualmente activos han intentado suicidarse. Esto se compara con sólo 5.1% de las niñas y 0.7% de los muchachos que no están sexualmente activos. Las niñas sexualmente activas tienen casi el triple de probabilidades de intentar suicidarse que las niñas que no lo son, y los niños tienen ocho veces más probabilidades.[1]

El problema con estas impresiones psicológicas que provienen del dolor y la exposición al pecado sexual es que implanta mentiras en nuestra mente. Mentiras acerca de nosotros mismos, de los demás y de Dios. Mentiras como:

- Si esta es la única forma en que puedo ser amado, entonces creo que tendré que hacerlo.
- Ahora que ya tuve relaciones sexuales ¿qué importa si lo hago otra vez?
- ¿Quién podrá amarme ahora que he cruzado la línea?
- Dios jamás me perdonará después de lo que he hecho.

Dios les ha hecho una promesa poderosa a los que han caído presos de estas mentiras. Les ha prometido su perdón total, poniendo el pecado tan lejos como está el este del oeste. Y nos da una fórmula, por llamarla así, para tratar con el trauma psicológico del pecado sexual. Se encuentra en la carta de Pablo a los efesios.

En cuanto a la pasada manera de vivir, despojaos del viejo hombre, que está viciado conforme a los deseos engañosos, y renovaos en el espíritu de vuestra mente, y vestíos del nuevo hombre, creado según Dios en la justicia y santidad de la verdad.

Por lo cual, desechando la mentira, hablad verdad cada uno con su prójimo; porque somos miembros los unos de los otros. Efesios 4:22-25

La fórmula es:
despójate de las conductas pasadas,
renueva tu mente,
vístete de las nuevas conductas.

Así que, hermanos, os ruego por las misericordias de Dios, que presentéis vuestros cuerpos en sacrificio vivo, santo, agradable a Dios, que es vuestro culto racional. No os conforméis a este siglo, sino transformaos por medio de la renovación de vuestro entendimiento, para que comprobéis cuál sea la buena voluntad de Dios, agradable y perfecta. Romanos 12:1,2

Esto captura el aspecto crucial de nuestra mente, y el papel que representa la verdad en nuestra recuperación del pecado y el trauma del pecado perpetrado sobre nosotros por alguna otra persona.

Padres, tengan cuidado ya que las consecuencias psicológicas de la conducta sexual pueden ser invisibles. Quizá se muestren en un bajo rendimiento escolar a causa de la poca capacidad para concentrarse, en el aislamiento de amigos y familiares y en señales de depresión. Hay muchas razones por las que un adolescente puede experimentar cualquiera de estos síntomas, así que no se adelanten a pensar que su hijo es sexualmente activo. No obstante, nuestra responsabilidad es prestar una atención cercana a las señales no verbales que los adolescentes exhiben. Quizá estén tratando de decirnos algo sumamente importante.

CONSECUENCIAS EMOCIONALES

Las consecuencias emocionales afectan el corazón. Quizá cambien la manera en que vemos la vida y sus circunstancias. Ningún padre o pastor de jóvenes necesita ser convencido de que la actividad sexual tiene consecuencias en el corazón. Los sentimientos que acompañan la conducta sexual arriesgada en los adolescentes incluyen temor, culpa, tristeza, pérdida, vergüenza, remordimiento, enojo, pérdida del respeto a sí mismo y quebranto. Y esta es una lista parcial.

Diecinueve millones de estadounidenses sufren de depresión. Se estima que tres millones de ellos son adolescentes. La doctora Meg Meeker dice que eso no es ninguna sorpresa ya que los adolescentes son el blanco de una cultura abierta que promueve la promiscuidad y el exceso. "La depresión en los adolescentes es a causa de la pérdida. No es tan complicada", dijo Meeker. Si combinas las presiones culturales con las fricciones entre padres y adolescentes entonces tienes una receta que puede producir un desastre. Meeker dice que mucho de esto es producido por el sexo antes del matrimonio. Observa la cantidad de pérdidas que los adolescentes soportan: pérdida de la virginidad, pérdida del respeto a sí mismo, pérdida del sentido de control sobre su cuerpo. Todas estas cosas se alojan en su corazón y no tienen a donde ir.

Como médico de adolescentes, la doctora Meeker trata a muchachos que han llegado a formar parte de las estadísticas de la depresión. Recientemente escribió el libro *Epidemic: How Teen Sex Is Killing Our Kids* (Epidemia: El sexo adolescente está matando a nuestros hijos). Meeker provee evidencia para soportar una relación entre el sexo antes del matrimonio y la depresión. Algunos adolescentes no están de acuerdo con esa manera de ver las cosas. Un adolescente dijo: "Por las drogas... no me digan, no veo como se pueda deprimir uno por eso. Y por el sexo, no lo creo. El sexo fuera del matrimonio desarrolla el carácter". Pero Meeker dijo: "Se les ha dicho y se les ha lavado el cerebro con que el sexo es maravilloso y que es increíble, así que van y tienen esas expectativas: 'Voy a tener todos estos sentimientos maravillosos cuando tenga relaciones sexuales'. Tienen sexo. Pero luego vienen todos estos sentimientos negativos y piensan: '¿Qué me pasa? ¿Qué me pasa?'".[2]

Thomas Lickona, un escritor y docente, hizo esta lista de consecuencias emocionales en The Emotional Dangers of Premature Sexual Involvement (Los peligros emocionales de la experiencia sexual prematura).[3]

1. Preocupación por el embarazo, las enfermedades venéreas y el sida.
2. Remordimiento.
3. Culpa.

4. Pérdida del respeto a sí mismos y de la autoestima.
5. Corrupción del carácter y devaluación del sexo.
6. Confianza débil y temor al compromiso.
7. Furia contra la traición.
8. Depresión y suicidio.
9. Relaciones rotas.
10. Desarrollo personal truncado.

Y la lista sigue.

Las consecuencias invisibles del pecado, ya sean psicológicas o emocionales, amenazan con destruir la vida. Pueden entumecernos hasta dejar de cuidarnos a nosotros mismos o a los demás. Pueden confundir nuestra mente o destruir nuestro corazón. Estas condiciones emocionales a menudo nos acompañan a la edad adulta. Los terapeutas saben que hay una epidemia de sexo no satisfactorio en los matrimonios de la generación de posguerra que creció durante la revolución sexual. La "libertad" que disfrutamos en nuestra juventud ha vuelto para perseguirnos en la edad adulta. La satisfacción sexual está ligada a la salud de la mente y del corazón. Cuando estos aspectos de nuestra vida han sido golpeados, el gozo sexual no tiene más que desaparecer. ¡Qué consecuencia tan triste del pecado con respecto a este gran regalo de Dios!

CONSECUENCIAS SOCIALES

¿Verdadero o falso? Lo que dos personas hacen en privado no le incumbe a nadie más que a ellos mismos.

Los adolescentes a veces piensan que como los adultos gozan de privacidad, ellos también deberían tener privacidad. Lo que no saben es que la privacidad y la responsabilidad van de la mano. La privacidad conlleva gran responsabilidad. Cuando los demás nos pueden ver, es menos probable que hagamos algo insensato, inmoral o ilegal. Caminar en la luz con nuestra conducta y pensamientos nos hace más susceptibles de rendir cuentas. ¡Y eso es algo bueno! La privacidad está reservada para aquellos que han probado que pueden manejar la responsabilidad de que este factor protector sea removido de su vida.

Cuando un adolescente se vuelve sexualmente activo, todo tipo de personas a su alrededor son afectadas. Estamos hechos para relacionarnos, y cualquier tipo de conducta personal, buena o mala, va a afectar a los que nos rodean.

Las consecuencias sociales de la actividad sexual pueden ser inmensas, y decir con simpleza "esto no te incumbe" no ayuda. Esto es lo que sí ayuda:

- Como padres o maestros, seamos transparentes acerca de la forma en la que los sucesos de nuestro pasado afectaron a muchas otras personas. Prepara una anécdota personal de un suceso o situación importante que afectó directa o indirectamente a personas relevantes y amadas de tu vida. Encuentra una oportunidad de enseñar en la que sea lógico establecer este fundamento de la preocupación social por nuestras actividades personales. Si estableces este fundamento de verdad desde el principio de la vida de tu hijo, puedes volver sobre el tema una y otra vez para refrescar la idea de que nuestra conducta siempre afecta a otros seres amados.

- Anima a otras personas a que formen parte de la vida de tu adolescente. Habla con los entrenadores y los maestros que están cerca de tu adolescente para que sean defensores de la pureza, del dominio propio y del respeto a sí mismos. Diles a los abuelitos, a los tíos y a los vecinos que si encuentran una oportunidad para comunicar una verdad moral fuerte o un principio bíblico relevante, que la aprovechen. Algunas veces las personas que van a ser afectadas por la mala decisión que tome nuestro adolescente nunca reciben el impulso para ayudarlo a tomar buenas decisiones. No presiones a tus seres queridos. Sólo dales permiso de que alienten a tus hijos y a

Las consecuencias psicológicas y emocionales del abuso sexual y del sexo por coerción no pueden ser medidas. Todos los días miles de niños y adolescentes son presionados para tener encuentros sexuales, por muchos adultos en quienes ellos confían. El daño a la mente y al corazón es abrumador. Algunos que han sido abusados no se pueden recuperar sin cuidado profesional. Las víctimas comienzan a creer todo un conjunto de mentiras acerca de sí mismos, de los hombre (o del género o edad que los haya lastimado), del amor, de Dios y del sexo. Si tú tienes un hijo o un adolescente, y tienen razones para creer que ha sido abusado o coaccionado para tener un encuentro sexual, busca ayuda inmediatamente y busca ayuda para tu hijo. No trates de tomar el papel del consejero en la vida de esta persona. Usa tu relación para amarlo, alentarlo y consolarlo tus adolescentes hacia tener un buen carácter y tomar buenas decisiones.

La privacidad está reservada para aquellos que han probado que pueden manejar la responsabilidad de que este factor protector sea removido de su vida.

• Utiliza el factor protector del "ojo público" a tu favor, no permitas que tu adolescente lleve a su novio o a su novia a su habitación a puerta cerrada. No les permitas estar solos durante largos periodos sin supervisión. Los viajes con la familia del novio o de la novia suenan bastante inocentes, pero el sistema de valores de la otra familia quizá sea diferente al tuyo. Su idea de supervisión adulta quizá sea que ellos compren las cervezas por sus hijos para que no los lleven a la cárcel. Un antiguo proverbio ruso que el presidente Reagan utilizó durante la guerra fría parece ser un poco trillado, pero aún así es verdad: Confía ¡pero verifica!

CONSECUENCIAS ESPIRITUALES

El sexo representa una parte profunda del plan de Dios para los seres humanos. El primer mandamiento registrado en la Biblia que Dios le dio a Adán y a Eva fue tener relaciones sexuales. "Y los bendijo Dios, y les dijo: Fructificad y multiplicaos; llenad la tierra, y sojuzgadla, y señoread en los peces del mar, en las aves de los cielos, y en todas las bestias que se mueven sobre la tierra" (Génesis 1:28).

Mientras que el siglo XX trajo cambios dramáticos en la actitud y el comportamiento hacia lo que se considera conducta sexual aceptable, la Biblia es clara. El sexo antes del matrimonio y fuera del matrimonio es pecado, por lo tanto debemos evitarlo por completo. ¿Por qué Dios es tan firme en este punto? Para protegernos de las inevitables consecuencias dañinas, visibles e invisibles. Observa la advertencia de Pablo a los cristianos de la ciudad de Corinto tan saturada de sexo:

Huid de la fornicación. Cualquier otro pecado que el hombre cometa, está fuera del cuerpo; mas el que fornica, contra su propio cuerpo peca. 1 Corintios 6:18

Dios creó el sexo para que fuera una bendición y un beneficio dentro de un matrimonio comprometido. Las relaciones sexuales dentro del contexto de un matrimonio amoroso de pacto capacita a las dos personas a conocerse en la manera más íntima y personal. La confianza y el sentimiento de pertenencia incrementan mientras que el temor y la vergüenza disminuyen. La pareja se vuelve una sola carne tal y como era el propósito de Dios. *The International Standard Bible Encyclopedia* (La enciclopedia internacional estándar de la Biblia) describe este tipo de intimidad de la siguiente manera: "No es sólo cognitiva, sino siempre experimental y profundamente personal; y el coito nunca es solamente fisiológico, sino que siempre conlleva misterio y toca a la persona completa".[4]

Todo pecado produce un rompimiento en nuestra relación con Dios. Nuestra conexión e intimidad con Él es dañada e incluso destruida. Sólo el perdón de pecados a través de Jesús puede restaurar nuestra relación íntima con Dios. Pero el daño no termina ahí. La conexión espiritual entre nosotros y el Cuerpo de Cristo también ha sido dañada.

El misterio y las diferencias del sexo opuesto hacen que relacionarse con otra persona sea especial. Ese misterio espiritual es destruido y se puede perder para siempre cuando los seres humanos se "conectan" de forma casual. Nuestra sexualidad es un regalo espiritual que Dios nos ha dado. Deberíamos protegerlo y guardarlo para el matrimonio conforme al propósito de Dios.

Cualquier tipo de experimentación sexual fuera del matrimonio es un error, tanto para los hombres como para las mujeres, aunque aparentemente las mujeres lleven la peor parte de las consecuencias, un hombre jamás volverá a ser el mismo en el sentido de que ha rendido una parte sagrada y espiritual de sí mismo que debía reservar para su esposa. El sexo antes del matrimonio produce gratificación momentánea, pero es importante que se calcule el precio: pérdida de la pureza y de la inocencia que Dios había planeado para nosotros. Cada conquista del hombre le roba un poco del cariño y la ternura que debería cultivar para la mujer correcta.

Mucha de la atracción del sexo fuera del matrimonio reside en su naturaleza ilícita. La actitud de "las aguas hurtadas son dulces, y el pan comido en oculto es sabroso" (Proverbios 9:17) tiene ya bastante tiempo de existencia. Existe un peligro por sucumbir a la tentación sexual, incluso cuando el propósito es casarse más tarde. Cuando dos personas se vuelven "una sola carne" (1 Corintios 6:16) se produce un vínculo entre ellos. Si después de haberse involucrado sexualmente, uno de ellos rompe la relación en contra de los deseos del otro, la separación tiene efectos destructivos, especialmente en la persona abandonada, quien se queda sintiéndose desnuda y avergonzada espiritualmente. Las consecuencias invisibles a nuestro alrededor son tremendas.

LOS PADRES PUEDEN CAMBIARLO TODO

A pesar de estas angustiantes consecuencias invisibles del amor que se fue por mal camino, hay esperanza. Los adolescentes consideran a sus padres como una de las mayores influencias en el proceso de toma de decisiones. Las encuestas lo comprueban una y otra vez. Quizá no lo creas, pero tus hijos te escuchan incluso ya de adolescentes. Los padres tienen el papel más importante para combatir la depresión adolescente al ayudarlos a tomar buenas decisiones y proveer un lugar en el que se puedan recuperar del daño.

Los adolescentes que están batallando con la depresión y con otras condiciones psicológicas, emocionales y espirituales relacionadas con el sexo antes del matrimonio a menudo tienen vergüenza de hablar con sus padres. Esto incrementa la probabilidad de que su depresión se profundice. He escuchado a docenas de adolescentes decir: "Sería mucho mejor si los padres les pusieran más atención a sus hijos y que no actuaran diciendo: 'Bueno, son adolescentes, necesitan su propio espacio están pasando por alguna fase'. Necesitamos a nuestros padres en nuestra vida".

Nuestros adolescentes están creciendo en un mundo que está tratando de masticarlos y escupirlos. Lo que quieren los medios de comunicación y de entretenimiento juvenil es el dinero de los muchachos. La cultura adolescente está completamente abierta a ser explotada financieramente. A menos que los papás se involucren con velocidad y firmeza, podremos esperar ver a nuestros hijos y a sus amigos seguir sufriendo. Ayúdalos a través de establecer límites razonables y horarios para las citas que se apliquen a todos en la familia. Comunícalos con claridad y encárgate con constancia de que se cumplan. El problema con las reglas familiares no suelen ser las reglas en sí, ¡lo que vuelve loco a un adolescente es la inconsistencia de los padres en hacerlas cumplir!

Los adolescentes consideran a sus padres como una de las mayores influencias en el proceso de toma de decisiones.

La Iglesia es la segunda influencia más importante para transformar a los adolescentes. Los adolescentes que están lastimados y que no sean capaces de obtener apoyo espiritual quizá traten de navegar solos por su depresión, y cortar de forma permanente con los lazos que los ligan a la Iglesia. Nuestra meta es desarrollar relaciones de confianza para que cuando el tiempo de la prueba se presente, los adolescentes tengan a alguien que los pueda ayudar a volver a Dios y a la sanidad que sólo Él puede ofrecer. En una época en que la depresión en los jóvenes está tan difundida, pocos están buscando refugio en el hogar o en la Iglesia. Considera como una buena idea desafiar al líder del grupo de jóvenes a que dé una clase acera de como tratar con el estrés, o de como "ayudar a mis amigos que están deprimidos". Haz de la procuración del perdón y de la sanidad emocional una parte constante del tiempo de oración. La sanidad no termina en el plano físico. Busca la sanidad de parte de Dios para tus adolescentes en términos emocionales y psicológicos. Dios quiere sanarnos a todos, en forma individual y colectiva.

LO MÁS IMPORTANTE DEL PERDÓN

La respuesta a nuestra condición humana caída es el perdón. La forma de sanar del pecado sexual es el perdón, llano y simple. Si tu hijo o tu hija ha estado sexualmente activo, y posiblemente esté deprimido o tenga pensamientos suicidas, no pierdas tiempo para decirle las buenas noticias de este versículo:

> *Si confesamos nuestros pecados, él es fiel y justo para perdonar nuestros pecados, y limpiarnos de toda maldad* 1 Juan 1:9

Juan nos dice que debemos confesar nuestro pecado; el arrepentimiento, la fe y la confesión no son lo que producen el perdón, el perdón de parte de Dios viene a través de Cristo. Nuestro corazón se debe reconciliar con Dios, y la reconciliación comienza con la confesión. Ayuda a tu adolescente a comprender que la confesión se debe hacer en humildad sincera hacia Dios, con fe en el sacrificio justificador de Cristo. No se puede mencionar cada ofensa, pero no te atrevas a esconder una.

Muchos de nuestros adolescentes están sufriendo por pecados y consecuencias de las cuales ni siquiera saben. Necesitan que nosotros como adultos preocupados por su bienestar seamos capaces de hacer dos cosas bien:

Decir la verdad. Los padres amorosos protegen a sus hijos a través de sus palabras y sus actos. Necesitamos comunicar nuestras expectativas con claridad. Necesitamos decir en voz alta que esperamos que nuestros hijos sean vírgenes en el más amplio sentido de la palabra cuando se casen. Necesitamos comunicar que no creemos que el control de la natalidad sea un factor protector para los adolescentes. Necesitamos mostrar a través de nuestro propio ejemplo que no estamos siendo controlados por las mismas cosas que no queremos que los controlen.

Provee un ambiente de esperanza, paz y gracia en el que tus adolescentes puedan crecer cuando cometan errores y se recuperen. Un lugar en que el perdón sea común y sus amigos sean bienvenidos. Ese lugar se llama "hogar".

cambia tu cultura

Su nombre es Kristin.

La conocí hace varios años cuando estaba a punto de entrar a su último año de la escuela superior. Durante algunos meses, habíamos hecho muchos viajes a Cheyenne y en esta ocasión nos encontrábamos allí para hablar con el consejo directivo del centro local de crisis de embarazo. Allí estábamos, como los líderes principales de Worth Waiting For, Inc. para ayudar en la etapa de desarrollo de poner en marcha una campaña local comunitaria en Cheyenne, Wyoming.

Nos encontrábamos conversando con los miembros del consejo cuando entró una adolescente de cabello largo, se sentó abruptamente y dijo: "Hola, soy Kristin". Se presentó como una adolescente de escuela superior que simplemente quería escuchar las ideas de un ministerio relacionado con la salud sexual.

Les presentamos nuestra misión y nuestro plan para la campaña comunitaria que impactaría la vida de los adolescentes de Cheyenne en el aspecto de la salud sexual. Los adultos escuchaban, mirándonos a los ojos y tomando notas. Pero Kristin sólo escuchaba. Estaba sentada a la mesa mirándonos a ambos. Cuando estábamos por terminar la presentación, hablamos acerca del hecho de que aun y cuando era necesario que un adulto dirigiera la campaña, la parte más importante era que se trataba de lograr que los adolescentes mismos la pusieran en marcha con un modelo de discipulado entre iguales. Nadie habló. El lugar estaba en silencio y dejamos que así siguiera.

De pronto, Kristin se puso de pie.

Kristin comenzó a dejar salir un flujo de ideas apasionadas semejantes a esto: "¡Esto es lo mejor que he escuchado! Mis amigos se están muriendo allá afuera. Están en constante dolor; sin siquiera saber lo que significa ser puros sexualmente. Se lastiman unos a otros en sus relaciones y todo el tiempo tienen la duda de estar embarazados. Por eso me he ofrecido como voluntaria en el centro de embarazo. Sólo quiero ayudarlos. Pero esto es lo que necesitamos hacer. ¡Necesitamos capacitarlos con la verdad y entrenarlos para dirigir a otros! Esto es increíble. ¡Cuenten conmigo!".

Los adultos nos quedamos con la boca abierta y sin habla. Esta era una muchachita, casi en su último año de escuela, que estaba lista para cambiar su mundo.

Kristin estaba en fuego y lista para actuar, aunque los adultos conocíamos todos los obstáculos en su camino: ella estaba participando en la escuela, en las actividades de su iglesia, en deportes, en el consejo estudiantil, en el coro, etc.; en lo que se te ocurriera, Kristin estaba participando. Ella no necesitaba una actividad más.

Pero eso era lo mejor para Kristin. Esta no era otra actividad más, sino que era la actividad.

Ninguno de los adultos sabíamos qué decir. La campaña de Cheyenne estaba en crisis incluso en esta etapa tan temprana. Sin un adulto que estuviera dispuesto a participar para organizar los equipos de oración de adultos, los eventos para recabar fondos, las sesiones de entrenamiento, etc., los adolescentes no tendrían apoyo y el modelo fracasaría.

Por fin, Angela habló. "No lo quiero hacer, pero siento que Dios me está dirigiendo a hacerlo. No tengo tiempo disponible, pero de todos modos me voy a ofrecer como voluntaria. Voy a dirigir la campaña si tú trabajas conmigo Kristin. Soy una buena organizadora, pero soy pésima con los adolescentes. Así que necesitas ayudarme".

En ese momento no sabíamos el sacrificio tan grande que esto era para Angela. Ella y su esposo, Fernando, tenían cuatro hijos, desde adolescentes hasta niños de primaria. Tenía un empleo a tiempo completo y acababa de tomar una posición importante como voluntaria en su iglesia local: la siembra de una nueva iglesia. No tenía tiempo de hacer ni una cosa más, pero el Espíritu Santo susurró su nombre y ella respondió.

Desde el momento en que estas dos mujeres ofrecieron su tiempo, Dios entró y se encargó del despliegue del futuro. Kristin, una jugadora estrella de voleibol, renunció a su equipo y donó su tiempo a la campaña de Worth Waiting For en Cheyenne. Este fue un sacrificio inmenso para una adolescente que estaba entrando en su último año. Kristin reunió a ocho de sus amigas y comenzaron a reunirse como el primer equipo en Cheyenne; y con la ayuda de Angela salieron adelante a pesar de no tener tiempo disponible o dinero.

Comenzaron a planear y a producir "Teatros del Desierto" dirigidos por adolescentes, que eran una colección de obras de teatro, canciones y testimonios que comunicaban el mensaje del amor de Dios y su mensaje de pureza. Cientos de adolescentes y padres asistieron a la primera función.

Diseñaron un programa de entrenamiento para adolescentes de escuela superior con el fin de que les comunicaran el mensaje de abstinencia a los adolescentes varias escuelas públicas.

Crearon un grupo de Pacto Adolescente que se reunía dos veces al mes para orar y animar a los demás en su caminar diario, y para planear las actividades del ministerio. Cada miembro había firmado un pacto y una tarjeta-compromiso para abstenerse de intimidad sexual, drogas y alcohol todo el tiempo que formaran parte del equipo de adolescentes de Worth Waiting For.

Entonces, llegó el sueño grande; una meta del tamaño de su Dios. Kristin y el equipo de adolescentes decidieron que querían hacer un concierto de rock cristiano. Buscaron a adultos que los ayudaran a ponerse en contacto con las bandas cristianas para hablar con sus agentes. Se decidieron por cierta banda, pero descubrieron que constaría $20,000 dólares llevar a cabo el concierto. ¿Te imaginas? ¡Y no tenían dinero! Pero en el curso de ocho meses levantaron $30,000 dólares en fondos y abarrotaron el auditorio de la ciudad para un concierto de rock con Third Day y Jennifer Knapp. Al estar en ese auditorio y ser testigo de cómo más de dos mil adolescentes firmaron tarjetas-compromiso y las colocaron a los pies de varias cruces que los muchachos del grupo Pacto Adolescente habían hecho en casa fue más que emocionante. ¡Fue celestial!

Los adultos nos quedamos con la boca abierta y sin habla. Esta era una muchachita, casi en su último año de escuela, que estaba lista para cambiar su mundo.

¡Qué poco esperamos de los adolescentes y cuánto ellos desean servir!

Años después, la campaña de Cheyenne sigue avanzando con fuerza. Kristin ya está casada y trabaja para la campaña de Worth Waiting For. Angela dejó su empleo y trabajó en el equipo de Worth Waiting For, Inc. durante dos años. Juntas, estas dos vidas han cambiado su comunidad e incluso la nación con su modelo de ministerio.

Ahora hay más de cien adolescentes en el equipo de Kristin. Todavía van a las escuelas y a las iglesias a hacer sus presentaciones entre muchas otras actividades. Cada adolescente, que representa a más de una docena de iglesias en la comunidad, es entrenado para iniciarse en el ministerio. Están siendo "empleados" y no sólo "entretenidos" en su fe. Su relación con Cristo se está galvanizando a través del servicio, la oración y dar cuentas a otros. Cientos han aceptado a Cristo desde que la campaña comenzó.

Este ministerio existe porque hace varios años, una muchachita en su último año de escuela y una madre preocupada se cansaron de ver que los adolescentes siguieran siendo lastimados por las mentiras de Satanás y las consecuencias del pecado sexual.

Ellas decidieron hacer algo al respecto.

Estamos orgullosos de Kristin y Angela, mujeres de Dios que aceptaron su desafío y cambiaron el mundo, una persona a la vez.

¿Qué fue lo que más te impresionó de Kristin?

¿Qué fue lo que más te impresionó de Angela?

¿Crees que tú puedas ser la persona que cambie a tu comunidad? Existe un sorprendente poder en una vida transformada. Cada vida transformada en Cristo tiene el pleno poder creativo del Dios del universo morando en su interior. Vivimos día a día con el poder, aunque no lo usamos a diario. ¡Qué vergüenza cósmica! Nos olvidamos de Él y creemos la mentira de que aunque seamos cristianos, somos exactamente iguales a los que no lo son. ¡Los cristianos estamos llenos del Espíritu y tenemos un propósito más alto que cualquier otro!

Esta es la verdad que en Kristin y en Angela liberó el poder del Espíritu Santo:

De modo que si alguno está en Cristo, nueva criatura es; las cosas viejas pasaron; he aquí todas son hechas nuevas. Y todo esto proviene de Dios, quien nos reconcilió consigo mismo por Cristo, y nos dio el ministerio de la reconciliación; que Dios estaba en Cristo reconciliando consigo al mundo, no tomándoles en cuenta a los hombres sus pecados, y nos encargó a nosotros la palabra de la reconciliación. Así que, somos embajadores en nombre de Cristo, como si Dios rogase por medio de nosotros; os rogamos en nombre de Cristo: Reconciliaos con Dios. Al que no conoció pecado, por nosotros lo hizo pecado, para que nosotros fuésemos hechos justicia de Dios en él. 2 Corintios 5:17-21

Este pasaje nos dice que tenemos una Obra, un Título y un Testimonio.

Nuestra **Obra** es ser ministros de reconciliación. Eso quiere decir que confrontemos las mentiras con la verdad e invitemos (el pasaje dice que le roguemos o le imploremos) a los demás a que vivan en paz con Dios; que dejen a un lado las mentiras del pecado para aceptar el perdón y la sanidad de Dios. Sanidad para cualquier pecado sexual y cualquier tristeza que puedas imaginar.

Dios nos ha dado también un **Título**: Embajador. No somos de aquí; nuestro hogar es el cielo y las leyes que nos gobiernan son las leyes del cielo. Representamos a nuestro Rey en esta tierra, y convencemos a los moradores de esta tierra de la buena voluntad de nuestro Rey celestial.

Y tenemos un **Testimonio**. Si nuestra obra es la reconciliación y nuestro título es embajador, deberíamos tener una historia clara que decir. Y esta es nuestra historia:

Al que no conoció pecado, por nosotros lo hizo pecado, para que nosotros fuésemos hechos justicia de Dios en él.
2 Corintios 5:21

Nuestro testimonio es que ya se ha pagado por toda nuestra tristeza y nuestros pecados, por lo que ya no tenemos que poner atención a las mentiras, para ser tomados como rehenes del engaño; ni nosotros ni nuestros seres queridos. Kristin y Angela liberaron el poder de Dios en ellas. Tú también puedes hacerlo. ¡Te desafiamos a que te atrevas!

Al principio de este libro, te desafiamos a que decidieras hablar con tus hijos acerca de sexualidad. Esa decisión es el primer paso para ayudarlos a conocer la verdad de Dios acerca del amor, el sexo y el noviazgo. Pero mantener ese compromiso no es a través de una sola vez y ya. Es una relación. Puedes darles a tus hijos toda la información para que la guarden en su cabeza. Pero los valores que quieres poner en su corazón quizá te tome un poco más de tiempo. Si eres padre, ¡todo el tiempo estás en servicio!

Tu responsabilidad comienza con tus propios hijos. Probablemente esa sea la razón por la que comenzaste a leer este libro en primer lugar. Anhelas ser un ejemplo del amor de Dios para tus hijos, sin importar su edad, para que aprendan a amarlo y a seguirlo.

> **¿Cómo te sentías acerca de hablar con tus hijos acerca de sexualidad al principio de este libro?**
>
> **¿Cómo te sientes ahora?**
>
> **¿Qué es lo que ha cambiado la manera en que te sientes?**

Pero no demasiadas familias viven solas en una isla. Tus hijos, especialmente los adolescentes, son parte de una cultura y una comunidad. Juegan en algún equipo, van a la escuela, ven películas, asisten a las reuniones del grupo de jóvenes, hojean las revistas, quizá incluso tengan empleo. Ven a otros adultos y a otros adolescentes y hablan con ellos todo el tiempo. Las revistas, la televisión, las películas, la música; todo es parte de la cultura en que están creciendo.

Así que quizá, sólo quizá, tu responsabilidad va más allá de las fronteras de tu familia a la familia de los vecinos de junto, del final de la calle o del otro lado de la iglesia. Mientras que los padres son la mayor influencia sobre la vida de sus hijos, no tienen por qué sentirse solos. Los niños de todas las edades responden a los adultos importantes de sus vidas que no son sus padres. Tu hijo quizá refunfuñe y encoja los hombros cada vez que le hablas, pero su amigo parece no quitarte la mirada de encima cada vez que está en tu casa. Tu hija quizá encuentra una amiga en la mamá de su vecina.

Habla con los padres de los amigos de tus hijos. Selecciona a los que sean confiables y hagan un tipo de alianza, en la que se comprometan a ayudar a los hijos del otro en los momentos difíciles con respuestas honestas. Sé una voz positiva en la vida de un niño o de un adolescente que no sea tuyo pero que te necesite mucho.

Los niños de todas las edades responden a los adultos importantes de sus vidas que no son sus padres.

Sé la cultura que quieres que tus hijos aprendan. Con el apoyo de otros padres, crea una cultura de preguntas y respuestas honestas, de verdad, de amor incondicional, de apoyo y ánimo por defender lo que es correcto y no rendirse a las circunstancias. Si estás estudiando este libro con un grupo, han estado siendo parte de la vida del otro durante varias semanas. Están en camino de formar su grupo de apoyo. Si estás estudiando este libro a solas, habla con algunos otros padres que sin duda tengan muchas de las mismas preguntas y luchas que tú tienes.

Kristin y Angela cambiaron la cultura. Dieron manos a la Obra, el Título y el Testimonio, no sólo para sí mismas, sino para los adolescentes de toda la ciudad de Cheyenne.

¿Tú que vas a hacer?

LA GUÍA DEL LÍDER

CAPÍTULO 1
Es momento de hablar

Paso 1: Para que estemos de acuerdo

Haz una síntesis del capítulo con la información siguiente.

Hablar de sexo con nuestros hijos nos pone nerviosos a muchos de nosotros. No sabemos qué decir o cuándo decirlo. Y no estamos seguros de que siquiera nos estén escuchando. Parte de la razón por la que es extraño es porque muchos de nuestros padres no hablaron con nosotros. De alguna forma tenemos la idea de que no está bien hablar de estos temas, y algunas veces les transmitimos esa misma actitud a nuestros hijos.

Jesús utilizó un modelo de instrucción personal con las personas que quería influenciar. Él reunió a los discípulos a su alrededor, y ellos iban a dondequiera que Él iba. A dónde Él iba, ellos iban. De lo que se trataba era de estar con Jesús; y el resultado fue que las personas fueron cambiadas de manera radical y se comprometieron a difundir el mensaje que Jesús trajo al mundo.

Haz una pausa aquí para leer Hechos 4:1-13.

- ¿De que forma, estar con Jesús impactó a Pedro y a Juan?
- ¿De qué manera, estar con Jesús nos impacta?
- ¿De qué manera, que estemos con Jesús impacta a nuestros hijos?

Tenemos una influencia mayor sobre nuestros hijos de lo que pensamos. Nos observan y aprenden de nuestro ejemplo. Depende de nosotros ser un ejemplo de conducta piadosa que queremos que ellos aprendan, así como depende de nosotros estar listos y alertas a esos momentos en que nuestros hijos quieran hablar con nosotros acerca de sexo.

Paso 2: ¿Qué fue lo que aprendimos?

- ¿Cuál es el concepto clave de este capítulo que te llama más la atención? ¿Por qué?
- Describe con una sola palabra lo que tus padres hablaron contigo acerca del sexo, el amor y el noviazgo. ¿Qué otra palabra describe la forma en que te sentiste durante la conversación?

- Cuándo tus hijos crezcan, ¿qué te gustaría que ellos sintieran acerca de la manera en que manejaste el tema del sexo, el amor y el noviazgo?
- ¿Cómo describirías una oportunidad para enseñar? ¿Cómo podrías reconocer una oportunidad para aprender en tu hijo?

Paso 3: Oración y desafío

Cierren su tiempo juntos orando unos por otros, pidiéndole a Dios dirección. Hagan una oración como esta.

Dios, es fácil para nosotros rehuir la responsabilidad de hablar con nuestros hijos acerca de la sexualidad. Creemos que no tenemos por qué hacerlo hoy, que hay suficiente tiempo, y luego el tiempo se nos escapa. Te pedimos la valentía para hablar con nuestros hijos acerca de estos temas importantes. Danos la sabiduría para reconocer las oportunidades de enseñar, así como para usarlas con amor y sensibilidad. Ayúdanos a apoyarnos y a orar por los demás. En el nombre de Jesús, amén.

Desafío de la semana:

Considera comenzar una relación de instrucción personal o entrar en una relación de instrucción personal con un joven de tu iglesia. Habla con los líderes de tu iglesia para ver si tienen un programa de discipulado o de instrucción personal. Si no lo tienen ofrécete para comenzar uno. Investiga si los líderes de jóvenes necesitan ayuda para animar a algunos adolescentes en particular en el grupo de jóvenes.

CAPÍTULO 2
La batalla está a tu puerta

Paso 1: Para que estemos de acuerdo

Haz una síntesis del capítulo con la información siguiente.

Una de las razones principales por la que hemos fallado en ganar la guerra por nuestros jóvenes es que hemos creído en las mentiras nosotros mismos. Sentimos que no estamos calificados para hablar acerca del sexo, del amor y del noviazgo a causa de nuestros fracasos pasados. Incluso pecamos contra nuestros hijos y no queremos admitirlo o pedirles perdón. Creemos en las mentiras que Satanás nos susurra acerca de nosotros mismos. Así que en lugar de confrontar esas mentiras, perdemos la guerra de la verdad incluso antes de que comience. No sólo nos hemos sentido descalificados, sino que algunos pensamos que nuestro tiempo se ha acabado. Sentimos que nuestros adolescentes ya no nos escuchan y que no nos respetan. Sentimos que hemos perdido nuestra posición de influencia. Necesitamos consejos sobre cómo reconstruir la relación y cómo ser reinstalados en la vida de nuestro adolescente.

Haz una pausa aquí para leer Efesios 6:10-12 en voz alta.

- ¿Cómo se aplica este pasaje a hablar con nuestros hijos de sexualidad?
- ¿Cuál es el mayor obstáculo espiritual que nos estorba para hablar con nuestros hijos?

Con respecto a ser ejemplo, necesitamos ponernos las pilas, especialmente para nuestros adolescentes mayores. Necesitan vernos trabajando en el equilibrio de la vida, cuando los tiempos son difíciles. A menudo se nos hace difícil admitir nuestros errores, dudas y temores. Algunas veces hay partes de nosotros que nuestros adolescentes mayores necesitan ver. Queremos que nuestros hijos vean que nos necesitamos en la familia y que Dios calma nuestros mayores temores personales y dudas.

Paso 2: ¿Qué fue lo que aprendimos?

- ¿Por qué es importante el perdón por lo que hemos hecho en el pasado para la manera en cómo ayudemos a nuestros hijos a aprender acerca del sexo, el amor y el perdón?
- Si creemos que Dios nos perdona, ¿por qué es tan difícil perdonarnos y seguir adelante con la confianza de que somos nuevas criaturas?

- ¿Es demasiado tarde para impactar a nuestros hijos en el área del sexo, el amor y el noviazgo? ¿Por qué sí o por qué no?

- En la escala del 1 al 10, ¿qué tan constante eres como ejemplo de las conductas que quieres que tus hijos aprendan? ¿Qué puedes hacer para ser más constante?

- ¿Qué versículos bíblicos puedes sugerir para animar a los demás en el grupo para alejarse de las mentiras de Satanás y creer la verdad de Dios?

Paso 3: Oración y desafío

Cierren la sesión con un momento de oración. Desafía a los miembros del grupo a tomar en serio el llamado a formar parte de la Comunidad del Rey. Pídeles que se pongan de pie o que se arrodillen para presentarse físicamente delante de Dios. Haz una oración como esta:

Querido Dios, el maligno nos ha estado mintiendo. Algunas veces creemos que estamos descalificados por nuestros pecados pasados o presentes. Esa es una mentira. Tú has perdonado todos nuestros pecados y nos has llamado tus hijos. Somos hijos del Rey. Perdónanos por nuestros momentos de incredulidad.

Satanás nos ha tentado para que creamos que es demasiado tarde o que estamos demasiado grandes o que nuestros hijos ya no nos escuchan. Algunas veces es más fácil acomodarnos delante de la TV en lugar de leer el libro que debemos leer o memorizar los versículos que no pueden consolar en momentos de estrés. Recuérdanos poner más atención a tu obrar en nuestro espíritu.

Padre, en este momento, tú nos quieres a tu servicio. Ahora en la calma de nuestro espíritu esperamos que digas nuestro nombre así como llamaste a Samuel, a Moisés y a Pablo. Levanta- mos nuestras manos como símbolo de humildad. Úsanos para mostrarles a nuestros hijos una imagen de lo que significa vivir para ti. Ayúdanos a moldearnos a tu semejanza y a tomar decisiones que te honren. Ayúdanos a creer tu verdad. En el nombre de Jesús, amén.

Desafío de la semana:

Dile a alguien que no esté presente, pero que te pueda entender y animarte, lo que Dios te ha dicho hoy. Tómate el tiempo para reflexionar con la persona en voz alta. Ve si la persona con que hables te hace preguntas penetrantes que te lleven a una mayor profundidad en tus pensamientos y tu determinación. Pídele a esta persona que ore por ti los diez días siguientes, ya que Satanás tratará de esforzarse para venir y arrebatar esta semilla antes de que tenga la oportunidad de enraizar adecuadamente. Recluta a alguien para que cubra tus espaldas en oración.

CAPÍTULO 3
Tus hijos en contexto

Paso 1: Para que estemos de acuerdo

Haz una síntesis del capítulo con la información siguiente.

Para los sociólogos ha sido difícil ponerse de acuerdo sobre un nombre para esta generación de adolescentes. A muchos les gusta Generación Y. Algunos prefieren Generación del Nuevo Milenio. Incluso hemos escuchado Los Hijos del Eco. Otros los llaman Generación N o Gene-Net. No importa como los llamen los sociólogos a los adolescentes no les gusta el nombre.

La generación del nuevo milenio abarca a más de 70 millones de personas que nacieron entre 1980 y 1996; ellos son el grupo más grande de adolescentes de la historia de los Estados Unidos. Esta generación opaca incluso a la generación de sus padres, la generación de posguerra, que llegaron a la adolescencia en la década de 1960. De acuerdo con la dirección de censos, esta generación llegará a representar 41% de la población de los Estados Unidos.

Si vamos a poder comunicarnos con esta generación, necesitamos comprender el contexto en el que están creciendo. Los resultados de las encuestas muestran que los jóvenes contemporáneos son una generación optimista, impulsada por el estrés, orientada hacia trabajar en equipo y a dedicarse a más de una especialidad. Son más conservadores que sus hermanos y hermanas diez años mayores; sin embargo, son más activos y tienden a ofrecerse más como voluntarios. Como la mayoría de los jóvenes, todavía gastan una cantidad increíble de dinero (¡$275,000 millones anuales, de acuerdo con algunas proyecciones!). Muchos creen que los sucesos del 11 de septiembre de 2001 tendrán un impacto profundo en la conciencia y en el alma de esta generación ya que esta cultura juvenil fue la primera en ver un ataque terrorista en su propia casa.

Así como es tan difícil etiquetarlos, es todavía más difícil contarlos. Tienen múltiples subculturas, como lo demuestra su música y la carencia de una estrella que los una. Muchos de ellos son la primera, segunda o tercera generación de inmigrantes provenientes de Asia y México que han perdido los aspectos más importantes de la cultura de sus abuelos.

Un aspecto que al parecer todos tienen en común es su cambiante conducta sexual. Es la primera generación que ha tenido durante toda su vida educación sexual en las escuelas, VIH, condones disponibles y abortos sin la aprobación de sus padres. Se les ha presentado la educación sexual del "sexo seguro" y de la "abstinencia". Están tomando decisiones importantes y haríamos bien en poner atención a las decisiones que tomen.

¡Más nos vale poner atención a sus decisiones porque un día ellos van a estar cuidando de nosotros cuando estemos viejos!

Paso 2: ¿Qué fue lo que aprendimos?

De acuerdo con el Dr. Scott Stanley de la universidad de Denver:

- Aproximadamente 31% de tus amigos y compañeros de trabajo, de 35 a 54 años, que están casados, comprometidos o en unión libre ya se divorciaron una vez.
- Si tus padres han estado casados muchos años (digamos más de 35 años) y nunca se han divorciado, la probabilidad de que su matrimonio termine en divorcio es nula.
- Una joven pareja que se casa hoy por primera vez enfrenta un riesgo de divorcio de 40%, a menos que las tendencias actuales cambien significativamente.

Las buenas noticias son que el índice de divorcios al año por cada 1000 personas en los Estados Unidos ha ido disminuyendo desde 1981. Hoy están en su pico más bajo en treinta años desde 1972.
Fuente: www.smartmarriages.com/divorcestats.html

- ¿Cuáles crees que sean las consecuencias de vivir en una cultura de divorcio?
- El divorcio se ha convertido en una dinámica difícil para la Iglesia. Queremos ser un lugar de sanidad, pero muchas veces los divorciados se sienten condenados o juzgados en su congregación local. ¿Has experimentado esto, tú o tus amigos, y qué crees que podemos hacer para desarrollar un espíritu de gracia, perdón y sanidad?
- ¿Cómo reaccionaste a la información de la línea de tiempo? ¿Crees que los adolescentes siempre han tenido dificultades para ajustarse al crecimiento o su mundo es más estresante en realidad? ¿Qué otras consideraciones importantes le añadirías a la línea de tiempo de la generación del nuevo milenio?
- ¿Cómo te sientes acerca del dato de que los adolescentes cristianos no son significativamente distintos en su comportamiento sexual de los no cristianos?

Paso 3: Oración y desafío

Cierra la sesión con una oración semejante a esta:

> *Querido Dios, te pedimos hoy que protejas a nuestros adolescentes de la tristeza y el quebranto del mundo que busca apoderarse de ellos. Pon un cerco de protección a su alrededor y envía ángeles para cubrir sus caminos. Tienen presiones y tentaciones que yo nunca tuve que enfrentar de adolescente. Te pedimos que los protejas y los prepares para ser siervos poderosos en tu Reino. Danos la valentía para poner atención a sus victorias y luchas. Te pedimos que los protejas específicamente del pecado sexual y de las consecuencias que conlleva caer en esas tentaciones. En el nombre de Jesús, amén.*

Desafío de la semana:

1. Llama o visita al pastor de jóvenes o a uno de los colaboradores voluntarios del grupo de jóvenes de tu iglesia. Pregunta por la cultura de la iglesia, y por qué tipo de cosas parece estar pasando el grupo de jóvenes. Pregunta si los adolescentes han tenido problemas por los que puedas orar. Evita preguntar acerca de tu propio adolescente; más bien, enfócate en el grupo como un todo.

2. Pregúntale al pastor de jóvenes o a uno de los colaboradores voluntarios del grupo de jóvenes de tu iglesia específicamente por qué dificultades está pasando. La presión de ser un ejemplo para tantos adolescentes y de cumplir con los compromisos de la vida en una dinámica de mucha presión tanto como el ministerio de jóvenes es intensa. Ofrécete para orar por él en ese mismo momento, en persona o por teléfono. Demuéstrate a ti mismo, al pastor, a los colaboradores voluntarios y a Dios que hablas en serio acerca de involucrarte en cualquier forma que sea apropiada en la vida de tus adolescentes.

CAPÍTULO 4

Educación sexual: los hechos sorprendentes

Paso 1: Para que estemos de acuerdo

Haz una síntesis del capítulo con la información siguiente.

Vivimos en un mundo de mentira. De mentiras peligrosas producidas por el padre de mentira. A nuestros hijos se les han dicho algunas de estas mentiras con respecto a su sexualidad. Nuestra responsabilidad como padres, maestros y adultos en una posición de confianza es decir la verdad. Si nuestros hijos creen mentiras acerca del sexo, estas mentiras los pueden matar.

Alfred Kinsey comenzó algunas mentiras terribles en la década de los años cincuenta. Sus estudios tendenciosos llegaban a conclusiones difíciles de creer, como: "Somos sexuales desde el nacimiento", con lo cual le abrió la puerta al sexo a cualquier edad. El Sexuality Information and Education Council of the United States (Consejo de información y educación sexual de los Estados Unidos) [SIECUS por sus siglas en inglés] fundado sobre estas mentiras fomenta la homosexualidad como un estilo de vida igualmente aceptable y les enseña a los niños de tercero de primaria acerca de la masturbación. Las normas de educación sexual de SIECUS han sido la columna vertebral del sistema de educación sexual de los Estados Unidos para los últimos cuarenta años.

Un movimiento hacia la educación de la abstinencia se ha levantado, para volver a los valores familiares tradicionales de pureza, demora de la gratificación y la importancia del matrimonio, con el fin de proveer un ambiente de seguridad y confianza para el sexo. La educación de la abstinencia enfatiza el papel de los padres en la educación sexual y pone como prioridad el desarrollo del carácter y no la educación basada en el condón. Pero los padres cristianos pueden darles a sus hijos educación sexual centrada en Cristo en su hogar, en la iglesia y en las escuelas cristianas. La educación sexual centrada en Cristo se enfoca en los motivos y las actitudes y no sólo en la conducta externa. La educación centrada en Cristo hace del sexo todo lo que Dios planeó que fuera.

Paso 2: ¿Qué fue lo que aprendimos?

- ¿Crees que sea más difícil ser adolescente en esta época que lo que nosotros enfrentamos como adolescentes?

Erik Erickson, a quien algunos consideran el "Padre de la psicología del desarrollo", describe nuestras vidas siendo compuestas de varias etapas de crecimiento. Una de estas etapas sucede entre las edades de seis a doce años y es llamada el Periodo Industrioso o de Latencia. Durante esta etapa somos capaces de aprender, crear y lograr una gran cantidad de nuevas habilidades y conocimiento, por lo tanto desarrollamos un sentir de industria. Los sentimientos sexuales están apropiadamente dormidos o latentes durante este tiempo, y los individuos sanos se encuentran más interesados en la amistad con personas de su mismo género de naturaleza no sexual. También declara que es una etapa sumamente social de desarrollo y que si experimentamos sentimientos no resueltos de inferioridad entre nuestros iguales, podemos tener problemas serios en términos de competencia y autoestima. Mientras el mundo crece un poco, nuestras relaciones más importantes se dan en la escuela o el vecindario. Los padres ya no son las autoridades totales que una vez fueron, aunque todavía son importantes.

- ¿Crees que haya un periodo general de latencia o de inocencia en los niños de primaria con respecto a los sentimientos sexuales y la conducta sexual?
- ¿Cuál crees que es el tiempo normal para que se desarrollen los sentimientos sexuales?
- ¿Cuáles crees que sean las consecuencias a corto y largo plazo de que los niños sean expuestos a imágenes sexuales explícitas en la televisión y en el cine en este periodo de latencia?
- ¿Cómo podemos ayudar a mantener este periodo de inocencia para nuestros hijos?

Paso 3: Oración y desafío

Cierra la sesión con una oración semejante a esta:

Querido Dios, vemos que las personas que no te conocen y que no te siguen no le están diciendo la verdad a nuestros hijos. No tienen un concepto adecuado de la forma en que se desarrolla un niño, y aun así tienen una gran influencia en las escuelas. Te pedimos que les des a nuestros supervisores, directores de escuelas y maestros gran sabiduría. Dales valentía y fuerza a los maestros cristianos en las escuelas públicas.

Gracias por los ministerios y las organizaciones que están luchando por traer la verdad a nuestras escuelas e iglesias, la verdad acerca del tipo de mentiras que se les están comunicando a nuestros adolescentes con respecto a la salud sexual y la pureza. Te pedimos por nuestra iglesia y por los que participamos en este grupo. Danos valentía, porque vemos que el desafío para la vida de nuestros hijos es inmenso. Ayúdanos a cambiar la situación. En el nombre de Jesús, amén.

Desafío de la semana:

1. Visita los sitios en la internet de los grupos siguientes y observa las diferencias en la manera en que abordan conceptos importantes como el tiempo en que un adolescente debe ser alentado a experimentar con el sexo y qué tipo de papel deben representar los padres en la educación sexual. Toma notas y prepárate para hablar de ello con tu grupo en la siguiente reunión.

- Planned Parenthood (Paternidad planificada)
  SIECUS
- Medical Institute for Sexual Health (Instituto médico de salud sexual)
- National Abstinence Clearinghouse (Agencia nacional de abstinencia)
- Worth Waiting For (Vale la pena esperar)
- Heartbeat Internacional (Pulso cardiaco internacional)

2. Llama a la escuela de tus hijos e investiga cuando comienza el curso de educación sexual y el tipo de material que cubre. Pregunta si siguen las normas de educación sexual del MISH. Si no es así, ofréceles hacerles llegar una copia.

3. Siéntate a conversar con tus hijos o con tus adolescentes y pregúntales cuando van a empezar las clases de educación sexual. Si asisten a una escuela privada cristiana, pregúntales si saben quién define los estándares de la educación sexual en la escuela. Ve si ellos creen que los diferentes temas de la sexualidad en los adolescentes se están manejando de forma abierta y con la verdad en su escuela. Comienza a considerar qué es lo que puedes hacer en la escuela para ayudar.

CAPÍTULO 5
Confronta las mentiras

Paso 1: Para que estemos de acuerdo

Haz una síntesis del capítulo con la información siguiente.

Vivimos en un mundo de mentira. Lamentablemente, nuestros hijos no siempre conocen la diferencia entre la verdad y una mentira. Cuando hablamos de sexualidad y las decisiones que toman, creer en las mentiras puede ser devastador. Ocho mentiras que los adolescentes escuchan acerca del sexo son:

> El sexo es malo
> El sexo es amor y el amor es sexo
> El sexo es la única forma aceptada de pagar por un favor
> Es mi culpa
> Esto sólo nos atañe a nosotros dos
> No me voy a embarazar
> No me voy a enfermar
> No me va a dar sida

Nuestra responsabilidad como padres es desafiar esas mentiras y ayudar a nuestros hijos a ver la verdad de Dios. Podemos buscar en la Biblia lo que dice Dios acerca del amor, del sexo y del noviazgo. Podemos enfocarnos en algunos principios básicos de paternidad:

- Sé primero un padre, antes que un amigo
- Entra en su mundo
- Sé justo, no seas equitativo
- La comunicación clara es un requisito indispensable
- Ayúdalos a tener éxito
- La confianza se gana; el amor se da

Paso 2: ¿Qué fue lo que aprendimos?

Busquen juntos cada uno de los siguientes versículos y conversen acerca de lo que pueden aprender del sexo de cada uno. Quizá quieras pedirles a los miembros del grupo que digan el versículo con sus propias palabras.

> Génesis 2:25: *Adán y Eva estaban desnudos y no se avergonzaban.*
> Cantares 5:1; 6:3,8: *La belleza y la pasión del sexo.*
> Mateo 19:6: *Jesús honra el pacto del matrimonio.*
> Efesios 5:21-32: *El matrimonio y el carácter de Dios.*

1 Corintios 7:3: *El sexo es una parte esperada de un matrimonio satisfactorio.*

- ¿De qué forma la verdad acerca del sexo cambia la vida de la gente?
- ¿Cuál es el precio que pagarán nuestros hijos si no nos aseguramos que conozcan la verdad?

Paso 3: Oración y desafío

Cierra la sesión con una oración semejante a esta:

Querido Dios, te alabamos por tu plan para la familia. Desde el principio tú diseñaste el matrimonio y la familia, de tal manera que nuestros hijos fueran nuestra bendición y que volvernos una carne fuera un regalo de intimidad de tu parte.

Como se nos hace difícil o vergonzoso evitamos el tema de la intimidad sexual. Te pedimos que te muevas hoy en la vida de nuestros adolescentes. Ayúdanos a ayudarlos a desafiar las mentiras que escuchan a su alrededor y que decidan honrarte.

Te pedimos en especial por los adolescentes que han sido golpeados por el abuso y han experimentado coerción para tener relaciones sexuales. Te pedimos por las heridas invisibles de la mente y del corazón, y que sanes a los que estén lastimados de esta forma.

Te pedimos que estés con todas nuestras familias y que nos des el coraje de hacer lo correcto, y de ser sal y luz en nuestra comunidad y lugar de trabajo. En el nombre de Jesús, amén.

Desafío de la semana:
Toma uno de los seis principios básicos de la paternidad y habla acerca de él en tu hogar. Habla con tu cónyuge y con uno de tus hijos adolescentes. Asegúrate de escuchar y no sólo de hablar. Busca comprender lo que los otros miembros de tu familia piensan y sienten acerca de las reglas de la casa.

CAPÍTULO 6
El matrimonio: diseñado para ser bello

Paso 1: Para que estemos de acuerdo

Haz una síntesis del capítulo con la información siguiente.

Los muchachos de hoy están creciendo con todo tipo de ideas acerca del matrimonio, y muchas de estas ideas son contrarias al diseño de Dios para el matrimonio. Dios creó el matrimonio. ¡Fue su idea después de todo! La relación matrimonial es el lugar perfecto para expresar el regalo de la sexualidad que Dios nos ha dado. Para enseñarles a nuestros hijos acerca de la sexualidad en el matrimonio debemos saber lo que la Palabra de Dios dice. Y luego debemos ser ejemplo de los que decimos que creemos, porque nuestros hijos nos observan y están aprendiendo de nosotros como es estar casado. ¿Están aprendiendo lo que queremos que aprendan?

Génesis 2:18-25 nos habla del primer matrimonio. De este relato, podemos aprender que Dios quiere que el matrimonio sea:

- Monógamo
- Heterosexual
- Separado y permanente
- Íntimo

Efesios 5:22-23 es un pasaje clave del Nuevo Testamento acerca del matrimonio. Pablo nos habla acerca de la relación entre el marido y la mujer. Los puntos clave de los que habla Pablo acerca del matrimonio son:

- Unidad en la relación
- Actuar con amor sacrificial
- Señorío y sumisión a la imagen de Cristo
- Deleitarse en el otro

Paso 2: ¿Qué fue lo que aprendimos?

- ¿En qué forma son distintas las expectativas que tenías antes de casarte con la realidad?
- ¿Qué te gustaría haber sabido del matrimonio antes de casarte?
- Algunas personas ven el matrimonio y el sexo como dos ideas separadas que pueden estar juntas para algunas personas, pero no necesariamente. ¿Por qué es importante ayudar a nuestros

hijos a ver el matrimonio y el sexo como un solo paquete que vale la pena esperar?
- ¿Con qué pasajes bíblicos te gustaría desafiar a tus adolescentes para que estudien acerca del matrimonio?

Paso 3: Oración y desafío

Cierra la sesión con una oración semejante a esta:

Señor, gracias por crearnos como seres sexuales. Y gracias por darnos el matrimonio como un lugar seguro y de confianza para que expresemos nuestra sexualidad. Fallamos, Señor. Todos los días, perdemos la oportunidad de demostrar amor sacrificado. Otras veces vemos la oportunidad y simplemente no queremos hacer el sacrificio. Recuérdanos que nuestros hijos nos están observando. Ellos ven cuando rehuimos ayudar a nuestro cónyuge o cuando le hablamos mal. Ayúdanos a ser ejemplos positivos y constantes de una relación de amor. Danos la valentía de hablar con nuestros hijos acerca de este tema tan importante; y que nuestras acciones sean congruentes con lo que decimos. En el nombre de Jesús, amén.

Desafío de la semana:
Ponte como meta tener más en mente el ejemplo de relación de amor que le estás dando a tus hijos junto con tu cónyuge. Piensa en una nueva acción cada día que demuestre una actitud de autosacrificio hacia tu cónyuge. Asegúrate de que algunas de estas acciones las puedan observar tus hijos. Otras ideas pueden ser apropiadas para la privacidad de su habitación y sus hijos verán el fruto natural que proviene de una relación más fuerte entre sus padres.

CAPÍTULO 7
Preguntas y respuestas

Paso 1: Para que estemos de acuerdo

Haz una síntesis del capítulo con la información siguiente.

Los padres tienen muchas preguntas acerca de cómo abordar el tema de la sexualidad. Primero tenemos que sobreponernos de nuestra propia incomodidad y vergüenza. Necesitamos pensar en las situaciones que se puedan presentar y la forma en que debemos responder a ellas. Algunas cosas quizá nunca sucedan, pero es mejor haberlas pensado con anticipación que ser sorprendido cuando surjan. Esta sesión nos va a dar la oportunidad de hablar acerca de cosas como las consecuencias de las conductas inaceptables, establecer límites, reconstruir la confianza cuando ha sido rota y cómo hablar con un adolescente que ha sido sexualmente activo. Nuestra responsabilidad como padres es ayudar a nuestros hijos a conocer la verdad de Dios y ha no ser absorbidos por el relativismo que ven y escuchan a su alrededor.

Paso 2: ¿Qué fue lo que aprendimos?

- ¿Con cuál de las preguntas de este capítulo te identificas más? ¿Por qué?
- ¿Por qué es importante ser constante con respecto a las reglas y sus consecuencias?
- ¿Si tú tuvieras que dar un consejo para establecer límites para el comportamiento sexual, cuál sería?
- ¿Qué tanto piensas que tus hijos saben de las consecuencias de la conducta sexual? ¿Saben lo suficiente como para tomar decisiones sabias?
- ¿Cuáles crees que sean los mejores lugares para obtener respuestas y consejo sobre las dudas acerca de sexualidad?
- ¿Cómo pueden apoyarse los padres en la tarea de enseñarles a sus hijos sexualidad sana que honre a Dios?

Paso 3: Oración y desafío

Cierra la sesión con una oración semejante a esta:

Querido Dios, te pedimos que examines nuestra mente y veas si hay alguna mentira o falsedad en nosotros. ¿Nos hemos deslizado tanto en nuestros propios pensamientos que no podemos diferenciar la verdad de la mentira? Queremos ser capaces de ser ejemplo de la verdad para nuestros hijos, que están a nuestro cuidado. Tú eres la Verdad. Ayúdanos a encontrar una forma esta semana para probar y ver si nuestros hijos creen la mentira de que todos los caminos son tan buenos como cualquier otro. Ayúdanos a enfrentar situaciones que creemos que no nos van a suceder. Prepáranos para las oportunidades de enseñanza que nos darás con nuestros hijos, para que estemos listos con tu verdad. Ayúdanos a apoyarnos como padres en la tarea de cuidar a los hijos que nos has dado. En el nombre de Jesús, amén.

Desafío de la semana:

1. Para un repaso académico del contraste entre el cristianismo y el pensamiento posmoderno lee "Orthodoxy in Post-Modern Pluralis tic Societies" (La ortodoxia en sociedades posmodernas plurales) de Thomas Hook. Lo puedes encontrar en http://www.Orthodoxy-Today.org/articles/HopPMod.htm. Forma parte de una serie llamada *Commentary on Social and Moral Issues of the Day* (Comentario sobre los temas morales y sociales de la época).

2. Pregúntale a tu adolescente las tres preguntas siguientes y permite que te responda sin debatirlo o tratar que cambie de opinión. Sólo haz la pregunta, obtén la respuesta y di: "Gracias, quería saber lo que pensabas acerca de esto".

Pregunta 1: ¿Crees que el sexo es un asunto privado y que lo que suceda entre dos personas no le incumbe a nadie más, o crees que debería haber algunos límites para el sexo? ¿Por qué piensas eso?

Pregunta 2: ¿Crees que los muchachos de dieciocho años pueden ser responsables en su citas a solas? ¿Y los muchachos de dieciséis años? ¿Y los de doce años? ¿Los de seis?

Pregunta 3: ¿Qué es ser responsable al salir con otra persona a solas?

3. Ve a la biblioteca o compra un ejemplar de la revista *Fem o Cosmopolitan* y ve si puedes encontrar algunas mentiras. Habla de estas mentiras con tu esposa o con un amigo, y prepárate para hablar de ellas con el grupo la siguiente semana.

CAPÍTULO 8
Intimidad y límites

Paso 1: Para que estemos de acuerdo

Haz una síntesis del capítulo con la información siguiente.

Todos nosotros que llamamos a Jesucristo nuestro Salvador queremos vivir vidas que lo honren y lo respeten. Pero muchas veces fallamos. El mismo apóstol Pablo se lamentaba: "Porque sabemos que la ley es espiritual; mas yo soy carnal, vendido al pecado" (Romanos 7:14). A través de la historia del cristianismo el pecado sexual ha vencido a algunos de los líderes más dedicados y consagrados. Aprender a controlar nuestros deseos, especialmente nuestros deseos sexuales, es parte de lo que significa ser un cristino maduro.

Controlar los deseos sexuales no se trata tanto de luchar y forcejear con el pecado, sino de rendirse a Dios. Significa comprender la naturaleza de la intimidad. La intimidad física comienza de una forma inocente al mostrar afecto, luego romance, y luego satisfacción sexual. La persona con dominio propio le pone límites a estos pasos de intimidad conforme van profundizándose, y entre más específicos son esos límites la probabilidad de éxito es mayor. Ya que la intimidad es mucho más que sólo sexo, ¡mucho más!

Los límites significan que nos conocemos a nosotros mismos, el beso que para una persona no significa nada para la otra quizá sea la puerta de entrada a la actividad sexual. Ayudar a otra persona a establecer límites es un asunto difícil. Es especialmente difícil para los padres de los adolescentes, ya que los adolescentes se alejan un poco de nosotros, nos escuchan menos y nos observan más. Aun así necesitamos ayudarles a nuestros adolescentes a comprender los absolutos de Dios y cómo aplicar su consejo para huir de la inmoralidad. Necesitamos hablar de ello todo el tiempo y comunicar con claridad lo que esperamos de nuestros hijos.

Si queremos dejarle a nuestros adolescentes un legado, entonces tenemos que enseñarles cómo ese legado y cómo llegar a él. Las técnicas para declinar se pueden enseñar y se pueden aprender. Como padres y como maestros, necesitamos enseñarles cómo decir que no de una manera firme; y necesitamos mostrarles que los cristianos maduros hacen esto todo el tiempo, ya que muchas veces los valores se aprenden aunque no se enseñen.

Paso 2: ¿Qué fue lo que aprendimos?

- Sugiere otras tres palabras que podrías usar para comunicar el significado de "intimidad" a tus hijos.

- La verdadera intimidad se trata de ser conocido a plenitud como una persona total. En una escala del 1 al 10, ¿qué tan íntimo eres con tus hijos? Explica.

- ¿Por qué es importante tener una relación íntima con Dios antes de tener una relación íntima con alguien más?

- ¿Qué crees que les estorba a los adolescentes para entender qué es la verdadera intimidad? ¿Cómo podemos ayudar a nuestros hijos a rodear esos obstáculos?

- ¿Cuáles son los límites que tiene tu familia para salir con personas del sexo opuesto a solas? ¿Tienes reglas acerca de la edad para salir, o lo que tus hijos pueden hacer durante una salida o el horario en que tienen que volver a casa? ¿Qué tan bien crees que estos límites están funcionando?

Paso 3: Oración y desafío

Cierra la sesión con una oración semejante a esta:

> *Querido Dios, queremos tener intimidad contigo. Nuestra relación contigo es la más importante, pero a veces permitimos que las cosas de este mundo nos distraigan. Confesamos que las disciplinas del espíritu que nos acercan más a ti se nos hacen difíciles. La oración, el estudio, la adoración, la confesión, el ayuno. Todas estas requieren una disciplina especial. Ayúdanos a comprometernos a buscarte a ti y a tu santidad esta semana. Si queremos que nuestros hijos sepan que permanecer en ti es la base de toda intimidad, entonces nosotros debemos permanecer en ti.*

> *Padre, te pedimos que nuestros adolescentes sean capaces de aplicar buenos límites cada vez que salen a solas. Ayúdalos a desarrollar respeto a sí mismos, autodisciplina, y dominio propio. Muéstranos las oportunidades para enseñar y danos las palabras adecuadas para cada ocasión.*

> *Te pedimos que nuestras familias y nuestro matrimonio sean conocidos por su amor e intimidad. Ayúdanos a no conformarnos con estar juntos. Más bien, ayuda a nuestra familia y a esta iglesia a ser faros de amor, de intimidad y de salud. En el nombre de Jesús, amén.*

Desafío de la semana:

Si estás casado, usa el "Test de intimidad para parejas casadas" para reflexionar en cómo te está yendo en el desarrollo de intimidad en tu relación. Considera tomarte unos minutos para orar con tu cónyuge por tu matrimonio para que sea más íntimo y sacrificado. Si eres soltero piensa en tu relación con tus hijos y el resto de tu familia. ¿Qué podría estar estorbando para que sean más íntimos?

Lleva a tu adolescente a comer y toma quince minutos para que él o ella le den una leída a este capítulo. Luego, hazle dos preguntas.

1. "Échale un vistazo a este capítulo. ¿Ves algo en este libro con lo que creas estar de acuerdo? ¿Por qué?".

2. "¿Encuentras algo con lo que no estés de acuerdo? ¿Por qué?".

No trates de hacer que tu adolescente cambie de opinión. Sólo escucha y luego agradécele por ayudarte a entender el asunto.

CAPÍTULO 9
Temas candentes

Paso 1: Para que estemos de acuerdo

Haz una síntesis del capítulo con la información siguiente.

Cada familia necesita enfrentar los temas difíciles de la conducta sexual y tomar una postura; llegar a un punto de determinación basado en el fundamento firme de la Palabra de Dios.

Este capítulo cubre temas candentes del pecado y de la conducta sexual del mundo: la unión libre, la pornografía, la masturbación, el aborto, la contracepción y la homosexualidad. Si vamos a confrontar las mentiras y enseñarles la verdad a nuestros hijos, necesitamos estar listos para presentar una defensa firme de nuestra postura. Para hacerlo, necesitamos comprender la postura de Dios. En el capítulo, consideramos algunos versículos de la Biblia para ver lo que la Palabra de Dios dice y lo que no dice. También vimos algunas estadísticas acerca de la realidad. Quizá pensemos que esas cosas no les van a suceder a nuestros hijos, que han sido educados en buenas familias cristianas, pero podrían pasarles. Nuestra defensa más fuerte es ser activos y estar preparados para las oportunidades de enseñar. No necesitamos darles un discurso sobre cada tema; pero necesitamos estar listos para las conversaciones cotidianas cuando la oportunidad se presente.

Paso 2: ¿Qué fue lo que aprendimos?

- ¿Qué es lo primero que te viene a la cabeza cuando alguno de tus hijos comienza a hablar acerca de alguno de estos temas controversiales? ¿Qué es lo que sientes en tu corazón en ese momento?
- ¿Crees que exista el riesgo de que uno de tus hijos decidiera mudarse a vivir con su novio o con su novia? ¿Qué dirías si eso sucediera?

Formen grupos más pequeños y que cada grupo hable acerca de una de las situaciones siguientes, y luego que cada grupo exponga un resumen de lo que habló.

1. Acabas de descubrir que tu hijo de catorce años ha entrado a varios sitios pornográficos en la internet. ¿Qué le dirías?
2. Tu hija de dieciséis años quiere ir a la escuela sin sostén. ¿Qué le dirías?

3. Un amigo de la iglesia dice que los asuntos de la sexualidad, incluyendo el homosexualismo y la unión libre, son personales y que no le incumben a la iglesia. ¿Tú qué dirías?

Paso 3: Oración y desafío

Cierra la sesión con una oración semejante a esta:

Padre, reconocemos que hay muchas cosas de las cuales preferiríamos no hablar. Nos avergonzamos y tenemos miedo de cometer un error, ofender a alguien o parecer ridículos. Padre, te pedimos valentía y determinación. Es tan fácil mirar hacia otro lado y tener la esperanza secreta de que estas cosas no les sucedan a nuestros hijos para que no tengamos que tratar con ellas. Te pedimos tu protección para nuestros hijos, y te pedimos que tu Espíritu dirija nuestras conversaciones con ellos cada vez que los ayudemos a comprender tu verdad acerca de estos temas candentes. Ayúdanos a no rehuir las oportunidades para enseñar, sino más bien a aprovecharlas y decir lo que se necesita decir. En el nombre de Jesús, amén.

Desafío de la semana:
En grupos pequeños, hablen acerca de cuál de estos temas candentes es necesario que se hable en tu iglesia. Definan dos o tres programas o actividades que tu iglesia podría llevar a cabo para satisfacer esas necesidades. Lleven sus ideas al órgano de gobierno de su iglesia, y ofrezcan su ayuda en lo que Dios les dirija a hacer.

CAPÍTULO 10
Cómo manejar el embarazo y las enfermedades sexuales en los adolescentes

Paso 1: Para que estemos de acuerdo

Haz una síntesis del capítulo con la información siguiente.

En esta sesión, estamos considerando las consecuencias visibles y físicas de las relaciones sexuales. El embarazo en los adolescentes afecta a un amplio círculo de personas alrededor de los jóvenes y transforma sus vidas para siempre. Ciertas enfermedades pueden acosar a una persona de por vida.

Podemos ayudar a nuestros hijos a tomar buenas decisiones en el aspecto sexual a través de platicarles del plan de Dios para la sexualidad y darles información de manera natural. Este capítulo presenta información clave acerca de las enfermedades venéreas. Podemos usar esta información para hablar con nuestros hijos. Podemos ser una fuente de información en la cual ellos puedan confiar, y así tendremos la satisfacción de saber que ellos están al tanto de la verdad. Pero incluso con estas salvaguardas, algunos muchachos tomarán decisiones que tendrán consecuencias físicas. Algunos adolescentes terminarán embarazados o infectados. Si eso sucede, podemos ayudarlos mejor a lo largo del proceso si nosotros mismos comprendemos esta información.

Paso 2: ¿Qué fue lo que aprendimos?

Formen grupos pequeños de dos o tres personas y hablen acerca de sus pensamientos o sentimientos para las preguntas siguientes:

¿Cómo te sentirías si tu hija llegara a casa y te dijera: "Estoy embarazada"?

¿Qué sería lo primero que dirías si tu hijo llegara a casa y te dijera: "Mi novia está embarazada y el niño es mío"?

- Estudia la información sobre el embarazo en los adolescentes en este capítulo. ¿Alguno de estos datos te sorprende? ¿Por qué sí o por qué no?
- Lean Salmos 139:13-16 juntos en voz alta. Hablen de las ideas de estos versículos que quieren que sus hijos entiendan. ¿Qué puedes hacer para enseñar estas ideas en casa?
- ¿Qué crees que sea lo más importante que los padres pueden hacer para ayudar a sus adolescentes a tomar decisiones para evitar el embarazo y las enfermedades venéreas?

- ¿Qué tanto crees que tus hijos saben de las enfermedades venéreas? ¿Es suficiente? Explica.
- Si tu hijo o tu hija se enfrentara a un embarazo o a una enfermedad venérea, ¿qué podría ser lo más importante que podrías hacer para ayudar en esa situación?

Paso 3: Oración y desafío

Cierra la sesión con una oración semejante a esta:

Dios, venimos a ti en humildad y arrepentimiento. Confesamos haber caído en la tentación de olvidarnos de los demás que están sufriendo las consecuencias de sus decisiones con respecto al sexo. Incluso pensamos. "Eso no le va a suceder a mi familia". Señor, enséñanos a responder a la necesidad de los que están enfrentando embarazo y enfermedad.

Para nuestros hijos, Padre, te pedimos tu gracia y tu sanidad. Protege a nuestros seres amados de la devastación de las enfermedades venéreas. Te pedimos un avivamiento de pureza entre nuestros jóvenes y que los adolescentes de nuestra iglesia sean atraídos por la santidad de Dios de tal forma que se vuelvan las luces más brillantes de la verdad en su mundo y entre sus amigos. Dales la valentía de ayudar a sus amigos que estén en problemas. En el nombre de Jesús, amén.

Desafío de la semana:

1. Busca en la internet "enfermedades venéreas" o una de las enfermedades mencionadas en el capítulo y ve qué tipo de sitios web aparecen. Entra a algunos. Ve si los datos son los mismos entre ellos. Anota los sitios que pienses que son los mejores y recomiéndaselos al grupo la próxima semana.

2. Llama a tu médico, o a tu ginecólogo/obstetra, para ver cuál es su opinión acerca de las enfermedades venéreas y el uso del condón, y si es que promueve la abstinencia hasta el matrimonio. Prepárate para dar tu opinión.

3. Ponte en contacto con el departamento de misiones de tu iglesia y ve que es lo que están haciendo para apoyar la asistencia a los enfermos de sida en otros países.

4. Llama o visita un centro cristiano para crisis de embarazo y pregunta si te puedes ofrecer como voluntario. Invita a tu adolescente a que te acompañe.

CAPÍTULO 11
Consecuencias y sanidad

Paso 1: Para que estemos de acuerdo

Haz una síntesis del capítulo con la información siguiente.

La mayoría de los adolescentes viven en el presente y no piensan mucho en las consecuencias futuras de las decisiones que tomen ahora. Pero sus decisiones en el aspecto de la salud sexual pueden tener consecuencias a largo plazo, y necesitamos ayudarlos a comprender las consecuencias psicológicas, emocionales, sociales y espirituales que los van a seguir por años. Los adolescentes sexualmente activos tienen un riesgo mucho mayor de cometer suicidio que los adolescentes que no lo son. Pero este es un indicador invisible. Quizá los padres no reconozcan las señales o no estén conscientes de las raíces del problema.

Contrario a lo que pensamos, los adolescentes sí escuchan a sus padres. Mientras estemos dispuestos a hablar con calma y de manera natural, podemos ser la mayor influencia en la vida de nuestros hijos sobre este tema. Podemos ayudar a prevenir las consecuencias invisibles de la conducta sexual temprana. Para los adolescentes que ya están sexualmente activos, podemos ofrecerles la gracia del perdón de Dios y un comienzo nuevo.

Paso 2: ¿Qué fue lo que aprendimos?

Realiza esta actividad con todo el grupo.

Imagínate que tu hijo o tu hija ha hecho un compromiso de mantenerse en pureza sexual hasta el matrimonio. Ahora, imagina que él o ella ha roto este juramento y se ha vuelto activo o activa. Ahora tu hija o la novia de tu hijo está embarazada.

Repasa la siguiente lista de amigos y familiares y escribe en un pizarrón o rotafolio la manera en que la nueva circunstancia cambia la vida de las personas del ambiente social de tu hijo o de tu hija.

La mamá	Novios o novias anteriores
El papá	Mejor amigo o amiga
Los abuelos	La gente de la iglesia
Los entrenadores	Los hermanos y hermanas menores

- ¿Qué piensas acerca de la idea de que aunque las imágenes mentales de relaciones sexuales anteriores jamás se vayan, pueden perder el poder que tienen sobre nosotros?

La doctora Meg Meeker, en su libro Epidemic: How Teen Sex Is Killing Our Kids (Epidemia: El sexo adolescente está matando a nuestros hijos) dijo: "Cada padre debe darse cuenta de que tiene un poder tremendo sobre sus hijos. Cuida a tus hijos. No les tengas miedo. Tus hijos quieren que los cuides, que los procures. Si temes que tu adolescente está en una cita teniendo relaciones sexuales con un muchacho, investiga dónde está y aparécete". El reclamar tu derecho de tener una fuerte conexión con tus hijos es la clave.

- ¿Por qué crees que es tan difícil para los padres hablar con sus propios adolescentes acerca de sexualidad?
- Muchos padres y adultos les tienen miedo a los adolescentes, ¿por qué?
- ¿Qué cosa o par de cosas crees que puedes hacer para mejorar la relación que tienes con tus adolescentes?
- ¿Cuál de las cuatro consecuencias invisibles del sexo (psicológicas, emocionales, sociales y espirituales) crees que tiene el impacto más duradero? ¿Por qué?

Paso 3: Oración y desafío

Cierra la sesión con una oración semejante a esta:

Querido Dios, hoy te pido que nos hagas instrumentos de tu sanidad. Queremos ser parte de la sanidad de las heridas invisibles de los demás. La consecuencia del pecado es tan real y tan terrible. Aquilatamos tu perdón de una vez por todas. Ayúdanos a ser sal y luz en la vida de nuestros hijos y sus amigos. Protege a nuestros hijos de las mentiras del mundo, especialmente de las mentiras del maligno que quiere atraparlos en el pecado sexual. Te pido tu protección y tu cuidado para estos inocentes. Te amo tanto. En el nombre de Jesús, amén.

Desafío de la semana:
Ve a la escuela a la que tus hijos asisten y, después de pedir autorización de la dirección, camina por los pasillos durante varios minutos. Planéalo de tal forma que esté presente en el cambio de clases o durante el almuerzo. Observa las tentaciones y presiones que hay delante de ellos todo el tiempo. Prepárate para hablar con tu grupo acerca de tus descubrimientos.

CAPÍTULO 12
Cambia tu cultura

Paso 1: Para que estemos de acuerdo

Haz una síntesis del capítulo a través de volver a relatar la historia de Kristin y Angela.

Paso 2: ¿Qué fue lo que aprendimos?

- ¿Cuál es la diferencia mayor entre la forma en que te sentías hablando de sexualidad al principio del curso y la manera en que te sientes ahora, al final?
- Menciona un versículo o pasaje que te haya dado ánimo en el proceso.
- ¿Qué cosas prácticas quieres estar seguro de poder hacer como resultado de estudiar este libro?
- ¿Cómo podemos seguir apoyándonos en la tarea de criar hijos ahora que hemos terminado el curso y el libro?

Paso 3: Oración y desafío

Cierra la sesión con una oración semejante a esta:

Padre, gracias por personas como Kristin y Angela. Gracias por el ejemplo de su vida. Gracias por tu Espíritu obrando en ellas. Gracias por el compromiso que hicieron de "lograrlo" incluso cuando tenían abundancia de razones para no hacerlo. Recuérdanos que no tenemos que hacerlo todo en nuestra propia fuerza, sino que tú nos das la fuerza y el ánimo para llevar a cabo la obra que nos has llamado que hagamos. Nos has dado hijos y la responsabilidad de llevarlos a que te amen y te honren. Ayúdanos a hacerlo mientras seguimos hablando las próximas semanas, meses y años de sexualidad con nuestros hijos. Y si tienes una visión mayor para nosotros, ayúdanos a no cerrar nuestros ojos, sino a ver justo lo que tú quieres que hagamos por los miembros de este grupo, por los hijos de todos y por los demás muchachos de nuestra comunidad. Guíanos, Señor, porque queremos seguirte. En el nombre de Jesús, amén.

Desafío de la semana:
Habla de lo que has aprendido al leer este libo con otros tres padres esta semana. Utiliza tu experiencia para abrir canales de apoyo con otros padres que conozcas.

NOTAS

Capítulo 3. Tus hijos en contexto
1. "TV Sex, Violence Triples" (La violencia y el sexo en la TV se triplica); TV & Entertainment; mayo de 2000.
2. *Sexual Health Knowledge*, Attitudes and Experiences (Conocimiento, actitudes y experiencias de la salud sexual); Fundación de la familia Henry H. Kaiser; Menlo Park, CA; 2003.
3. "Teenagers" (Adolescentes); Barna Research Online (2003); www.barna.org
4. Op. Cit. Kaiser.

Capítulo 4. Educación sexual: hechos sorprendentes
1. James H. Jones; *Alfred C. Kinsey: A Public/Private Life* (Alfred C. Kinsey; Una vida pública/privada); W.W. Norton & Company; Nueva York; 1997; 4.
2. "Harming the Little Ones: The Effects of Pedophilia on Children" (Dañando a los pequeños: los efectos de la pederastia en los niños); Family Research Council (Consejo de investigación de la familia); www.frc.org
3. Katherine G. Bond; "Living and Dying the Lie" (Viviendo y muriendo en la mentira); *Teachers in Focus* (Los maestros en la mira); Focus on the Family; Colorado Springs, CO; 1998; www.family.org/cforum/teachersmag/a000 1037.html
4. Op. Cit. Jones; p. 307.
5. www.medinstitute.org (2003).
6. U.S. Department of Health and Human Services; Health Resources and Services Administration; Section 510; Abstinence Education Grant Program; (Departamento de salud y servicios humanos de los Estados Unidos; Administración de servicios y recursos de la salud; Sección 510; Programa de donativos a la educación de la abstinencia) ftp://ftp.hrsa.gov/mchb/abstinence/statefs.pdf
7. U.S. Department of Health and Human Services; Health Resources and Services Administration; SPRANS Community-based Abstinence Education Project Grant Program; (Departamento de salud y servicios humanos de los Estados Unidos; Administración de servicios y recursos de la salud; Programa de donativos del proyecto SPRANS de la educación de la abstinencia por parte de la comunidad) ftp://ftp.hrsa.gov/mchb/abstinence/cbofs.pdf

8. *Guidelines for Comprehensive Sexuality Education: K-12th Grade* (Normas para la educación sexual exhaustiva: De preescolar al doceavo grado) Sexuality Information and Education Council of the United States (Consejo de información y educación sexual de los Estados Unidos); Nueva York y Washington, D.C.; 1996.

9. *National Guidelines for Sexuality and Character Education* (Norma nacional para la educación sexual y del carácter) The Medical Institute for Sexual Health (Instituto médico de salud sexual); Austin, TX; 1996; 33.

10. All About GOD Ministries, Inc. (Ministerios, Todo acerca de Dios); 7150 Campus Drive; Suite 320 Colorado Springs; Colorado 80920 719-884-2246. Sitios en la internet: www.AllAboutGOD.com y http://www.situational-ethics.com/

Capítulo 9: Temas candentes

1. Mark B. Kastleman; The Drug of the New Millennium: The Science of How Internet Pornography Radically Alters the Human Brain and Body (La droga del nuevo milenio: La ciencia detrás de la forma en que la pornografía en la internet altera de forma radical el cerebro y el cuerpo humano); Granite Publishing; 2001; 176.

2. Peggy Hartshorn; "Alternatives and Answers to Abortion" (Alternativas para el aborto); The Salt and Light Solution (La solución de la sal y la luz) Coral Ridge Ministries; Fort Lauderdale, FL.; 1999.

3. Marian Wallace "The Hidden Link: Abortion and Breast Cancer" (El vínculo oculto: el aborto y el cáncer de mama); Family Voice (Voz de la familia); enero de 1997.

4. Op. cit. Hartshorn.

5. Op. cit. Wallace.

6. "The Legacy of Roe" (El legado de Roe); Impact (Impacto); enero de 1998.

7. Wayne Brauning; Chuck Colson, ed.; "Should I Keep My Baby?" (¿Debería quedarme con mi bebé?); Answers to Your Kid's Questions (Respuestas a las preguntas de sus hijos); Tyndale House; Wheaton, IL; 2000.

8. John Frey; Jesus the Pastor: Leading Others in the Character and Power of Christ (Jesús el pastor: Cómo guiar a otros en el carácter y el poder de Cristo); Zondervan Publishing; Grand Rapids; 2002.

Capítulo 10: Cómo manejar el embarazo y las enfermedades sexuales en los adolescentes

1. National Campaign to Prevent Teen Pregnancy. Analysis of S.K. Henshaw 2001 (Campaña nacional para prevenir el embarazo en los adolescentes. Análisis de S.K. Henshaw 2001); U.S. teenage pregnancy statistics with comparative statistics for women aged 20-24 (Estadísticas de embarazo en los adolescentes con estadísticas comparativas para mujeres de 20 a 24 años); The Alan Guttmacher Institute; NuevaYork. www.guttmacher.org/pubs/teen_stats.pdf.

2. *Whatever Happened to Childhood? The Problem of Teen Pregnancy in the United States* (¿Qué le sucedió a la niñez? El problema del embarazo en los adolescentes de los Estados Unidos); National Campaign to Prevent Teen Pregnancy (Campaña nacional para prevenir el embarazo en los adolescentes); Washington, D.C.; 1997.

3. "National and State-Specific Pregnancy Rates Among Adolescents in the United States" (Índices nacionales y estatales de embarazo entre los adolescentes en los Estados Unidos); Centers for Disease Control and Prevention (Centros de control y prevención de enfermedades); MMWR 2000:49 (27): 605-611.

4. M. Males M, K.S. Chew; "The Ages of Fathers in California Adolescent Births" (La edad de los padres en los partos de adolescentes en California); *American Journal of Public Health* (Gaceta estadounidense de salud pública); (86, no. 3) 1996; 565-568.

5. R.A. Maynard, ed.; "Frequently Asked Questions" (Preguntas frecuentes); *Kids Having Kids: A Robin Hood Foundation Special Report on the Costs of Adolescent Childbearing* (Niños teniendo niños: Reporte especial de la fundación Robin Hood sobre el costo de que los adolescentes tengan hijos); Robin Hood Foundation; Nueva York; 1996; www.medinstitute.org.

6. *"Sexually Transmitted Disease in America: How Many Cases and at What Cost?"* (Las enfermedades venéreas en los Estados Unidos: ¿Cuántos casos y a qué costo?); *American Social Health Association* (Asociación estadounidense de salud solcial); Kaiser Family Foundation; Menlo Park, CA; 1998.

7. *The Hidden Epidemic: Confronting Sexually Transmitted Disease* (La epidemia oculta: La confrontación de las enfermedades venéreas); Institute of Medicine; Washington; D.C.; 1997.

8. The Medical Institute; 2003. www.medinstitute.org/medical/faq.htm.

9. Centers for Disease Control and Prevention 1996 (Centros de control y prevención de enfermedades). Division of STD; Surveillance, U.S. Department of Health and Human Services; Public Health Service. (División de enfermedades venéreas; vigilancia; Departamento de los Estados Unidos de salud y servicios humanos; Servicio público de salud). Atlanta.

10. "The Nation's Health" (La salud de la nación); *The American Public Health Association* (Asociación estadounidense de salud pública); septiembre de 2001.

11. Para mayor información acerca del proyecto Uganda; ver Edward C. Green's prepared witness testimony before the House Committee on Energy and Commerce (Testimonio preparado de Edward C. Green para el comité de energía y comercio de la cámara de diputados); 20 de marzo de 2003;
http://energycommerce.house.gov/108/Hearings/03202003.

12. "AIDS Epidemic Update" (Informe actualizado de la epidemia del sida); United Nations Programme on HIV/AIDS (Programa de las Naciones Unidas sobre VIH/sida); diciembre de 2002;
www.unaids.org.

Capítulo 11: Consecuencias y sanidad

1. Robert E. Rector, Kirk A. Johnson, Ph.D., y Lauren R. Noyes; "Center for Data Analysis Report #03-04" (Reporte de análisis de datos del centro); 3 de junio de 2003; Heritage Foundation Add Health Study.

2. "Statistics Reveal the Explosion of Teen Suicide" (Las estadísticas revelan la explosión del suicidio entre los adolescentes); CBN.com; 27 de febrero de 2003.

3. Thomas Lickona; "The Neglected Heart: The Emotional Dangers of Premature Sexual Involvement" (El corazón maltratado: Los peligros emocionales de la experiencia sexual prematura); *American Educator* (Docente estadounidense); verano de 1995; 34-39.

4. "*Sex*" (sexo); International Standard Bible Encyclopedia (La enciclopedia internacional estándar de la Biblia).